视觉艺术东方学

天一阁本
石鼓文的翻刻
与传播

刘晓峰　著

许　江　主编

中国美术学院出版社

总 序

生长者的根

许江

　　暮春时节，浴乎沂，风乎舞雩，鼓荡的春风令我们想望。在今日教育背景之下，新艺科正在持续发展。新艺科的理念已化入大家的建设视野，深植在工作之中。我想就艺术教育和新艺科建设的人文内涵，谈谈东方艺术学及其内蕴之道。

　　今天，经过学科专业的分类，美术学已经成为许多分立的专业，这些专业往往依其艺术表现的材料语言，构筑起一个自为自洽的系统，也建立起一个个沟壑分明的专业疆域。艺术学专业分类就更为庞杂，互相间缺少深度认识，各说各理，各重各技，少有往来，这是应当引以为警惕的。

　　艺术作为一门独特的人的智性之学，它不仅是知识的传授，也不仅是技艺的培养，它更是关于人的感性和品性的性灵之学。所谓望秋云神飞扬，临春风思浩荡。艺术寄托着人与自然之间的相造相化的关系，跬积而成一条条深邃悠远的文化脉络，熏养和开启着人的自觉自立的文化性灵。这样的艺术教育，是以艺术的经验、审美的经验作为基本方式的文化教育，其核心是文化观，是关于世界的价值观。

　　上述的这番话，如果今天你去向ChatGPT发问，它也能如是回答，很正确，但不是真理。为什么？因为它没有真理生成的感性绸缪的东西。它只是字典检索一类的答案，而没有伴着这答案一路走来的性灵感人的存在，也没有真理开蔽之时感彻人心的天地人神合一的境域。这个性灵感人的绵延存在，就是艺术。ChatGPT让我们意识到教育中知识传授的问题，是到了我们重新重视艺术教育的时候了。

　　两年前，我在"中国艺术大讲堂"上说"价值观"的"观"字。观的繁体写作"觀"。它左边的"雚"是"觀"的本字。雚，甲骨文即是一只大鸟。上部是两只大眼，下部是鸟的胸廓，整个字就是一只大眼睛的猛禽。它翔于天，俯察大地，无所不见。这样的"观"字已然形象地表明了某种独特的洞察力。这种洞察力不仅观看世界，而且代表了感知的经验和能力。它是化生在我们肉身之中的感受力和体验；是浸润在以茶米为食、麻丝为衣、竹陶为用、林泉为居的生活方式中的兴意与品味；是看好书画，吟好诗词，在湖畔烟雨中听芦荡笛声，在云山苍苍、绿水泱泱之中追慕人文的山高水长的揪心感受和诗性境界。这正是ChatGPT所没有的。它只有答案，却没有这样活生生的生命感受以及由这种感受所织成的悲欣交集、痛彻连心的境域。这种自觉自立的、贴心连肉的价值观是一个民族赖以维系的精神纽带，也是我们建设新艺科，建构东方艺术学共享同感的智性基础。

东方艺术学当然不是萨伊德批判的西方知识体系内的"东方主义"，而是东方艺术历史性和当代性的自我建构，其基础是以中国文化为核心的东方艺术的创生之学，是中国传统与东方艺术根性在当代人的精神土壤中的重新生发。东方艺术学作为特殊的智性之学，如何超越其丰繁葳蕤的现象，把握其基本的缘构观念是今天中国艺术教育的核心内涵，也是新艺科教育的重要的启蒙性思想。其中，我要强调三个方面的根源之道：

第一，礼乐之道。孔子在院子里独站着，孔鲤趋而过庭，被问：学诗了吗？孔鲤答曰：未也。孔子说：不学诗，无以言。孔鲤退而学诗。他日，孔子又在院子里独站着，孔鲤又路过，被问：学礼了吗？孔鲤答：未也。孔子说：不学礼，无以立。鲤退而学礼。礼，不仅是祭祀之中的规范和由此生发的社会秩序，同时也是可供日常操习的行为仪轨。如何将祭祀礼拜中的行为落到日常举止之中，使人获得一种优雅大方的风仪，正是孔子所言"不学礼无以立"的意思。"礼"贯穿在器物、空间和仪式等艺术现场，维系着上古国人的精神空间与生活世界，是人的价值观和行为举止的规范。如何让这种仪轨活化，活成日常行为？我们的开学和毕业为什么要有仪式，要着专门的服装？我们的校庆和大师纪念日为什么要有庄重的典礼，要立碑纪念？就是要让这种仪典之礼浸润青年的心灵，以切身的在场之感来熏养和培育举止的品性和力量。中国美术学院的新生一进校，收到的第一份礼物，是几支毛笔、一叠宣纸、一本智永的《真草千字文》。这并不是我们要把每一个学生都培养成书法家，而是希望所有的学生通过摹写，来体察中国文字书写的内涵，进而体验轻重、提按、使转、疏密、急徐、聚散以及心手、技艺之间的诸般关系，收获最初的礼乐之道的训练。

每所大学都有校门，这是一道礼仪之门，不是防疫中的安保之闸，是代代学子的家门。远在孔子治学的学苑里，他曾问理想于众弟子。最后问到鼓瑟的曾皙。曾皙果断地停下手上的弹奏，铿止，答曰：暮春时节，春服既成，吾与冠者五六人，童子六七人，浴乎沂，风乎舞雩，咏而归。那正是我们今天的这个时节，着新成的春服，在沂水中沐浴，迎着风舞蹈，高歌而还。孔子听后不禁喊道：吾与点也！我要和曾皙同往。孔子欣然赞赏的正是曾皙的无名之志。而这种志向正是中国人与自然长相浸润、与时同欢的生命礼乐和生命艺术，也是我们新艺科终极关怀的气度与意境。

第二，山水之道。中国人的心灵始终带着一种根深蒂固的对山水的依恋。何谓"山"？山者，宣也。宣气散，万物生。在中国文化中山代表着大地之气的宣散，代表着宇宙生机的根源。故而山主生，呈现为一种升势。于是，我们在郭熙的《早春图》、范宽的《溪山行旅图》中看到山峦之浩然人者。何谓"水"？水者，准也。所谓"水准""水平"之意。"盛德在水"，"上善若水，水善利万物而不争"。相对山，水主德，呈现为平势、和势。于是我们在王希孟的《千里江山图》、黄公望的《富春山居图》中看到江水汤汤，千回百转。山水之象，气势相生。所谓山水绘画，正是这种山水之势，在开散与聚合之中，在提按与起落之中，起承转合，趋同逆异，从而演练与展现出万物的不同情态、不同气韵。

山水非一物，山水是万物，它本质上是一个世界观，是一种关于世界的综合性的"谛视"。所谓"谛视"，就是超越一个人的瞬间感受的意志，依照生命经验之总体而构成的完整的世界图景。这种图景是山水的人文世界，是山水"谛视"者将其一生历练与胸怀置入山水云霭的聚散之中，将现实的起落、冷暖、抑扬、阴阳纳入世界观照之中，跻成"心与物游"的整全的存在。德国诗人里尔克有一段话可以帮我们更好地理解"山水化"对于人的意义。他说，在这"山水艺术"生长为一种缓慢的"世界的山水化"的过程中，有一个辽远的人的发展。这不知不觉从观看与工作中发生的绘画内容告诉我们，在我们时代的中间，一个"未来"已经开始了；人不再是在他的同类中保持平衡的伙伴，也不再是那种将晨昏与远近归于己身的人。他犹如一个物置身于万物之中，无限地孤独，一切物和人的结合都退至共同的深处，那里浸润着一切生长者的根。里尔克说的是绘画，那音乐、戏剧、电影、舞蹈、歌唱，何尝不是这样，何尝不是以"世界的山水化"来启迪和熏养人的生长。在那艺学的深处，浸润着一切生长者的根。这个根应当惠及整个新艺科。

第三，言意之道。今天，我们常说宋韵。宋韵的特点在哪里？严羽《沧浪诗话》说：如空中之意、相中之色、水中之月、镜中之象，言有尽而意无穷。以有限的言，抒发无穷的意，这是诗和画要达到的境界。在中国理学的观念中，真理只能为有悟性的心灵所辨识。当卓越的心灵映印出自然影像、自然音响，这比未经心灵解释的自然更加真实。

曹魏时期的才子王弼有一句名言："君子应物而无累于物。"有为之人要充分地面对万物，应对万物而不受万物的摆布与役制。这位18岁以《老子》思想注《易》的神童的最大历史贡献，就是通过释《易》，对"言""象""意"三者关系提出精辟的见解。一方面，他强调通过言，理解象；通过象，理解意。所谓"尽意莫若象，尽象莫若言"。另一方面，强调"得意忘象""得象忘言"。明白了意，就不要执着于象；明白了象，就不要执着于言。这些见解对于绘画，对于知古人、师造化、开心源的所有艺术之学，都很重要，甚至对我们所有的有志的学术学研者，也很重要。我们的艺术应当充分研究自身的语言，又不可囿于这种语言，应物而无累于物，澄怀味象，神与物游，让自己的心与万物在艺行中相会。以艺术之言，兴发创生之象；以创生之象，蕴积人文之意。如是，提升心灵的自由，生生而不息。

面向言意之道，多年来艺术教育踔厉风发，进行了有为开拓，在各个艺术的门类中进行了"学"的构建，立足艺理兼修的东方艺学传统，从独特的史学、论学、技法学、材料学、比较学、诗文学、教育学、鉴赏学等多个角度，展开艺理融合的深度研究，催生了一批有影响力的艺术创作和艺术成果，培养了一批艺理兼通的创造型人才。在这里边，这种"学"的创生和研究起了重要的导向性作用，对艺术人才的培养是十分有益的。但此次学科专业的新一轮调整，却把"学"集中起来，囿于理论的一块，所有的艺术自身都只剩下专业。这似乎是对一贯倡导的文理兼通、艺学兼通的一种否定性暗示。专业学位的推出又似乎在专业圈子内部，鼓励重艺疏理，重技疏道的风气。这种调整不能不说是对教育一线实际情况的不了解，与我们一贯提倡的宽口径、大视野的育人思想是不相符的。说严重一点，这种调整将多年艺术教育的学术发展和改革提升打回了原形。的确，许多有为艺者要评职称、要当博导，艺科中许多英才需要高学位，艺科建设也不能因为学位点建设而低人一等。但专业学位决不能代替学术学位在艺术教育中的作用，艺理兼修的人才才是艺术教育人才培养的主方向。

今天面对数字技术、人工智能的迅疾发展，艺术教育也催生着众多变革，很多新的研究方面正在跬积而成新的专业群。这些专业群以当代生活大地为根基，着眼东方艺术的自主构建，以艺术的身心经验的方式，重返民族文化的根源性沃土，探索以艺术为驱动的新的艺术人文体系。中国美术学院近来借建院九十五周年之机，提出打造国学门。以文字、器物、山水、园林等文化核心点，调动新文科的所有学术力量，向着相关的人文资源、文化高地展开多样性的融合研究。以"文字研究"为例，既有金石学的中国文字考古研究，又有最新网上字体的创造；既有诗书融合的通匠培养，又有以文字为发端的多样性研究。在它的名下，一批新型的研究者组成新的学术之链，面向社会的新发展，重组资源，激活专业，营造新融合、新高度。与此同时，以"乡土为学院"的育人模式也在深化，艺术乡建已不再仅仅是一些乡建的项目，而是面向中国乡土的生活世界、上手技艺的感受力和创造力的培养的一种新模式，是"山水世界观"的观照下身心俱练的育人方式。这种新变化迅疾而又丰沛，值得我们关注和支持。

东方艺术学的建构正处在一个缓慢却又弘阔的过程之中。但它的作用却在坚定文化自信、建构自主体系、构筑当代文化高峰之中，日益明显。它对于新艺科的整体建设的作用，也是日益明晰。这样一个跨域的艺学研究是一种根源性的研究，既要有坚守而丰沛的艺术创造为基础，又要有集新艺科整体之力来打造人文的总体集结；既要有艺学本身的感人建树，又要有赖以维系民族心灵的价值观的塑造，我们当心怀使命，素履以往。

2023年4月23日

序　言

孔令伟

　　晓峰博士在宁波市天一阁博物院工作，院内藏有许多珍稀史料，他最终选择了天一阁本石鼓文作为自己的研究对象。个案是现代学术研究中常见的选题方式，易入手，主题明确，但往往也会陷入材料的泥潭，迷失讨论的方向与意义。稀见史料的挖掘、整理固然重要，但作为博士论文，若能在学界熟知的问题上找出新问题、提出新观点，则会有更多的创获。晓峰将石鼓文置于艺术鉴藏的学术视野中，并与区域文化、社会教化、学术风尚等问题结合，在传统石鼓文研究中化开一片新天地，也构成了此篇论文的特色与价值。

　　学界对天一阁本石鼓文并不陌生，相关学者在词章考证、文字训释及书法艺术研究等方面均有出色的表现。而晓峰则向读者展示了一个广阔的"石鼓世界"：由版本溯源到明代宁波碑帖收藏群体，由翻刻传播追溯到清代江南石鼓鉴藏系统，由石鼓文研究返观整体乾嘉金石学风尚……在层层递进中展现了他的学术视野与张力，尤其是他将阮元摹刻石鼓与当时的金石学入考课现象，乃至乾隆帝重摹石鼓之举等相关联，为我们构建了一个更为宏观的历史语境。

　　天一阁本石鼓文在多次摹刻后，早已被学术界奉为经典。由于原本已毁，后世对此本来源少有考证。晓峰开篇即详细论述了二百多年来收藏界对此本的递藏信息，他将全祖望的误录归结为藏本上的鉴藏章或跋文存在着错位，在厘清此问题后，作者又将此本的递藏扩展至明代宁波地区的碑帖收藏，从而勾勒出一个清晰而生动的递藏流变链。

天一阁本石鼓文与吴昌硕亦有密切关联，很多学者提到吴昌硕一生写的最多的石鼓文版本便是阮摹本。然而，阮摹本是翻刻本，与原拓有一定的距离，那么吴昌硕为什么会多次临写此本呢？晓峰博士从版本的经典性及委托人的明确要求立论，从而合理地解决了书法艺术史中的一个难题。

希腊、罗马的古物一经教皇收藏或温克尔曼等学者的品题，马上会身价倍增，成为收藏史中的经典，也成为后世反复著录、复制的对象。19世纪后新发现的古希腊雕刻虽然品质更为精良，但在价值上却一直无法与教皇旧藏比肩。中国的古物收藏也有同样的"趣味"问题，古物在何处藏身，由何人著录或品评，这是其获得权威性的重要依据，也是其价值的重要来源。吴昌硕反复临写阮摹本石鼓文，反复以焦山鼎拓片入画，其背后隐藏的也是这个问题。

在晓峰博士看来，吴昌硕能成为石鼓书法的集大成者，有其必要条件——要有石鼓拓本收藏的传统、要解决石鼓拓本的真伪鉴定、要有石鼓鉴藏的群体。他梳理了张燕昌、张廷济到吴昌硕的脉络关系，深究拓本收藏、拓本鉴定与书法实践的内在关联，而这又是以往研究中没有的新视角。

晓峰博士毕业已近五年，现在这本书要比当年的博士论文更加充实华美。中国美术学院"视觉艺术东方学"系列收录了他的研究成果，这是对他数年耕耘的鼓励与认可。希望他志意不移，再接再厉，在未来取得更多、更好的成绩。

甲辰春月于西子湖畔

CONTENTS

目录

导　论

　　三代鼎彝，名山大川往往间出。刻石之文，传世盖尠。《祝融峰铭》实道家之秘文，《比干墓字》岂宣圣之遗迹？至于鬼方纪功之刻，僻在蛮荒。箕子就封之文，出于罗丽。半由附会，于古无征。惟陈仓十碣，虽韦左司以下聚讼纷如，绎其文词，犹有《车攻》《吉日》之遗。铁索余绳，龙腾鼎跃，亦非李斯以下所能作，自是成周古刻。海内石刻，当奉此为鼻祖。[1]

　　在叶昌炽看来，三代鼎彝虽然稀见，仍偶有出土，但三代石刻却屈指可数。所以，在考辨《祝融峰铭》《比干墓字》《鬼方纪功》《箕子之文》之后，他最终将石鼓定为"石刻鼻祖"。作为清季最富盛誉的金石学家之一，叶氏此论颇具影响力与代表性。[2]

　　诚如文中所言，石鼓自唐发现以来，聚讼纷如，莫衷一是。学者们或考辨年代、或研磨辞章、或品鉴书法、或训诂文字……致使其蔚然有成独立学术门类之势。咸同之际的魏稼孙总结石鼓研究概况云：

1.（清）叶昌炽、柯昌泗评：《语石·语石异同评》卷一，北京：中华书局，1994 年，第 1 页。
2. 康有为亦认为石鼓为"中国第一古物""书家第一法则"。参见康有为著、崔尔平校注：《广艺舟双楫注》卷二，上海：上海书画出版社，2006 年，第 71 页。

图1　石鼓之"汧殹"鼓　故宫博物院藏

　　古金石刻，惟《石鼓文》为人所最重者也。考论金石者，亦惟于《石鼓文》为最多。自唐宋人迄今，不下百数十家。[3]

　　尽管历代学者的观点各有不同，但在研究媒介载体上却渐渐达成共识，那就是对石鼓拓本，特别是早期善拓本的高度重视。实际上，石鼓自发现之日，其拓本便已悄然走进学人书房。韩愈《石鼓歌》，开篇便云"张生手持石鼓文，劝我试作石鼓歌"。时至清代，学者们虽仍有幸能于国子监手拓石鼓，但历经千年风雨，石鼓早已损泐剥蚀，拓本更不可与宋元佳拓同日而语。

一、缘起与意义

　　自南宋起，石鼓善本已不可多得。施宿《石鼓音》序云，"自南渡以还，

3.（清）沈梧：《石鼓文定本·叙》，清光绪十六年沈氏古华山馆刻本，第1页。

图2　石鼓砚　（明）顾从义摹刻　天津博物馆藏

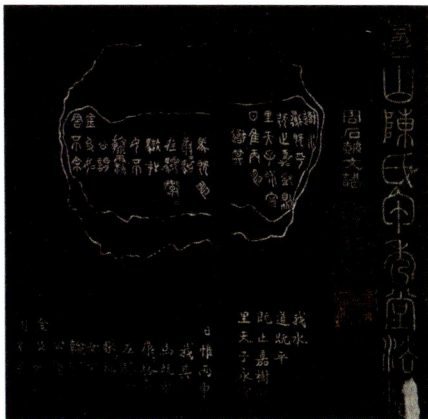

图3　宋拓甲秀堂法帖之石鼓文　故宫博物院藏

故家之藏绝不多见，况摹有精粗，故亦艰得往本参校同异……"[4]。元明时期，善拓更是凤毛麟角。至清，宋拓几乎消亡殆尽。这并不是说，清人无法开展石鼓研究。实际上，他们借助薛尚功本、甲秀堂本等宋人摹本，仍有新发现。只是摹本在字体书写、所存字数上多有讹误，致使石鼓研究犹如雾里看花。对此，晚清学者沈梧曾有一番感慨：

> 程泰之所据南剑州州学以郑本锓木之文为说，故所引鼓词往往不符于原本，岂知郑氏本最为舛谬，不可据也。郭允伯颇以董、程之论为然，惟所见石鼓文殆非原刻，因辨石鼓之制以为非鼓形，竟谓为"石古文"，未免臆见好奇矣。[5]

可见，是否有善拓为据，直接决定着石鼓研究之高下。所以，当全祖望发现天一阁所藏北宋《石鼓文》拓本时，其对学术界的冲击可想而知。阮元云"石鼓拓本以浙东天一阁所藏松雪斋北宋本为最古"[6]，王昶认为"鄞范氏

4.（元）吾丘衍：《周秦刻石释音·音注书评》卷一，清光绪刻本，第20页。

5.（清）沈梧：《石鼓文定本·辨证叙记》，清光绪十六年沈氏古华山馆刻本，第5页。

6.（清）阮元：仪征阮氏重模天一阁北宋石鼓文本跋（杭州府学本），清嘉庆二年，拓本。

天一阁所藏北宋拓本最为完备"[7]，甚至连摹本亦被奉为圭臬。罗振玉在比较当时流传的三种最为重要的摹本后，亦云：

> 壮游四方，始稍稍得见明以前旧拓。年四十，始见《甲秀堂周秦篆谱》宋拓本，又复得见顾砚本。并几互勘，始知诸复本中阮本实为最善。顾砚本亚之，甲秀堂本又亚之。[8]

自乾嘉至民国初年，天一阁本的至善地位从未动摇。据全祖望载，此本先经赵孟頫收藏，后为明代宁波大藏家丰坊所得，最终归天一阁。六百年物，古香苍然。咸丰十一年（1861），太平军进驻宁波，此本毁于兵燹。尽管原本已毁，但其凭借多次翻刻传播对乾嘉以来石鼓研究产生深远影响。

天一阁本的重要价值，首先体现在其数次摹刻。乾隆五十四年（1789），张燕昌首次以天一阁本《石鼓文》为底本双钩刻石，在当时金石圈内备受关注。嘉庆年间，阮元先后两次将其分别摹刻于杭州、扬州两地府学，使天一阁本的影响力进一步扩大。其他诸如徐渭仁、盛昱、杨守敬、姚觐元、刘心源等金石文字嗜好者以张、阮摹刻本再次进行重摹，使此本传至大江南北。据任熹统计，天一阁本自乾隆五十四年（1789）至清末，前后翻刻共达七次之多。[9]其中，盛昱的重摹更是将天一阁本传至国学韩文公祠，成为与石鼓原物相互映照的重要版本。

天一阁本的重摹、传播是石鼓鉴藏发展的一大成果。应该看到，在天一阁本重摹背后存在着张燕昌、徐渭仁、张廷济、盛昱、杨守敬等金石碑帖鉴藏大家。此本的首次重摹者张燕昌，亦是石鼓拓本的重要收藏者。他的好友张廷济，更是嘉道年间石鼓善拓收藏的核心人物。在以他们为中心的鉴藏圈中，石鼓作为最早石刻，是他们日常金石品鉴生活中的重要部分。然而，正是在他们的品

7.（清）王昶：《金石萃编》，清嘉庆十年经训堂刻同治十年补刻本，第7—23页。

8. 罗振玉：《石鼓文考释·序》，民国五年石印本，1916年，第1页。

9. 任熹：《石鼓文概述》，《考古》，1936年第2期，第112页。

评鉴识中，关于石鼓拓本的"考据点"也慢慢细化、完善，最终形成今日石鼓拓本鉴定中的"汧"字本、"黄帛"本及"氐鲜"五字本等数种版本类别。与此同时，杨慎托名从李东阳处所获石鼓全拓本，尽管早有辨伪，然而却在乾嘉以来的石鼓研究中仍然活跃且出现为其辩诬者。在双方辩论中，天一阁本亦是被时常引据的对象。此外，鉴藏与书法创作亦有着重要关系，吴昌硕当然是最为杰出的代表。学者统计，吴氏临摹最多的便是天一阁本。[10] 详细梳理可以发现，自张燕昌、张廷济到吴昌硕正构成了江南石鼓鉴藏群体自品鉴到创作的内在关系。因此，此本亦成为考察其石鼓书法的一个重要线索。

如果对天一阁本的重摹仔细推敲，亦可发现其中隐蔽着强烈的政治因素——统治者的文教需求。就在张燕昌重摹天一阁本的同时，乾隆帝也正在紧锣密鼓地进行重刻石鼓的文化工程。相比之前纂修《四库全书》及此后的重刻《石经》，重刻石鼓算不上乾隆的大手笔，但其中隐含的文教目的却一点不少，甚至更为凸显。这看似与天一阁本的摹刻无甚关系，但乾隆重刻石鼓所传达的理念却通过教育下行至各地府学。阮元是乾隆帝晚年颇为赏识之臣，亦是皇权的忠实维护者。阮元摹刻《石鼓文》，不像张燕昌那样纯粹出于嗜好，更多地则是让喜好古文的士子有所法焉。一定意义上，这是对乾隆帝文教理念的一种实践。姚觐元、盛昱之摹刻亦属此类。上有所好，下必甚焉，乾嘉以来石鼓研究著作频现亦与此不无干系。由云龙在谈及石鼓年代时曾云：

> 清高宗以帝王之尊亦宗韩说，且撰诗歌以张之，然其时在四库馆实际工作者，如纪昀、陆锡熊、邵晋涵、周永年辈皆殚见洽闻之士，弘历必与之先事讨论而后发表意见。[11]

天一阁本的重摹、传播与当时石鼓研究紧密相连。一方面，此本的出现及

10. 李含波：《曾抱十石鼓——石吴昌硕所藏所见〈石鼓拓〉本述论》，《书法》，2017年第12期，第82页。

11. 由云龙辑：《石鼓文汇考·序》，天鹅誉写社，1957年，第1页。

重摹加速了石鼓善本的流通与传播，学者有更多机会展阅宋拓风貌，扩展了石鼓研究空间。应该说，此本的出现连同乾嘉以来金石考据的兴盛，共同催生出一批石鼓文研究力作。张燕昌、翁方纲、赵烈文、罗振玉等人的论著，正是重要代表。另一方面，石鼓研究著作对天一阁本的不断引据、比对，又促使其被继续重摹、传播。民国初年，郭沫若等人对日本藏安国旧藏本的引进与利用，才使得天一阁本影响力相对减弱。

由氏推想极为合理，揭示出学人趣味与皇权统治的内在关联。之于石鼓而言，学术风尚、文人鉴藏及皇权统治三者相互交织，共同影响着乾嘉以来石鼓研究，而天一阁本《石鼓文》的重摹与传播恰恰是考察三者的极佳结合点。

二、研究现状与问题

石鼓制作年代与文字训释，是历代研究中讨论最多、争论最多、最为核心的问题。关于石鼓制作年代，晚清颇负盛誉的金石学家杨守敬曾有一段精彩评述：

> 石鼓自张怀瓘、李嗣真以为史籀书以后，著录家多称为宣王犬狩所作。自韩昌黎、韦苏州而下，形诸词赋者，亦多以为宣王之诗。自董广川、程泰之唱为成王时所作，和之者数家。郑夹漈谓其文往往与秦器相合，因指为秦刻，杨升庵、全谢山从而和之。金马定国创为宇文周时所为，焦弱侯、顾亭林、万季野等皆以为然，而万持之尤力，详见《群书疑辨》。陆友仁又据《北史》为元魏时所刻。论断纷纷，有甚于兰亭之聚讼。[12]

张怀瓘、李嗣真、董逌、程大昌、郑樵、杨慎、马定国、万斯同等众置一喙，

12.（清）杨守敬著、（日）藤原楚水校：《激素飞清阁平碑记》卷一，东京：株式会社三省堂，1957 年，第 2 页。

莫不求申，由此也造就了一千年学术史话。近代以来，关于石鼓制作年代考论，亦有多种新说。杨宗兵先生《石鼓文及其时代研究评述》一文，对历代石鼓年代说予以详细评述。此文分为三大部分：第一部分"历代石鼓研究分期"将石鼓研究分为唐初到北宋、南宋到明、晚清到民国、1949年后至今，对各个阶段的代表人物及研究特点进行分析总结；第二部分"历代石鼓文时代研究评述"从"主周说""主汉说""主北魏说""主北周说""主秦说"五个系统，共举十二种年代说；第三部分"近20年来石鼓文时代研究最新成果"，则主要从"主秦说"进行具体介绍。最后，此文总结云：

> "主周说""主汉说""主北魏说"都不同程度地遭到了反驳，均难成立。而"主秦说"经南宋郑樵、巩丰，清人震钧，民国至今"二马"（马衡、马叙伦）、"三堂"（郭鼎堂、罗雪堂、王观堂）、唐兰、段颙、杨寿祺、罗君惕等学者的考证和研究，证据确凿，使关于石鼓时代的千古聚讼终成定论——石鼓乃秦物。但石鼓究竟归属秦的具体哪一公或哪一王，当代李学勤、王辉、徐宝贵、（中国香港）易越石、徐畅、（美国）马几道、（中国台湾）陈昭容、裘锡圭等诸位先生的研究观点仍有分歧，因此石鼓具体制作时代仍有进一步考证的必要。[13]

郑樵依据石鼓中"殹""丞"二字在"秦斤""秦权"中已有出现[14]，遂创"主秦说"。不过，此说在其后并未得到更多支持，直到马衡《石鼓为秦刻石考》一文，将郑樵所依证据扩展至十二种，故"主秦说"始被学术界普遍接受。然如杨宗兵先生所言，具体是秦襄公、文公、德公、穆公等，还是如裘锡圭先生所推测"石鼓之诗可能早于石刻文字"等观点，仍未有定论。

---

13. 杨宗兵：《石鼓文及其时代研究评述》，《考古与文物》，2006年第3期，第41页。
14.（宋）郑樵：《石鼓音序》，《石刻史料新编》第1辑，第24册，台北：新文丰出版公司印行，1982年，第18081页。

由于石鼓文字较为少见，且损泐严重，残字较多，通读石鼓困难重重。苏轼对此有生动描述：

> 旧闻石鼓今见之，文字郁律蛟蛇走。
> 细观初以指画肚，欲读嗟如箝在口。
> 韩公好古生已迟，我今况又百年后。
> 强寻偏傍推点画，时得一二遗八九。[15]

以指画肚，如箝在口，将审阅石鼓时的难辨之态描写得淋漓尽致。故而，石鼓文字训释自宋迄今从未间断：宋薛尚功《钟鼎彝器款识》、郑樵《石鼓文考》（未传）、章樵注《古文苑》、施宿《石鼓音》（未传）；元潘迪《石鼓文音训》、吾丘衍《周秦刻石释音》；明都穆《金薤琳琅》、陶滋《石鼓文正误》、杨慎《石鼓文音释》；清代民国以来，文字训释著作更是远超前人。据统计，现存石鼓文训释专著75部，清人著作27部，民国著作19部，约占总数的61%。[16]1949年以来，（中国台湾）那志良《石鼓通考》；由云龙《石鼓文汇考》；郭沫若《石鼓文研究》；徐宝贵《石鼓文整理研究》；刘星、刘牧《石鼓诗文复原译释》继续加以推进。然而，石鼓训释往往参稽往复，附以己意。《石鼓纪实》谓：

> 此鼓自唐以来，韦、韩诸公但有歌诗并无音释。音释之始，始于薛尚功《钟鼎款识》。嗣后王厚之有释音，郑樵有《石鼓考》，施宿有《石鼓音》……多不纪实。按之鼓文，往往龃龉。原其故，大终目不见鼓，妄为揣度，鲁鱼亥豕，所以承讹。[17]

围绕此两大核心问题，石鼓所记内容、诗歌特点、狩猎礼制、书法艺术、

15.（宋）苏轼：《东坡集》卷一，明成化本，第7页。
16. 杨宗兵：《石鼓文及其时代研究评述》，《考古与文物》，2006年第3期，第37页。
17.（清）李棠辑：《石鼓纪实》下卷，清刻本，第54页。

命名次第及其中名物，都有相关探讨。石
鼓拓本亦是其中重要内容。关于石鼓拓本
的重要性，可以概分为两类：一是，几乎
所有关于石鼓研究的著作，都会注明其所
依据拓本、摹本，或是自己收藏，或是依
据古人传摹。一定意义上说，版本重要性
在此类型中虽并未被过分强调但却是所有
研究之基础。有些著作是依据当时拓本而
作，多数著作则是据古传善本，从而亦为
石鼓各时代的保存状况及拓本的流传提供
了重要记录。二是，对石鼓拓本、摹本进
行专门考论。关于此问题的讨论，至迟在

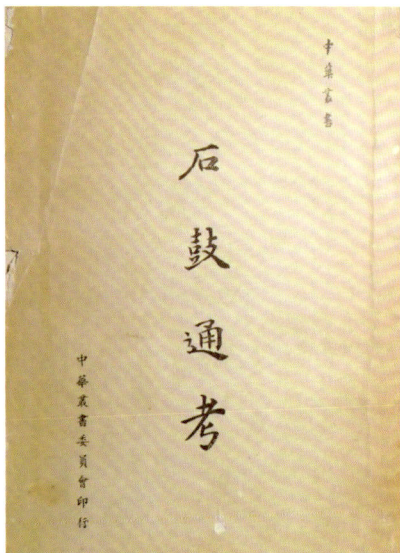

图 4 《石鼓通考》 （中国台湾）那志良
1958 年

清代就已开始。其中，翁方纲很可能是最早就此问题进行讨论者。其《石鼓考》
一书专门列有"历代传摹诸本"，虽然仅是简单罗列，但显然已有对此专门
辨析之意。不过，清人论及此问题多集中于鉴藏领域，散见于题跋、日记之中，
像《石鼓考》专门列有此类者，除翁方纲、尹鹏寿、沈梧外几乎不见。

　　民国以来，石鼓拓本、摹本考论渐多。任熹《石鼓文概述》发表于 1936 年，
文中"摹刻"一节从"拓本""摹刻本""临写本"三部分论述。其对天一阁
本予以详细梳理，此节开始便谓："石鼓拓本，世传以浙东范氏天一阁藏赵松
雪家北宋本为最。其后，好古之士每据以摹刻。"[18] 在"摹刻本"中，他提及
了阮元两次摹刻、张燕昌摹刻、徐渭仁、杨守敬、姚觐元、盛昱等与天一阁本
相关的七种传摹本。其中还对摹本流传概况进行简要说明，他认为杨守敬、姚
觐元本不多见，阮刻流传最盛，张燕昌本可借徐渭仁《随轩金石文字》以观，
而其中盛昱摹刻最精。任氏虽然如翁方纲一样，只是罗列并简要说明，但却是
最早对天一阁本传摹情况进行概述者。那志良所著《石鼓通考》成书于 1958 年，

18. 任熹：《石鼓文概述》，《考古》，1936 年第 2 期，第 108 页。

其在"拓本及摹刻"主要是对任熹所述进行增补。[19] 其中所列天一阁本及传摹本与任熹一致，只是在其基础上添加简要评述。如援引唐兰题跋，指出张燕昌刻本并非天一阁原本而是参据其他版本；在谈及阮元摹本时云："阮元虽自己说是重摹天一阁本，实际上还是根据张刻，书丹的也是张氏。"[20] 首次指出了张、阮两摹本之关系。徐宝贵《石鼓文整理研究》成书于 2008 年，其中对天一阁本相关论述多与那氏相同，不过亦增补刘心源摹刻阮摹本四石。[21] 韩长耕《先秦石鼓简说》（1995）一文，将天一阁本摹刻分为张燕昌系统（徐、杨、蜀）、阮元系统（扬、京），[22] 使天一阁本影响更为明晰。但需要说明的是，杨守敬明确提及其摹刻本乃据阮本参张本。所以，此本应归为阮摹更为合适。此外，诸如清方若撰、王壮弘增补《增补校碑随笔》（1981）、张彦生《善本碑帖录》（1984）、仲威《中国碑拓鉴别图典》（2010）等著作则主要从鉴定的角度，对天一阁本亦有提及。

　　施安昌《乾隆与石鼓文》（2012）一文，着重梳理了乾隆帝对石鼓的数次题诗及重刻新石鼓的过程及始末，文章较为全面，但对此举在石鼓历史上的意义论述较少。李含波《吴昌硕所藏所见〈石鼓〉拓本述论》（2017）则将拓本收藏与书法相结合，考查了吴昌硕所见石鼓及其书风变化，较为新颖。其中提到天一阁本《石鼓文》是其研习最多版本，却忽略了吴昌硕所见天一阁本乃是阮元重摹本，其艺术性远不如原拓本，吴昌硕以此为参考的原因何在？以此本为参照的社会因素有哪些？文中未有提及。台湾大学蔡宜璇硕士论文《古树新花——吴昌硕（1844—1927）的石鼓文》（1999）则考察了吴昌硕石鼓书风的形成过程，第三章从吴昌硕理想中的石鼓文、典律的生成及风格的两难与市场等方面，将影响吴昌硕书风的内外因素予以全面辨析。朱梁梓《清代石鼓文文献之研究》（2021）第四章"关于石鼓文清代的拓本、摹本考论"对清代相关石鼓拓本予以论述，并专设"《范氏天一阁所藏北宋石鼓文拓本》考论"一节。

19. 那志良：《石鼓通考》，台北：中华丛书委员会，1958 年，第 205 页。
20. 那志良：《石鼓通考》，台北：中华丛书委员会，1958 年，第 211 页。
21. 徐宝贵：《石鼓文整理研究》，北京：中华书局，2008 年，第 105 页。
22. 韩长耕：《先秦石鼓简说》，《史学史研究》，1984 年第 4 期，第 77 页。

然而，作者对此本重摹概况考察不够深入。

以上提及论著，正是关于石鼓拓本著录、考辨的基础文献。整体来看，在拓本，特别是天一阁本《石鼓文》研究中，主要存在如下问题：

首先，缺少对天一阁本最基本的学术考察。天一阁本虽然在以上文献中多有提及，其在石鼓研究、鉴藏乃至书法等领域的影响显而易见，但对其递藏、发现、重摹、传播缺乏深入探讨。此本虽早在翁方纲的讨论中就已出现，但关于其详细梳理直到当代仍未有新进展，甚至连张燕昌、阮元等诸摹刻的原因、目的等最基础的问题都鲜有论及，更无须说，对其重摹本间的相互关联，与乾嘉以来石鼓研究内容、方法及其历史环境等问题的考论。

其次，石鼓鉴藏研究不够深入。天一阁本《石鼓文》的重要价值，不仅仅体现在为宋拓本，存字较多，其实其很大影响正是借助重摹与传播走向经典。因此，此本的重摹与传播不仅仅是一个具体的事件，而是一种文化现象。这其中，鉴藏是极为重要的方向。张燕昌缘何重摹此本？张燕昌周围有着怎样的石鼓拓本鉴藏群体？其成就如何？与吴昌硕石鼓书法有着怎样的关系？诸多问题，都未得到很好的回答。

再次，石鼓的文教意义缺少提炼。石鼓自发现以来，便被韩愈当做学习古文的重要资料。乾嘉以来，随着金石学的复兴，石鼓亦被视为文教的重要标志。阮元的重摹，正是出于此目的。除了学术风尚的变化外，皇权主导的文教在乾嘉以来石鼓研究中的作用亦没有引起足够重视。乾隆帝重刻石鼓并非单纯的文化事件，而是其崇尚文教、塑造自我形象的重要手段。虽然此举没有纂修《四库全书》、重刻《石经》规模浩大，但其对乾嘉以来石鼓研究有重要影响，特别是此理念与教育、学术的融合，正是天一阁本得以不断重摹的重要原因。

最后，天一阁本在乾嘉以来石鼓研究中的作用未得到梳理。自张燕昌重摹天一阁本《石鼓文》以来，此本便被学者奉为研究石鼓之首选。然而，此本在石鼓研究中除了底本外，还有哪些作用？由它产生的学术著作有哪些？这些著作有何特色及影响？如此种种，仍然缺少相关梳理，也影响了对此本重要性的全面认识。

三、材料与结构

本文无意去解决石鼓文研究中的年代考证、文字训释等传统问题，而是结合天一阁本石鼓文的收藏背景、重摹及传播，考察此本自发现之后，是如何进入石鼓研究史？其一再重摹的背后，又有着怎样的推动力？前一问题重点涉及到此本的文献意义，与乾嘉以来的石鼓研究紧密结合；而后一问题重点涉及的则是与此本有关的鉴藏趣味、文教象征及学术风尚。应该说，天一阁本的不断重摹，正是当时鉴藏圈对石鼓拓本品鉴趣味发展的重要体现，这一点就张燕昌、徐渭仁、杨守敬、盛昱等重摹者而言，显而易见。鉴藏趣味与天一阁本重摹相互交织，有力促进了石鼓拓本鉴定的知识形成，也使鉴藏与重摹成为乾嘉以来石鼓品鉴中的一大特点（需要指出的是，这一特点正是当时金石鉴藏大环境中的重要构成）；此外，乾隆帝重刻石鼓工程，成为清代石鼓历史中的重要事件。它使石鼓与文教更加密切相关，更为重要的是，乾隆帝想借此达到的"重道崇文"目的，在此后的国家机构体系，特别是学政体系中持续发展。这一过程与天一阁本的重摹与传播几乎同步。因此，这使得对此本的关注又要与皇权、教育相联。福柯认为：

> 总而言之……与其把我们对于权力的研究导向代表国家主权的司法机构、国家机器，及与它们相伴的意识形态，我认为我们应该把对权力的分析转向物质的运作、征服的形式，及以下两方面的关联和作用，一方面是屈服的地方系统，另一方面是知识装置（apparatuses of knowledge）。[23]

那么，事实是否完全如福柯所说呢？为此，全文将分四章予以论述：

---

23. Michel Foucault，"Society must be defended：Lectures at theCollege de France，"1975—1976，trans.David Macey（London，2003），p.34. 转引自（英）柯律格著、黄晓鹃译：《藩屏：明代中国的皇家艺术与权力》，郑州：河南大学出版社，2016年，第198页。

第一章：天一阁本《石鼓文》之递藏考论。天一阁原藏宋拓本虽已毁于兵燹，但全祖望对其递藏经历有相关记载。然而，后世并没有对全氏记载予以考辨，甚至出现误读与误录。本章首先详细考证此本的递藏经历，破解二百年来形成的误读。其次，对此本在明代宁波地区的递藏予以考察，深入探寻其流入宁波的递藏情景。由此，对嘉靖年间宁波地区出现的以范钦、丰坊、范大澈为代表的三类鉴藏家类型进行比较分析。同时，梳理此群体内外的鉴藏交往，特别是与吴门文徵明家族、无锡华夏家族、嘉兴项元汴家族等家族的交往，从而深入揭示此拓本能够传至宁波并不断递藏的深厚背景。

全祖望《天一阁碑目记》是天一阁旧藏碑帖从发现到散失的重要见证，亦是关于范氏所藏《石鼓文》的重要文献；范大澈《碑帖纪证》一书，记载了其与碑估间的交往、与范钦的共同访碑、与文氏家族的交往，及相关碑帖流通、品鉴情况，是本章的重要参考。此外，至今仍保留在天一阁内，范钦组织摹刻的《天一阁帖》、薛晨组织摹刻的《义瑞堂帖》，既体现了地域藏家的彼此联系，又记载了他们与外界的交往，而丰坊《真赏斋赋》《丰南禺书画目》亦为本章展开全面论述提供了重要史料。

第二章：张燕昌重摹与江南石鼓鉴藏群体。张燕昌重摹天一阁本《石鼓文》虽是个人行为，但深入考察就会发现其背后蕴藏着一个重要群体——江南石鼓鉴藏群体。一定意义上说，张氏重摹当是此鉴藏群体发展的必然结果与重要成就。本章着重解决三个问题：一是张燕昌重摹的过程及影响，主要论述重摹过程、重摹特点及重摹影响；二是江南石鼓鉴藏群体的重要拓本鉴藏成就，主要梳理群体收藏的重要拓本、鉴定成就及流散情况，为了说明此群体拓本鉴藏的成就，还将以杨慎本在乾嘉以来的反复讨论，来显示石鼓鉴藏之重要困境及此群体之意义；三是，吴昌硕书法成就与石鼓鉴藏的重要关系。本章将吴昌硕置于江南石鼓鉴藏群体中予以考察，更为清晰地展示吴昌硕书法所面临的传统遗产及个人突破。此外，吴昌硕所见天一阁本为重摹，与原拓相比缺少艺术气息。那么，吴昌硕又以临天一阁本为最多，这又意味着什么呢？

钱大昕所编《天一阁碑目》是确切记录张氏重摹天一阁的重要文献。张燕昌《石鼓文释存》、徐渭仁《随轩金石文字》、张廷济《桂馨堂集》、赵椿年《覃擘斋石鼓十种考释》等为考证张氏重摹过程、始末及影响提供重要参考。国内最早的石鼓拓本为明代所拓，以往仅发现三本，2018 年又发现两本，此五本递藏有序，题跋累累。其中，大部分内容已收入《石鼓墨影》《石鼓汇观》两书，为本文考察其鉴藏成就提供重要原始资料。此外，《潘钟瑞日记》《吴昌硕谈艺录》《吴昌硕年谱》等著作等亦是解读吴昌硕与江南石鼓鉴藏群体关系的重要依据。

第三章：阮元重摹与石鼓的文教意义。阮元两次重摹《石鼓文》，均是将其置于府学中。可以说，其目的便是将石鼓作为教学的内容。石鼓能入课堂、考课，在以科举为目的的古代教育中有着不同寻常的意义。这一方面是因为金石学兴盛的学术风尚；另一方面则是有着直接的政治因素——乾隆帝重刻石鼓。乾隆帝此举乃是打造自己"读书人"的形象，以此实现其文化统治；阮元作为地方官员，既要与中央保持一致，又要将自己的教育理念、金石之趣贯穿其中。此后，盛昱延承阮元教育理念，最终将天一阁本重摹至国学韩文公祠。在这背后，所显示的则是石鼓作为文教象征的传统与凸显。

《诂经精舍文集》收有赵春沂、严杰、吴东发三人关于阮元摹刻天一阁本《石鼓文》考论之文，是本章将石鼓与教育结合的基础文献。乾隆帝关于石鼓镌刻所题长跋，又明确透露出其重道之归。正如柯律格在讨论《淳化阁帖》时，所提及的：

> 书法的地位并非在某个超然的美学领域中得以确立，而是与统治者的概念紧密相连……王国领主的责任就是要给出整个王国可以效仿而行的模范和范式，而宫廷则是这些模范和范式得以恰当地制作加工出来的场所。[24]

24.（英）柯律格著、黄晓鹃译：《藩屏：明代中国的皇家艺术与权力》，郑州：河南大学出版社，2016 年，第 70 页。

相对而言，石鼓文不仅仅意味着书法艺术、拓本品鉴，特别是阮元、盛昱等人对天一阁本多次摹刻则正与柯律格所谓的王国"艺术模范和范式"有着众多相似，亦又有着自己的空间与趣味。

第四章：天一阁本的诸次摹刻与乾嘉以来石鼓文研究。本章首先概述清之前石鼓研究的阶段及特点；其次，对于重点引据天一阁本的相关论著予以考论。由于这些论著在石鼓研究中颇具代表性，故借此以窥乾嘉以来石鼓研究的整体状况。最后，论述天一阁本在补阙残字及版本校正等问题中的重要作用。

此部分以诸家石鼓论著为主要文献，从最早的张燕昌《石鼓文释存》到翁方纲《石鼓考》、冯承辉《〈石鼓文音训〉考正》、罗振玉《石鼓文考释》等均借助天一阁本考证残字、版本校订，从而为认识天一阁本的学术意义提供参照。

第一章

天一阁本《石鼓文》之递藏考论

乾隆二年（1737），全祖望辞都归里，结束了其近十年"薄游京洛"的生活。此时，距他考取进士仅有一载。[1] 后来回忆此举时，他曾有诗云："疏狂容易犯科曹，幕府谁能恕折腰。莫笑淮王昧称谓，从前地望本清高。"[2] 疏狂、洒脱的文士形象，跃然纸上。归里后，没有杂务缠身，亦无人事纷扰，寻幽探古、读书著述成为其人生乐事。虽然在此之前，天一阁已是其常到之处，但就在此时段，他却又有重要发现。《天一阁碑目记》云：

> 《天一阁书目》所载者，只雕本写本耳。予之登是阁者最数，其架之尘封，衫袖所拂拭者多矣。独有一架，范氏子弟未尝发现，询之，乃碑也。是阁之书，明时无人过而问者，康熙初，黄先生太冲始破例登之。于是，昆山徐尚书健庵闻而来钞。其后登斯阁者，万微君季野，又其后则冯处士南耕，而海宁陈詹士广陵纂《赋汇》亦尝求之阁中，然皆不及碑。至予，乃清而出之，其拓本皆散乱，未及装为轴，如棼丝之难理，予订之为目一通，附于其书目之后。[3]

1. 全祖望因与李绂较好，受到张廷玉的排挤，先是阻其应试鸿博，后又在散馆时，将其列为下等，外补。详见王永健：《全祖望评传》，南京：南京大学出版社，1996年，第70—71页。

2. （清）全祖望著、朱铸禹集注：《全祖望集汇校集注》下册，上海：上海古籍出版社，2000年12月，第2057页。

3. （清）全祖望著、朱铸禹集注：《全祖望集汇校集注》中册，上海：上海古籍出版社，2000年，第1069页。

正如文中所言，天一阁藏书在当时已闻名遐迩，但所藏碑帖却无人提及。面对这一新发现，全祖望欣喜不已，放废湖山之情亦得安慰：

> 吾闻亭林先生之出游也，穷村绝谷，皆求碑碣而观之，竹垞亦然。今不烦搜索，坐拥古欢，而乃听其日湮月腐于封闭之中，良可惜也。予方放废湖山，无以消日，力挟笔砚来阁中，检阅款识，偶有所记，亦足慰孤另焉。[4]

在全氏看来，这种"坐拥古欢"与"穷村绝谷"有同妙。其所谓"检阅款识，偶有所记"之内容，后多集于《鲒埼亭集》中。[5]

图1　全谢山像轴　（近代）陈秋草临
天一阁博物院藏

其中一则，便录其展观天一阁本《石鼓文》时的感受：

> 范侍郎天一阁有石鼓文，乃北宋本，吴兴沈仲说家物，而彭城钱逵以薛氏释音附之者也，钱氏篆文甚工。其后归于松雪王孙，明中叶归于吾乡丰吏部，已而归范氏，古香苍然，盖六百余年矣，是未入燕京之搨本也。范氏藏之，亦二百余年矣。予尝过天一阁，幸获展观，摩挲不忍释手，范氏子孙尚世宝之。[6]

---

4. 同注3，第1070页。

5. 天一阁所藏碑帖具体见《鲒埼亭集》卷三十七。

6. （清）全祖望著、朱铸禹集注：《全祖望集汇校集注》上册，上海：上海古籍出版社，2011年，第701页。

这是天一阁本《石鼓文》首次见诸文献，借全祖望之眼，可知此本为北宋拓本，附有钱逵篆书南宋薛尚功释音，古纸翠墨，苍然幽香，让人爱不释手。除纸墨甚佳外，此本递藏经历亦较为清晰，先经沈仲说收藏，后辗转至赵孟頫，明时归丰坊，再至范氏天一阁。实际上，全祖望对此本的评判极为重要，以后各家对天一阁本《石鼓文》的认识往往以此为圭臬。由于天一阁所存拓本已毁，故其原貌不可复考，但据全氏所载，梳理其递藏经历，对廓清此本来龙去脉、归宗范氏都将不无裨益。

第一节　二百年来之误读
——递藏误读与拓本年代

一、递藏误读

据全祖望的考察，此本明中叶归四明。在此之前，则由沈仲说、赵孟頫收藏。从全氏的语气来看，沈氏在赵孟頫之前，应是宋人。晚清学者欧阳辅在论述此本时已云："原为沈仲说物，钱逵以薛氏释音附之，元归赵松雪家。"[7] 虽然仅于赵孟頫前添加时代，但显然已把沈仲说归为宋人，这便是受全氏影响。那么，沈仲说是宋人吗？如果确是宋人，此本的递藏则正如全氏所载，自宋至明清晰可见。如果非宋人，或者说晚于赵孟頫，那么就意味着此本递藏经历或将改写。由此而言，沈仲说之生平举足轻重，故有必要做详细考证。通过翻检大量文献，基本可以推断此人为元代清晖楼主人沈右。理由有三：

一是，地域相同，均称"吴兴沈仲说"。陈基是沈仲说最要好的朋友之一，其《夷白斋稿》中记载数篇沈氏有关之作。《清晖楼辞》序云："吴兴沈仲说甫学古有文，事大母无间言，所居东林，有楼曰清晖。"[8]《慈乌曲》序云："至正十年夏四月，诏赐高年帛。吴兴沈右以纯孝称，而其祖母夫人岁九十，前后被赐者三而

7.（清）欧阳辅编：《集古求真》卷十一，民国十二年江西开智书局石印本，第5页。
8.（元）陈基：《夷白斋稿》卷十一，《四库全书》本，第11页。

恩有加。"[9] 此外，另有《吴兴沈仲说得苏长史旧砚名》等诗作。作为挚友，所记籍贯自当无误。然而，值得注意的是，其另一位好友郑元佑则称其为"吴人沈君仲说"[10]。元末明初的陶宗仪亦云"沈仲说，古姑苏人"[11]。明正德《姑苏志》则有如下记载：

> 沈右，字仲悦，郡人。年四十无子，其妻邹氏深以为忧。一日，仲悦买一妾，颇有姿色。因问其祖父，对曰："妾范复初之女也，父丧家贫母老故至此。"仲悦恻然谓妻曰："乃父吴中名术，亦吾故人也，吾安忍以为妾乎？故人之子当如子视之可也。"即召其母，使择婿嫁之，且备奁具送其行。友人高进道贫不能葬者十三丧，仲悦又买地为之安厝，吴人至今称之。出《辍耕录》[12]

志中移录《辍耕录》所载沈仲说掌故，亦指其为姑苏人（今苏州）。这应是沈氏第一次被收入方志，故而志中特标明史料出处。方志对于人物的传播力度远远大过个人著述，以致后世所有文献几乎均将其归为苏州人。那么如何解读"吴兴沈仲说"与"吴人沈仲说"？在后世多称"吴人"的语境中，全祖望又缘何云"吴兴沈仲说"？

《夷白斋稿》中一篇铭文，给出重要提示。[13] 铭文中明确提到"吴郡隐君子沈仲说"，也就是说，沈仲说隐居吴郡。巧合的是，沈氏长风明月般的隐士生活，亦被郑元佑以艳羡之笔记录下来：

9.（元）顾瑛辑：《草堂雅集》卷一，《四库全书》本，第35页。

10.（元）郑元佑：《侨吴集》卷八，《四库全书》本，第28页。

11.（元）陶宗仪：《南村辍耕录》卷五，元刻本，第9页。

12.（明）林世远修、（明）王鏊纂：《姑苏志》卷六十，《四库全书》本，第21页。正德《姑苏志》中将"仲说"刊为"仲悦"，致使后来崇祯《吴县志》［（明）牛若麟修、（明）王焕如纂：《崇祯吴县志》，明崇祯刻本，第23页。］、康熙《吴县志》［（清）孙鸣庵纂辑：《康熙吴县志》卷五十，清康熙三十年刻本，第4页。］等亦延此说。

13.（元）陈基：《夷白斋稿》卷十二，《四库全书》本，第12页。

　　　　仲说与进德屏避江湖之间，濯缨洗耳，煮芹烹蒪，与海鸥渚雁、
　　农父钓叟对酌酬歌，相忘物我，放浪形骸之外，有宠辱何足以动之，
　　有不自知其为，无怀氏之民也。昔管宁、王烈、邴原浮海东逝，而其
　　处已处人，皆可师法。然今二君子之所处，要必有所本矣，何时款予
　　清江之一曲，岂不同偿一快耶！呼长风、酬明月，赓抱村流之诗，容
　　与笑谭，以连旦夕。[14]

　　文中亦记述了其隐居之地正是吴郡陈湖。由此可以推断，沈仲说确为吴兴人，
只是后来隐居吴郡。故而陈基称其为"吴兴沈仲说"，又称其"吴郡隐君子沈仲说"，
郑元佑则很可能因其隐于陈湖而有"吴人沈君仲说"之称。文徵明在《跋沈仲
说小简》中亦曾云："仲说，名右，号寓斋，故吴中富家……相传与沈仲荣同族，
然不可考也。"[15] 虽不可考，但当时距其生活年代并不久远，沈仲说与沈仲荣（沈
万三）同族十分可信。沈万三正是吴兴人，只是从其父亲一辈才迁居苏州。[16] 这
从侧面说明，沈右正是吴兴人。同一地域，同一称号，已使其与全祖望笔下"沈
仲说"十分接近。

　　二是，具备收藏条件。一般说来，收藏要具备两个基本条件：一是良好的
经济条件，二是个人的趣味爱好。沈右虽非出自官宦门第，但也是世家大族，
读书、修身名于乡里。《吴都文粹续集》云：

　　　　吴人沈君仲说，自其先府君不禄，于今若干稔矣。独其祖母王硕
　　人综理家事，鞠育仲说以迄于成人。今仲说年四十余，不惟读书积学
　　度越流辈，至于履践之素，言行之实，无一不求合古人欲。[17]

　　《列朝诗集》评其云："右，字仲说，吴中世家，能掠去豪习，刻志诗书，

14.（元）郑元佑：《侨吴集》卷十，《四库全书》本，第 39 页。
15.（明）文徵明：《甫田集》卷二十一，《四库全书》本，第 11 页。
16.（明）董斯张：《吴兴备志》卷二十九，《四库全书》本，第 6 页。
17.（明）钱谷辑：《吴都文粹续集》卷上，《四库全书》本，第 55 页。

所居东林有楼曰清晖。王子充、陈敬初为记。文学行谊一时重之。"[18] 虽然不知其经济收入的具体来源，但家境、修养借此可窥。此外，沈右书画为后世所重。文徵明云"仲说书法最精，见者咸争宝爱"。[19] 安岐藏有其诗简帖，乃项元汴、孙承泽旧藏。[20] 其绘画虽偶为之，但亦超越世俗，自有文人风致。郑元佑《沈仲说画树石》云："兴来捉笔划树石，溪深岸高浪波白。豪端无非篆籀法，折铁中郎此其式。世人贵耳贱目者，于此却令三叹息。"[21] 诗中提到其笔法有籀篆之意，既看到其以书入画的文人特点，又无意中道明其对石鼓文之爱好。

三是，与钱逵的特殊关系。推断沈右即为沈仲说的重要一点，是其与钱逵的关系。全氏提到，拓本上有彭城钱逵篆书，且书法甚工。关于"彭城钱逵"，正德《姑苏志》记：

> 钱逵，字伯行，吴县人。父良佑，字翼之，博学工诗，尤工篆隶。元文宗时，尝被旨书《农桑辑要》《大学衍义》，廷臣交荐宜馆阁，不报。至大间，署吴县儒学教谕，既代辄不复出，自称江邨民。逵刻意力学，年四十余犹无宦情。至正间，江浙行省分治于苏，始起家授登仕郎分省管勾架阁；寻除本省检校官，历左右司都事，升淮南行省员外郎。洪武初，选诣太常议礼。礼成，发居凤阳，未几放归。后以事逮诣京，卒。逵为人淳厚雅饬，稽古考订，虽老不倦。其书虽传家学，而论者谓特过之，篆隶行楷悉追古人妙处。一时若参政王叔能、平章达兼善咸推重之。所著有《橹巢稿》。[22]

据志中所载，钱逵为钱良右之了，淳厚雅饬，好稽古考订，尤擅篆书。然而，全祖望所记钱逵籍贯为彭城（今徐州），而方志中云其为吴县，那么两者是否

18.（清）：钱谦益：《列朝诗集》甲十九，清顺治九年刻本，第 28 页。

19.（明）文徵明：《甫田集》卷二十一，《四库全书》本，第 11 页。

20.（清）安岐：《墨缘汇观录》卷二，《粤雅堂丛书》本，第 51—52 页

21.（元）郑元佑：《侨吴集》卷三，《四库全书》本，第 16 页。

22.（明）林世远修、（明）王鏊纂：《姑苏志》卷五十四，《四库全书》本，第 32 页。

为同一人呢？清代大鉴藏家吴荣光《辛丑销夏记》中，曾载有一件经其寓目的《元赵孟頫临〈黄庭经〉册》。册后有钱良右、吴宽、董其昌等多人题跋。幸运的是，吴荣光不仅过录了题跋，而且连同钤印一并录下。钱良右落款正为"彭城钱良右"，钤印两枚：一为"钱良右印"、一为"钱翼之氏"[23]。至此可以确定，钱氏籍贯确为彭城。此外，钱逵本人亦习惯以"彭城钱逵"署款，其《元故殷处士碣铭》[24]《故处士夷孝先生卢君墓志铭》[25]《钱逵书虞雍公辨鸟赋》[26]等作品中，均是如此。由此可知，《姑苏志》所载钱逵，即是全祖望笔下的"彭城钱逵"。沈右与钱逵有怎样的关系呢？沈右《次韵叔方先生兼简伯行敬初二首》，描写的正是对诸人"吟啸野亭"的回忆与再聚的期盼。诸人中，便有钱逵（伯行）。[27]这一点，在翁方纲《跋江秋史所藏元人墨迹》亦曾提到：

> 沈右，字仲说，号御斋，亦吴人，以纯孝称，所居曰清辉楼，陈敬初尝为文记之。所著《清辉楼稿》多与叔方、伯行、敬初唱酬之作。伯行名逵，钱良右子也。[28]

从中可知，沈右、钱逵、陈基等人，均是当时苏州文化圈的重要成员。翁方纲的考证更是清晰地道明，沈右便是全祖望笔下的"沈仲说"。如此，也更容易理解拓本之上缘何有沈仲说、钱逵的信息。

如果推断无误，那么问题就来了。全祖望虽然没有明确说沈仲说、钱逵为宋人，但却放在赵孟頫之前。然而，通过上文考证，沈、钱二人均活动于元末。那么，全祖望缘何会有这样的错录呢？为何又在记载中，明确为"吴兴沈仲说""彭城钱逵"。

23.（清）吴荣光：《辛丑销夏记》，杭州：浙江人民美术出版社，2019年，第201页。
24.（明）朱珪：《名迹录》卷三，《四库全书》本，第5页。
25.（明）朱珪：《名迹录》卷三，《四库全书》本，第10页。
26.（清）倪涛：《六艺之一录》卷四百五，《四库全书》本，第49页。
27.（清）张豫章等：《御选元诗》卷四十，《四库提要著录丛书》集193，北京：北京出版社，第17页。
28.（清）翁方纲：《复初斋文集》卷三十，清道光十六年刻本，第9页。

　　沈仲说在元时籍贯就出现两个地区，特别是其苏州籍贯，不仅志书中有记载，更是为后人广泛接受。文徵明《甫田集》、钱谦益《列朝诗集》、翁方纲《复初斋文集》、钱大昕《元史艺文志》、端方《壬寅销夏录》等均将其归为苏州人，极少出现吴兴之说。钱逵亦是如此，除了其自己落款带有"彭城"外，其他文献中均将其归为苏州人。全祖望为什么不同呢？前文提到，全氏对天一阁所藏碑帖仅是"检阅款识，偶有所记"。据此推断，全氏极有可能是据拓本上的钤印或落款直接录用了"吴兴沈仲说""彭城钱逵"之称。准确地说，沈仲说是钤印还是题款不可复考，但钱逵篆书前后则有前序或跋尾。这一点在全祖望跋《石鼓文音训碑》中曾有提及：

　　　　予尝见北宋搨本，有彭城钱逵释文，只据薛尚功一家。钱氏自以未能尽其同异为恨，使见是碑不称快耶。[29]

　　不知是因为改装还是其他原因，此二人钤印或落款位置应在赵孟頫前，故而全祖望未加详审，便将沈仲说作为早于赵氏的收藏者。

　　全氏的错录固然不会降低此本价值，但对其递藏经历却有重要影响。准确地说，此本的递藏顺序首先应是赵孟頫，其后归沈仲说，入明归丰坊，再至范氏天一阁。也许是出于对全祖望的信任，或是关注视角重在拓本本身，致使二百年来人们对此本递藏经历的误读延续至今。

二、传拓年代

　　梳理完此本递藏经历，随之而来的问题便是其传拓年代。沈仲说、钱逵均非北宋人，那么，此本的传拓年代该如何确定呢？钱大昕、张燕昌两人的记载，正为回答此一问题提供重要线索。钱大昕曾亲睹此本并记云：

29.（清）全祖望著、朱铸禹集注：《全组望集汇校集注》上册，上海：上海古籍出版社，2000年，第 743 页。

独四明范氏藏本得字四百有三，又有向传师跋，其为北宋拓本无疑。此稀世之宝，较之天球赤刀尚胜一筹，勿以寻常纸墨视之。[30]

这其中隐藏一个重要信息——向传师跋。关于此跋，张燕昌亦曾提到：

及见天一阁北宋拓本，后有传师跋云："旧传石鼓其数有十，乃韩文公歌具载其事。传师详览内第十鼓最小，其文亦不相类，遂寻访于闾里，果获一鼓。虽湮没既久，文形半坏，验其书体，真得其迹。遂易而置之，其数方备。时皇祐四年七月日记"。凡七十八字，与程大昌《雍录》及都穆《金薤琳琅》所载相同。[31]

从中可知，此跋关系到石鼓历史上一次重要的去伪寻真，即宋代"作原"鼓被别人替换，后由向传师在民间访得，但其中上半部分已被削去。正如张燕昌提及的，后世文献中对此多有移录。其实，除了跋文内容外，关于向传师寻访石鼓的原因及经过也广见于施宿、程大昌、王厚之等人的记载。然而，各家所记亦有出入，概言之有二：一是，以施宿为代表，认为此跋由向传师刻在所访得的石鼓上，其具体做法是将原来鼓文磨去，重新镌刻此七十八字；二是，以程大昌为代表，认为跋文并非刻在石鼓上，而是后世有人将跋文另刻并曾补足被削去的石鼓部分。[32] 从现存"作原"鼓来看，其上半部分确实被削去，并不存在磨去原文重刻题跋之事。对此，郭沫若亦给出自己的判断，他认为：

以梅诗与施说合参，足知传师访得《作原》一石后，曾以石补复之，而刻记事由于其上。施乃南宋人，未见原石，即梅诗亦所未见，

---

30. （清）钱大昕：《潜研堂文集》卷三十二，清嘉庆十一年刻本，第1页。
31. （清）张燕昌撰：《石鼓文释存》，《国家图书馆藏石鼓研究资料汇编》第3册，北京：国家图书馆出版社，2014年，第327页。
32. （宋）程大昌撰、黄永年点校：《雍录》，北京：中华书局，2002年，第204—205页。

图 2　石鼓之作原鼓　故宫博物院藏

故误为传师磨去之说也。传师所补之石，不识何时又被剔去，故此鼓仍呈臼形。[33]

郭氏在此，不仅认为施宿未见石鼓真迹，故磨旧刻新之说亦不成立，而且还推断向传师在访得此石后曾以石复原过此鼓，并将事由镌刻补石之上且后来又被剔去。他甚至进一步推断：

据此，则《作原》原石于传师获得之前，盖曾另制一石以代替之，并刻文于其上。此代替之石及传师所补半石，意必尚存于人间，即《作原》原石之上半为北宋土人所削去者，其零屑碎片亦必犹有残存。如再于凤翔附近从事搜索，其被削去之文字，或将有重现之一日也。[34]

33. 郭沫若：《石鼓文研究》，北京：科学出版社，1982 年，第 29 页。

34. 郭沫若：《石鼓文研究》，北京：科学出版社，1982 年，第 29—30 页。

应该说，郭氏之说并非空穴来风。《雍录》中记载，绍熙辛亥年（1191），曾有人向该书作者程大昌展示过秦桧（1090—1155）旧藏石鼓拓本。此本的重要特点，便是有"向传师跋"。他在解释此跋由来时，云：

又不知何世何年好事者怅其不足，而创为一鼓以补足之也。[35]

据此可知，"向传师跋"并非墨迹跋文，而是后人将其跋文补刻石鼓之上。由于其为补刻，存世时间亦不会很久。然而，就在补足完整期间亦有拓本传世，秦丞相家藏旧本便是一例。天一阁本与秦氏此本应属同一系统，且其存字为四百七十二字。北宋末，石鼓被金人劫掠北上，一直到元代才放在学宫。所以唐兰先生在论述石鼓拓本时说，"但到南宋时原石已北迁当然不可能传拓了"。[36]结合这些信息，可以推断天一阁本传拓时间当在皇祐四年（1052）至北宋末年（1127）的七十余年间。

第二节　天一阁本的宁波递藏

全祖望说此本"明中叶归于吾乡丰吏部，已而归范氏"，这是可考的。那么，此本缘何转入丰坊之手，又缘何再由丰氏转入范氏？破解这些疑问，需要将目光转向明中叶宁波地区的碑帖收藏家。

宁波古称明州，洪武十四年（1371），鄞县单仲友因明州同国号奏乞改名。朱元璋察其治下已有定海，遂取"海定则波宁"之意，改明州府为宁波府。其下设昌国、鄞、慈溪、奉化、定海、象山六县。洪武二十年（1377），废昌国县，其他仍旧保留。[37]宁波文化上的真正崛起，始于南宋。卜正民在考察明代鄞县佛教时发现，随着宋代政治权力的南迁，原来政治文化精英大批进入宁波地区，

35.（宋）程大昌撰、黄永年点校：《雍录》，北京：中华书局，2002 年，第 205 页。

36. 唐兰：《石鼓年代考》，《故宫博物院院刊》，1958 年第 1 期，第 4 页。

37.（明）周希哲、曾镒修，张时彻纂：《宁波府志》卷一下，明嘉靖刻本，第 5 页。

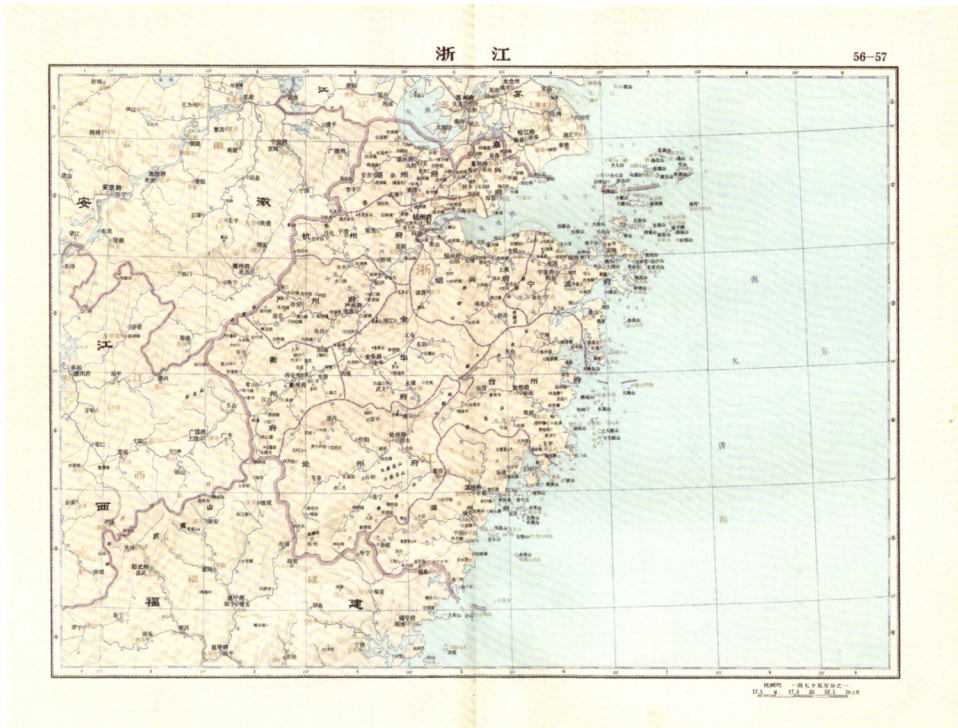

图 3 明代浙江省地图 谭其骧 中国历史地图明代卷 1982 年

从而带来该地区的文化繁荣。更重要的是，"进入明清之后，那些'世家士族'的记忆连同他们的后裔，继续出现在鄞县精英的文化世界中，甚至于这些精英的扩张超越了他们在宋代的疆域"。[38] 这其中，便有与此文极有关系的丰氏家族。

一、丰坊之递藏

宋代宁波首推四大望族，即西湖史氏、西湖楼氏、西湖丰氏、大池郑氏。全祖望比较此四家后指出："丰氏本自马湖来，清敏公始居西湖，其别业则在城西。丰氏官位于四姓稍次，而人物独巨。清敏公第一；公子安常第二；扬州监仓治之死节第三；吏部谊之儒学第四；制使有俊之理学气节第五；太平判存

---

38. （加）卜正民著、张华译：《为权力祈祷：佛教与晚明士绅社会的形成》，南京：江苏人民出版社，2005 年，第 251 页。

芳之死节第六。共六望。"[39] 从《四明谈助》来看，丰氏故园在月湖之西，后来建别业于东。明时，丰氏家族达到顶盛，别业遍及月湖东西，更有碧沚园[40]、万卷楼等藏书处。丰氏家族的崛起，得益于世代藏书、读书，而家族兴盛又反哺其藏书，两者的相得益彰确立了其在宁波学统中的地位。《丰学士画像记》很好地说明了这一点：

> 甬上学统，肇开于庆历五先生。时则丰清敏公受业于正议楼公，而桃源之友也。再盛于淳熙四先生。时则丰制使公宅之，于杨、袁，虽稍晚出，而同讲学于朱、陆之间者也。及明嘉靖中，张文定公论学，颇矫新建、增城之偏，时则丰学士公，其同心也。世知甬上四大姓，重圭累衮，丰氏与其一，而不知三百年之学统，绵绵延延，丰氏必参其间。呜呼盛矣！[41]

可以说，至明时无论是家业，还是名望，丰氏家族都首屈一指。丰坊便出自此一家族。丰坊（1494—1569）[42]，字存礼，后改名道生，号南禺外史，宁波府鄞县人，嘉靖二年（1523）进士，授礼部主事。面对优厚的家境，丰坊的见识亦不同于常人。他曾有诗回忆年轻时的心境："少年攻文耻为吏，群公谬许青云器。陆机辞赋何足奇，徒令四海知名字。"[43] 年负盛才，又具凌云之志，正如张时彻在《丰南禺摘集小序》中所云：

39.（清）全祖望著、朱铸禹集注：《全祖望集汇校集注》下册，上海：上海古籍出版社，2000年，第2640页。

40. 碧沚原为宋代史守之藏书楼，处月湖之北，当时有"藏书之富，南楼北史"美称，明代时以归丰氏。参见骆兆平：《书城琐记》，上海：上海古籍出版社，2000年，第27—29页。

41.（清）全祖望著、朱铸禹集注：《全祖望集汇校集注》上册，上海：上海古籍出版社，2000年，第1110页。

42. 李忠伟：《丰坊生卒年新考》，《赤峰学院学报》（汉文哲学社会科学版）2015年第12期，第45—46页。

43.（清）李邺嗣：《甬上耆旧诗》卷十四，宁波：宁波出版社，2010年，第434页。

　　以彼其才，逢时遘会，进当翱翔金马，标表词林，坐食大官之
饩。退而谈道讲艺，主盟骚坛，犹将响附景从，如杨雄之问字，列子
之馈浆……[44]

　　然而，家族的转折发生在嘉靖三年（1524）。丰坊因随父参加"大礼仪"事件而受杖阙下，改南考功主事，谪同知通州，后罢归。归后，益自诞放，浸淫翰墨。丰坊的碑帖收藏，在当时可谓富甲一方。志书中说他："负郭田千亩外，尽鬻以购法书名帖。"[45]全祖望亦称，丰氏万卷楼石刻，有世间绝无者。[46]丰坊藏有多少碑帖，如今无从得知，但范大澈《碑帖纪证》一书则展示了更多收藏细节。从记载来看，丰坊曾藏有敕字本《十七帖》《庆历长沙帖》《英光堂帖》《星凤楼帖》《雪溪堂帖》。《十七帖》足称神品，《英光堂帖》全帙当时已是孤本，《雪溪堂帖》更是范大澈寻访四十年不可得之物。[47]《星凤楼帖》是丰坊最想获得之物，亦曾托范大澈予以求购。[48]《碑帖纪证》对此有详尽记录：

　　宋曹士冕刻，计十卷，极其精妙。余得残本，只《乐毅论》数行
及题跋与虞永兴《夫子庙堂碑》，真神品也。袁尚宝家有全帙归丰南
禺。沈复魁云，乃渠售与。今不知所在矣。[49]

　　由此可窥见，丰坊碑帖收藏之善，几近孤绝。收藏善拓的目的之一便是重摹传世，其所摹刻神龙本兰亭，至今仍存天一阁中。王连起先生认为，此是所

44.（明）张时彻：《芝园定集》卷一十八，明嘉靖刻本，第23页。

45.（清）王源泽修、闻性道纂：（康熙）《鄞县志》卷二十二，清刻本，第17页。

46.（清）全祖望著、朱铸禹集注：《全祖望集汇校集注》中册，上海：上海古籍出版社，2000年，第1069页。

47.（明）范大澈：《碑帖纪证》，《四明丛书》本，第7—18页。

48. 白谦慎、陈斐蓉整理，薛龙春校读：《南禺书画目》，《历史文献》第13辑，上海：上海古籍出版社，2009年，第2页。

49.（明）范大澈：《碑帖纪证》，《四明丛书》本，第15页。

有传世神龙本刻石的"祖石"。[50]范大澈提到，"丰存叔重摹《绝交书》亦可宝"。不过最知名的当属《琳光楼帖》：

> 丰存叔集古奇帖，用梨板刻之。刻手张琚，余识其人，楮察之裔。刻甚工，惜乎刻完即遭回禄焚其板，相传止有零叶。余得几张，内有雪溪堂摹刻者。[51]

正是出于重摹需要，丰坊亦从很早便开始关注善拓石鼓文。故宫博物院藏有一封手札，其中正涉及明代石鼓收藏的两位重要人物：都穆（1459—1525）与丰坊。从内容来看，此札是都穆致丰坊的一封回信，信中写到：

> 使节道苏，偶以远出，不得一面，殊为怏怏。所云《石鼓文》等，因与李后主《墨竹》及他碑帖等物同典，其银颇多，一时不能取赎。明年夏间欲将《鼓文》翻刻，搨以传世，此亦存礼之志也。《武氏祠堂画像》仆有其字，刻已及之，但急欲秘藏者录本一校对耳。《雁塔题名》乃《金薤》中不可少者，如欲留原本，乞次第其岁月、名氏，急录寄示，幸甚幸甚！《汉度尚》《魏夫子庙》二碑及《金薤》一册奉将远意。苦寒，惟以道自爱。蜡月廿三日，穆拜手存礼吏部大人老弟侍右。
> 　施子中收碑银四两，余二两纳去，彼云碑不用原价可索也。灯下目昏，作字潦草，恕之。[52]

信中，都穆称丰坊为"吏部大人"，开始亦提到"使节道苏"，由此可推断，这封弥足珍贵的信件，写于嘉靖三年（1524）。据信中内容来看，丰坊应是向都穆借观《石鼓文》等碑帖。所以，都穆信中提到，《石鼓文》等拓片已被其典当，

50. 王连起：《神龙刻本》，未刊稿。

51.（明）范大澈：《碑帖纪证》，《四明丛书》本，第18页。

52.（清）卞永誉：《式古堂书画汇考·明都穆》书卷之二十六，清康熙二十一年刻本。

但准备赎回后明年重摹。都穆是否将《石鼓文》刻石不可复考，不过从文献和传世情况来看，他似乎并未如愿。

那么，信件中谈及的《石鼓文》是怎样的版本呢？这很容易让人联想到明代唯一有明确著录的宋拓本，也就是赵古则旧藏本。为什么说此本为赵氏藏本呢？一是，丰坊获知此本并欲借观，说明其必定是旧拓善本；二是，都穆欲将其刻石传世，刻石不易，传世更难，再次证明此本定是绝世名品；三是，都穆《金薤琳琅》所收《石鼓文》便为赵古则旧藏北宋本。都穆之所以典当，除了生活拮据，也很可能是因其已经著录。[53] 假如此本非赵古则藏本，要么此本劣于赵本，若是如此，都穆已有赵本在手，无需以此本刻石；要么此本优于赵本，他似乎可以典当赵本，无须将欲上石本典当，况且有两本宋拓在手，都穆定有其他文字记载，事实并未见任何著录。结合正方两方面而言，信中谈及的《石鼓文》应该就是赵古则旧藏本。那么，赵古则本是不是就是天一阁本呢？

此本洪武年间藏于余姚儒士赵古则，后归都穆。[54] 据都穆描述，此本为整拓且由赵古则装潢成轴，而天一阁本是剪裱本。所以，从装潢形式基本可以断定两者并非同一本；此本每鼓后，有赵氏与元吾丘衍、潘迪释文，天一阁本则附有钱逵所篆薛尚功释文，再次确定两者之不同；在各鼓次序及字数上，两本亦不相同。此外，赵氏题跋中仅提到此本极为精好，并未言及其递藏经历。如经赵孟頫等名家收藏而又不点明，似不合题跋常规。由此而言，赵氏藏本应是另一宋拓。[55]

除了重摹传世外，丰坊对石鼓的关注与收藏则源于其对书法的爱好，特别是对篆籀的注重。在丰坊的书法观念中，临习古帖尤为重要，甚至要求书法的一点一画都要出自古人法帖，无一笔无来处。《书诀》云：

---

53. 据李玉奇考证，《金薤琳琅》成书时间的下限为正德十二年（1517）。李玉奇《〈金薤琳琅〉成书年代及版本考》，《古籍整理研究学刊》，1994 年第 2 期，第 37—39 页。

54. 赵古则，字㧑谦，宋宗室之后。读书博古，尤精字学，所著有《六书本义》《义声文字通》。曾任广东琼山教谕，卒于官。详见（明）过庭训，《本朝分省人物考》，卷四十九，明天启本，第 10 页。

55.（明）都穆：《金薤琳琅》卷一，清刻本，第 11 页。

图 4　古篆序论（局部）　（明）丰坊书　（明）范钦摹刻　天一阁博物院藏

学书者既知用笔之诀，尤须博观古帖，于结构布置、行间疏密、照应起伏、正变巧拙，无不默识于心，务使下笔之际，无一点一画不自法帖中来，然后能成家数。[56]

在外人看来，丰坊书法五体并能，但实际上五体之中又有侧重。或者说，在丰坊的书法世界中，篆籀才是一切根基所在：

古人以书名者，必通篆籀。然后结构淳古，使转劲逸……非天坠自然之文，其孰能与于此，此籀篆所以为诸体之本也。[57]

56.（明）丰坊，陈斐蓉释：《书诀》，《丰坊存世书迹丛考》，杭州：浙江大学出版社，2018 年，第 115 页。

57. 同上。

丰坊生前亦自认为：

> 钟鼎第一，小篆第二，八分（隶书）第三。[58]

可见，其并非仅停留在理念层面，而是在书法实践中不断探索。对籀篆的强调，是其留心《石鼓文》的重要原因。丰坊传世作品中，虽然不见其所书《石鼓文》之作，但其书论中却经常言及。《书诀》首先将篆书分为六类，其中第三类为大篆"周公命史佚同天下之文"。[59]随后，对大篆从书法特点上进行了论述。丰坊分析古文、大篆、小篆三者之间的关系，认为大篆在结体上本于古文，而在用笔上垂笔圆齐，是小篆所从。籀书则是在大篆的基础上，损益润色，最为明显的则是将用笔的"圆齐"变为"铦利"。"垂笔铦利，以此为别"。[60]在"周石刻"一节，丰坊不仅首举《石鼓文》为例，而且还对石鼓的年代进行了考证。他否定韦应物的"文王说"、韩愈的"宣王说"、郑樵的"秦物说"，而力主董逌等人的"成王说"。[61]在明代《石鼓文》年代考证上，亦算一家。

最能体现丰坊对《石鼓文》书写关注的，要数其对宋元以来薛尚功、游师雄、吾子行、乔宇、吴奕、林应龙等六人所临《石鼓文》的评论。丰坊认为游师雄临写《石鼓文》比薛尚功更为逼真，吾衍所临可入神品，乔宇书《游北岳诗》直承石鼓，远在《碧落碑》之上；吴奕临《石鼓文》堪称妙品，比林应龙临写的好。[62]从这些品评不难想见，如果没有对《石鼓文》长时间的收藏、研究及临摹，绝不会有如此深刻之鉴识。

58.（明）詹景凤：《詹东图玄览编》，《中国书画全书》第4册，上海：上海书画出版社，1993年，第262页。

59.篆有百种，宜常用者六种而已：一曰古文，史皇仓颉广天皇之制；二曰奇字，黄帝史沮诵增损古文；三曰大篆，周公命史佚同天下之文，三体宜书箴铭，可以出入；四曰小篆，李斯制，碑额、志盖、斋匾用之；五曰缪篆，汉晋印章之文，图书私印宜其体；六曰叠篆，今官府印信所用。

60.（明）丰坊著、崔尔平点校：《书诀》，《明清书论集》，上海：上海辞书出版社，2011年，第120页。

61.同上。

62.同上。

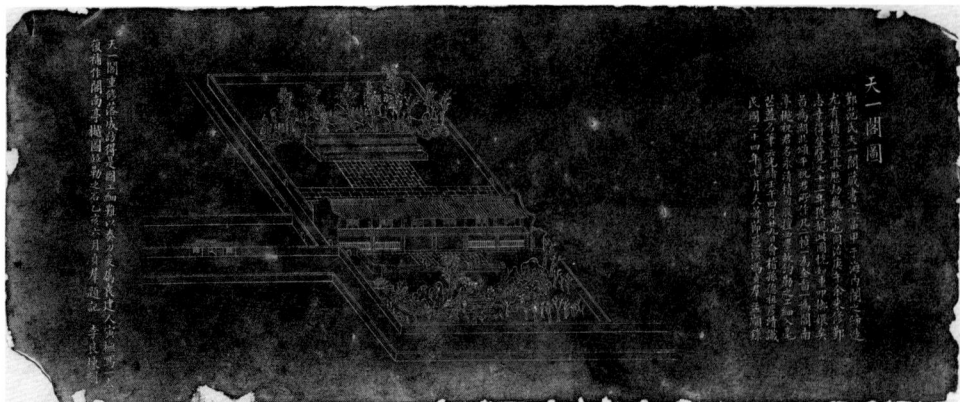

图 5　天一阁图　（清）祝永清绘　（民国）李良栋刻　1935 年　天一阁博物院藏

作为一位以旧本善拓为主的收藏大家，一位主张研习书法必须临写古帖的书法名家，宋拓《石鼓文》入其箧笥并非意外之事。虽然时至今日无法考证其获取此拓的时间，但通过都穆信件至少可以推断，其获得此本是在嘉靖三年（1524）之后。

二、天一阁之递藏

范钦（1506—1585），字尧卿，号东明，浙江鄞县（今宁波）人。嘉靖十一年（1532）进士，官至兵部右侍郎。嘉靖三十九年（1560）回乡归里，嘉靖四十年至四十五年，建藏书楼"天一阁"。取"天一生水，地六成之"之义，此阁是我国现存最古老的藏书楼。[63]虽然，其以藏书闻名于世，但其碑帖收藏亦颇具影响。钱大昕曾云："四明范侍郎天一阁藏书，名重海内久矣，其藏弆碑刻尤富，顾世无知之者。"[64]钱氏参与编修的《天一阁碑目》是范氏碑帖收藏最完整的目录。从中可知，其所藏碑帖七百二十余种。[65]这是怎样的规模呢？钱大昕评云："明代好金石者，唯都、杨、郭、赵四家，较其目录，皆不及范氏之

63.（清）钱维乔修：（乾隆）《鄞县志》卷十六，清刻本，第 1 页。

64.（清）钱大昕：《潜研堂文集》卷二十五，清嘉庆十一年刻本，第 2 页。

65.（清）钱大昕：《潜研堂文集》卷二十五，清嘉庆十一年刻本，第 2 页。

图 6　（明）范钦像　作者不详　天一阁博物院藏

富。"[66] 在将天一阁所藏碑帖与明代收藏大家都穆（1459—1525）、杨慎（1488—1559）、郭宗昌（?—1652）、赵崡（活跃于 1573—1620 年间）比较后，钱氏认为四家所藏均不及范氏之富。可见，其在明代碑帖收藏史上的重要地位。除了收藏之富外，其亦有不可忽视的学术影响。黄定衡（活跃于乾隆年间）、冯登府（1783—1841）、沈子惇（活跃于道光年间）、顾燮光（1875—1949）等人，都曾予以关注、考论。其中，冯登府所论最具代表性，堪称范氏旧藏碑帖进入金石学家视野之重要见证：

> 碑目多欧、赵、洪、黄未见者。其最显者如汉《赵圉令》《刘熊》《侯成》《王纯》《郭有道》诸碑，梁陶真隐《旧馆坛碑》，皆与《华山》相匹，而嘉靖以前之本，为今所无者，亦足珍贵……孙渊如《访碑录》取鄞县范氏拓本自汉至宋元几二百种，皆天下无双本也。首列《西岳华山碑》，为钱东壁携去，后归竹汀詹事，詹事赠仪征阮公，有唐太和、宋元丰王子文、李卫公题跋，为各本所无，阮公曾翻刻于扬州。又载宋刘球《隶韵》十卷，八分书石刻，注正书，首有刘球表一道，今秦敦夫刻是书，表已缺。又《纪原》一卷，亦刘球著，石刻无年月。二书《天一阁书目》《碑目》俱不载。[67]

诚如冯登府所云，孙星衍《寰宇访碑录》中注明采自天一阁本的多达二百二十二种，而冯氏颇加关注的宋拓《西岳华山庙碑》亦自钱东壁之后，历经数人递藏，今藏于故宫博物院。冯登府的记述，不免让人想起状元章鋆（1820—1875）对天一阁碑帖收藏的吟咏：

> 谁家金石富收藏，万卷牙签发古香。

---

66. 同注65。
67.（清）冯登府：《石经阁金石跋文》，《石刻史料新编》第 2 辑（19 册），台北：新文丰出版公司，第 14187—14188 页。

赖有城西天一阁，岿然今日鲁灵光。[68]

遗憾的是，这份荣耀在此诗后不足十年的时间里，便已黯然陨落。光绪十年（1884），薛福成出任宁绍台道，道署设于宁波独秀山旁。薛氏修治前任李可琼"云石山房"作为课士之所，并名之曰："后乐园"[69]。后乐园与天一阁相距不远。其任职不久便组织人员编订《天一阁见存书目》。此目成书于光绪十五年（1889），目后附有《天一阁见存碑目》。其注云：

阁中碑本十不存一，编以为目，不复成卷，因附于末。[70]

为何有如此损毁呢？从记载来看，主要是受咸丰年间太平军进驻宁波之影响。范氏后人记载了当时天一阁状况：

咸丰辛酉，阁既残破，书亦散亡。于时，先府君方避地山中，得讯大惊，即间关至江北岸，闻书为洋人传教者所得，或卖诸奉化唐吞造纸者之家，争借赀赎回，又偕宗老多方求购，不遗余力，而书始稍稍复归。[71]

据此可知，当时范氏族人为躲避战乱藏身山中，而阁藏图书、碑帖则或被洋人所得，或被变卖至造纸厂。尽管后来多方购求，但仅有少部分复归。这是天一阁历史上，一次重要劫难。薛福成指出，咸丰兵燹之后阁中存书鲜有完善者，总数亦不及旧日十之一。[72] 赵之谦《刘熊碑跋》云：

68.（清）章鋆：《望云馆诗稿》，清光绪十四年刻本，第11页。

69.（清）薛福成：《后乐园记》，光绪十三年，拓片。

70.（清）薛福成：《天一阁见存书目》卷末，清光绪刻本，第45页。

71.（清）范彭寿跋，转引自骆兆平：《天一阁丛谈》，宁波：宁波出版社，2012年，第42页。

72.（清）薛福成：《天一阁见存书目·凡例》，清光绪刻本，第1页。

自咸丰辛酉，贼据郡城，阁中碑版尽为台州游民取投山涧，烂以造纸。迨鄞人亦有闻而急求者，至则涧水已墨矣。[73]

薛福成《天一阁见存碑目》，共著录拓本 26 种，其中范目著录者 18 种，未著者六种（孔君墓碣、豫州从事孔褒碑、庐江太守范式碑并额及碑阴、刘碑造像铭、合邑诸人造像佛龛、张阿难碑并额），据天一阁旧藏重摹本二种（石鼓文、瘗鹤铭）。应该说，天一阁旧藏碑帖至此基本散失殆尽，其中亦包括本文论及的宋拓《石鼓文》。

三、范钦碑帖收藏与丰坊之关联

全祖望在谈及范钦碑帖收藏时，曾言：

范侍郎之喜金石，盖亦丰氏之余风，但丰氏万卷楼石刻，有为世间所绝无者，如唐秘书贺公《章草孝经》《千文》是也，而今不可复见，惜矣！侍郎所得虽少逊，然手自题签，精细详审并记其所得之岁月，其风韵如此。且丰氏一习古篆隶之文，即欣然技痒，伪作邯郸淳辈文字以欺世。侍郎则有清鉴而无妄作，是其胜丰氏者也。[74]

全氏此跋先是点明范钦碑帖收藏乃受丰氏影响，进而又对二人收藏观念加以区分。全祖望距范钦时代已有二百余年，其所评是否如实？《石鼓文》缘何由丰氏之手转入范氏呢？全氏自称在其之前，诸文献均未提及范氏碑帖。其实不然，范大澈《碑帖纪证》便是一例。范大澈乃范钦之侄，两人关系情同父子，《碑帖纪证》中有数处关于范钦碑帖收藏的记载。

---

73. （清）赵之谦：《刘熊碑跋》，见（清）顾燮光，王其祎校点：《梦碧簃石言》卷四，辽宁教育出版社，2001 年，第 127 页。

74. （清）全祖望著、朱铸禹集注：《全祖望集汇校集注》上册，上海：上海古籍出版社，2000 年，第 1110 页。

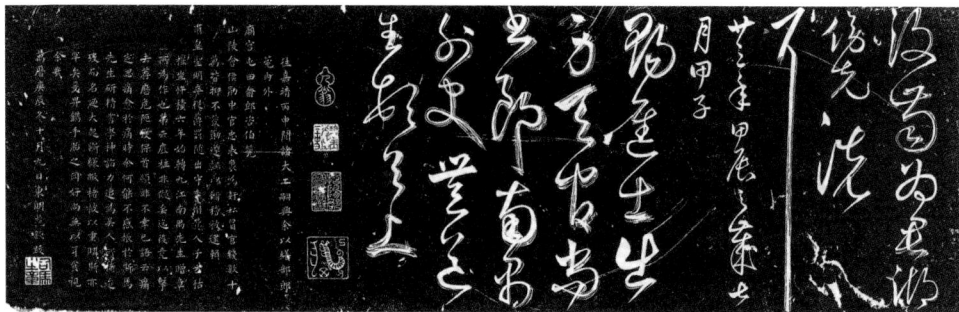

图 7　底柱行—赠宪伯东明先生之江西（局部）　（明）丰坊书　（明）范钦摹刻　天一阁博物院藏

《碑帖纪证》有关范钦碑帖收藏著录

序号	名称	内容
1	唐明州刺史裴公纪德颂	今碑石已亡，仲父有旧拓，惜不全。
2	周昇仙太子碑（阴）	碑在开封府，武后撰并行书。内自制十余种字，亦有一种风度。仲父左辖时拓得赐及。
3	唐云麾将军李秀碑	嘉靖己酉，余随仲父入都，仲父转官东归，余送至良乡。觅此碑，已分为二。
4	唐干禄字书	宋时已无善本，黄伯思云刻者为衣食记，传拓多也。仲父得之董文行者，颇旧。
5	石经孟子十四卷	仲父托人拓有
6	历代钟鼎彝器款识	计二十卷，宋薛尚功刻于九江郡斋，余得零叶，仲父有两三卷。
7	英光堂帖	宋岳珂刻，武陵书驵沈复魁云，丰存叔购得袁柳庄家全部。今止一册，归于仲父东明先生。
8	宋高宗真草孝经	余于都市偶得宋拓数叶，知其佳而不知何人书。后见仲父东明先生有全帙。

　　著录仅数条，却包含重要信息。从中可知，范钦对碑帖青睐有加。为了获取碑帖，范钦或自己找拓工传拓（周昇仙太子碑），或托人传拓（石经孟子十四卷），或得之于其他藏家（唐干禄字书）。由此可窥，范钦碑帖收藏正如其藏书，有多条途径。[75]甚至，亦涉全祖望论范、丰之递藏关系。《英光堂帖》便是一例。此帖原属鄞县袁忠彻旧物，后经丰坊递藏，再入范氏天一阁。

---

75. 骆兆平将范钦的藏书途径归结四个方面：日常收集，借书传抄，朋友所赠及入藏故家藏书，特别是丰坊万卷楼、袁忠彻静思斋。见骆兆平：《天一阁丛谈》，宁波：宁波出版社，2012 年，第 18 页。

丰坊长范钦十二岁，说范钦碑帖之好受丰坊影响无可厚非，但评其为"丰氏之余风"则似乎有失偏颇。之所以如此看待全氏评价，最为重要的一点，乃是范钦与丰坊在碑帖收藏观念上的差异。全氏亦提到范钦与丰坊有"清鉴""妄作"之别，但这并非对等的评判，也不是其收藏观念的要害所在。前文提及丰坊碑帖收藏的主要目的在研习书法，那么范钦的目的是什么呢？

从碑与帖的角度来看，范钦碑、帖均藏，但明显偏向于碑。[76]范大澈涉及范钦收藏的碑有五种，帖仅三种。[77]全祖望题跋，亦是碑多于帖。《天一阁碑目》所录三代至宋元七百二十余种中，帖的数量竟不足十种，丛帖也仅有一部《汝帖》，甚至连范大澈提到的《英光堂帖》也已不存。结合天一阁碑帖的发现时间与范家藏书规约，后世出售的可能性较小。那么，很可能是范钦生前便将其出售或变换成其他藏品。是范钦经济拮据吗？显然不是，范钦除官俸外，亦有大量田产。"心远久疏还阙梦，年丰初给买书钱"[78]，正言及其购书之经济来源。从其购买丰氏别业和藏书来看，其似乎并未到因钱而变卖藏品的境况。如此，《碑目》集中体现了范钦藏碑多于帖的趣味倾向。一定意义上说，范钦的收藏趣味更像宋代金石学家，倾向于其碑帖的史料价值。

其实，范钦重文献性、重史料的收藏趣味，在刻帖中亦有所体现。范钦尽管藏有古帖，但他并没有像丰坊一样进行重摹，而是选择好友丰坊的作品进行刻石。范钦组织模刻碑帖主要有两次：一次是万历庚辰（1580）年间，摹刻有丰坊的《千字文》与《底柱行—赠宪伯东明先生之江西》。范钦《千字文》题跋中，历数了明代篆书、榜书、行草、章草、八分、小楷等书体的代表性人物，进而点明了丰

---

76. 碑与帖的主要区别可归纳为六点：一、功用不同：碑是为了表功颂德，以垂后世；帖以书法传真为主要目的。二、内容不同：碑的文字强调纪事性，有一定格式；帖则以书法优劣为选择标准。三、书体不同：碑以篆隶楷为主；帖以行草及小楷居多。四、形制不同：碑多为竖石；帖为横石。五、上石之法不同：碑是书丹上石；帖是模勒上石。六、刻法不同：刻碑循刀法之便；刻帖则终于原作不能自由奏刀。见王壮弘：《碑帖鉴别常识》（修订版），上海：上海书店出版社，2011年，第8—10页。

77. 唐明州刺史裴公纪德碑、周昇仙太子碑阴、唐云麾将军李秀碑、唐干禄字书、石经孟子十四卷；帖《历代钟鼎彝器款识》《英光堂帖》《宋高宗真草孝经》。

78.（明）范钦：《天一阁集》卷十三，明万历刻本，第14页。

坊"力追古学，备举诸体"的书法才能。最后，以"伏习象神，巧者不过"作结，虽是自谦，亦显示了其未以书家自居。《底柱行》亦可视为丰坊草书的代表之作，但范钦的摹刻似乎还有更深层的目的。他在刻石题跋中，详尽地记述了此作之来源：嘉靖十五年（1536），范钦任缮部郎管理内外庙宫。当时大工频起，武定侯郭勋为督。郭勋与各官员私下串通，冒领巨额官饷。范钦不愿与其同流合污，竟被告以过失，下狱。后从轻处罚，出任袁州知府。袁州是严嵩的老家，其儿子霸占一方。范钦秉公论断，与其不睦。六年后，方升九江兵备副史。丰坊正是为范钦此次升迁所作。题跋最后用少量文字感叹丰坊书名生前被吴人所掩，死后才名声大起。所以，"爱畀镌手，贻之同好，尚无以耳食视余哉！"[79]范钦生前对于任缮部郎一事绝少提起，其后辈余寅在致范钦的一封信中云：

> 贱子侍左侧久，不知翁尝官缮部，又不知以抗法之故，迄罹构逮。日者，令侄鸿胪君以告贱子。贱子愕然……[80]

余寅困守场屋二十余年，在范钦身边良久亦不知此事，最终乃由范大澈告知。可见，范钦对此事几乎只字不提。然而，题跋中却详叙此事，则又有明显告知后人的目的。如此，刻石便不是单纯的书法目的，而是有着很强的纪事性。可以想见后世观此刻石者，定有"证经补史"之感。

范钦第二次摹刻，大概在两年之后，其纪事性更为显著。此次所摹乃是丰坊旧书经文。范钦跋中云：

> 友人丰考功痛子鬐殇，冀生净土，临《大士像》，书《普门品》《大悲咒》《大慧礼拜观音文》，具如叙论，志念良摧楚矣。书篆祖钟鼎，隶法钟、王，出入于欧、颜、李、赵诸家，备存椠牍。说者谓篆隶非考功所长，殆未睹此欤。会余孙汝栊，亦坐瞽医亡，爰假此摹勒之，

79.（明）丰坊书、（明）范钦摹刻：《底柱行——赠宪伯东明先生之江西》，万历八年，拓片。

80.（明）余寅：《再答少司马范公》，《农丈人文集》卷十七，明万历刻本，第19页。

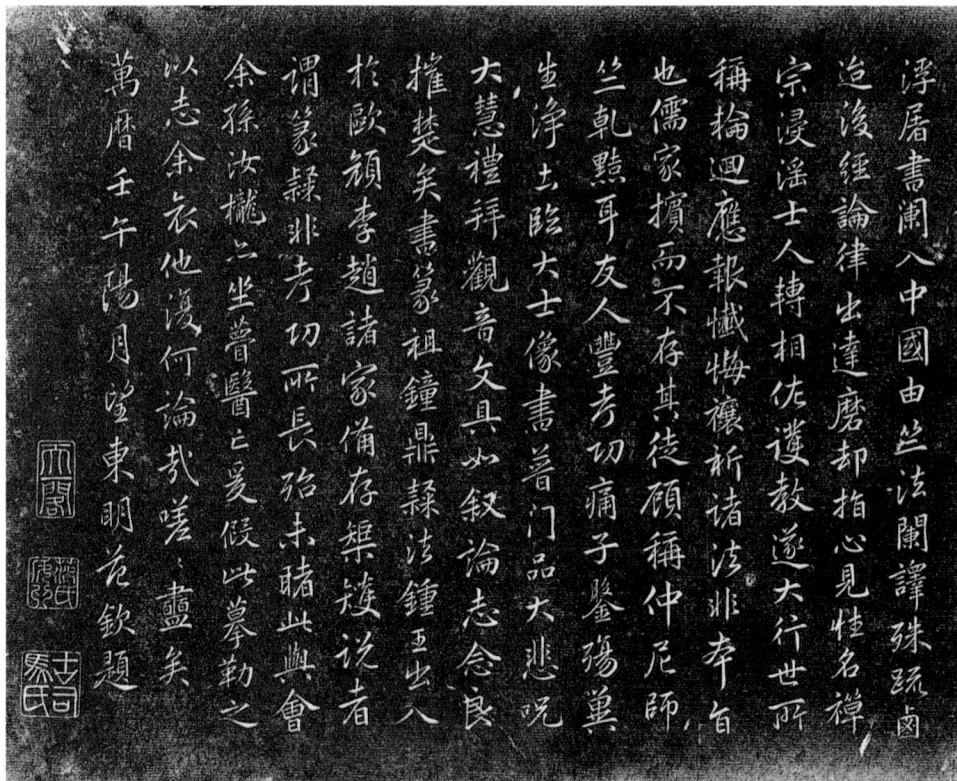

图 8　古篆序论之范钦跋　（明）范钦书并摹刻　天一阁博物院藏

以志余哀，他复何论哉！嗟嗟盡矣。万历壬午阳月望，东明范钦题。[81]

这组经文乃是丰坊为纪念其亡子丰鑒所作，包括《大士像》《普门品》《大悲咒》《大慧礼拜观音文》。而范钦刻此也有着同样的目的——纪念其孙汝楗。跋中虽对丰坊书法亦有赞赏，特别是篆隶，但"以志余哀，他复何论哉"显然表明了此次摹刻的明确目的。范钦不是书家，其摹刻丰坊之作也不是为了显示其鉴赏力。毕竟丰坊书法已广为人知。所以，其刻石和其对碑帖的收藏有着一致性，更在乎的是其纪事性、文献性。由此而言，全氏所谓"丰氏之余风"似有不妥。不过，全氏评论也并非空穴来风，毕竟他是少数翻检过天一阁碑帖收藏之人。他在《跋薛尚功手书钟鼎款识》中提到：

81.（明）丰坊书、范钦摹刻：《祝殇子鑒冀生净土》，万历十年，拓片。

薛尚功手书《钟鼎款识》二十卷，藏于天一阁范氏，有周密、赵孟𫖯、杨伯岩、柯九思、张天雨、王行、周伯温七人鉴赏字迹，而灵武斡玉伦、徒克庄亦有跋焉，最后有丰坊之题。范氏书帖大半万卷楼故物，而是本独不知得之何人，观坊所题可见也。[82]

全祖望翻阅过多少范氏藏书，没有明确记录。然而，范氏所藏碑帖他曾编有简目。所以，有理由相信全氏所经眼碑帖中有丰坊递藏标记者不在少数。那么，丰氏所藏何时转至天一阁呢？全祖望《天一阁藏书记》载：

迨熙子道生，晚得心疾，潦倒于书淫墨癖之中，丧失其家殆尽。而楼上之书，凡宋椠与写本，为门生辈窃去者，几十之六，其后又遭大火，所存无几。范侍郎钦素好购书，先时尝从道生钞书，且求其作《藏书记》，至是以其幸存之余，归于是阁。[83]

全祖望提到，丰坊晚年家道散尽且遭火灾，藏品又多被门生所窃，故将其所剩售于范钦。就史料而言，丰坊晚年生活可谓饥寒交迫。他在给友人信中曾对其悲苦生活有所描述：

仆在官时，不爱俸资，为书画费恃有家耳，讵意家贼偷拙几尽。比来卧病旬日，米盐不充，望借重于双石处假我二十金以济贫乏，莫大之庆也。秋收，当计息偿之矣。鹊俟报音，侍生丰坊顿首。[84]

读罢不免让人感叹，兴盛三百余年的甬上望族，至此不仅家道中衰，甚至

82.（清）全祖望著、朱铸禹集注：《全祖望集汇校集注》，上海：上海古籍出版社，2000年，第1466页。

83.（清）全祖望著、朱铸禹集注：《全祖望集汇校集注》，上海：上海古籍出版社，2000年，第1061页。

84.（清）陆心源：《穰梨馆过眼续录》卷五，清光绪十七年吴兴陆氏家塾刻本，第23页。

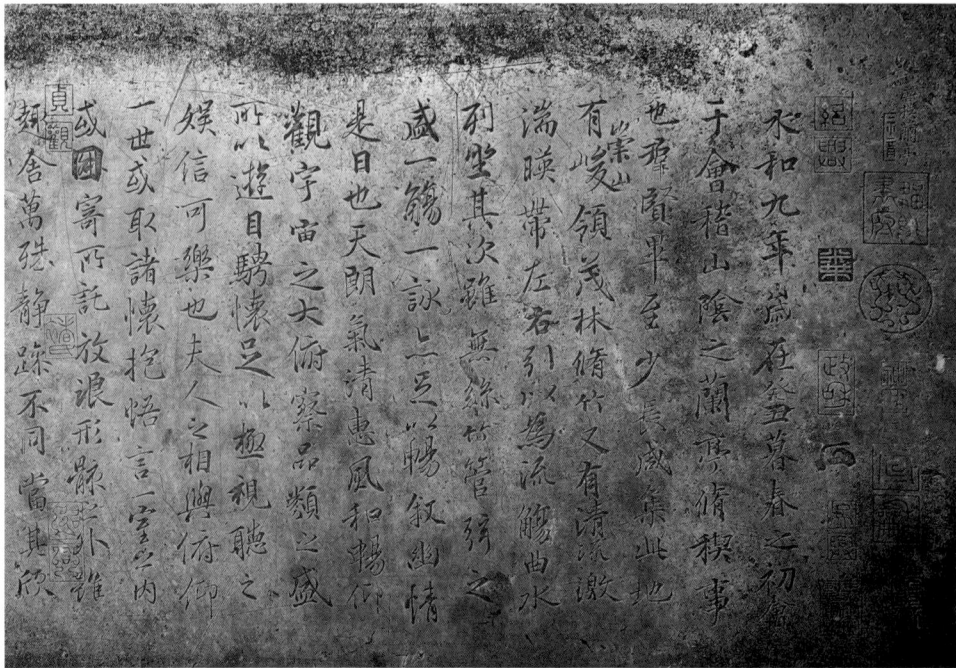

图 9　神龙本兰亭序刻石（局部）（明）丰坊摹刻　天一阁博物院藏

无米充饥，借钱度日。所以，丰坊晚年变卖所藏亦在情理之中。能将自己所好转手挚友，应是丰坊首选。虽然没有明确记载所售时间与数量，但从今天仍保存在天一阁的神龙本《兰亭序》刻石、丰坊临定武本《兰亭序》刻石等可知，丰氏确实将自己珍藏的古籍、碑帖，甚至宅地等售于范氏。《四明谈助》中载："碧沚园，丰氏宅，售于范钦为业，南禺笔。"[85] 由此，大致可以推断此本应在嘉靖末隆庆初归于范氏天一阁。

　　宋拓《石鼓文》在宁波地区的递藏，使人们看到嘉万年间宁波地区丰、范二人对碑帖的鉴藏之好。虽然在鉴藏观念、收藏规模上有所差别，但二人对碑帖的共同青睐又极易引发人们继续追问：丰、范二人的碑帖收藏是宁波地区的孤立现象吗？他们是不是受到地域鉴藏风尚的影响，抑或引导一种风尚？此地域与周边，乃至更大范围又有着怎样的联系？这些问题看似与本文论及的石鼓拓本关系不大，实则将进一步弥补或回答此本缘何由其他地域流向宁波。

85.（清）徐兆昺著，桂心仪等点校：《四明谈助》，宁波：宁波出版社，2000 年，第 589 页。

第三节　嘉万年间宁波地区的碑帖鉴藏群体

嘉万年间，宁波地区是否存在碑帖鉴藏群体呢？丰、范之外是否还有代表性的人物呢？卜正民通过分析明清之际宁波作为港口的商业优势及其科举之兴盛，得出如下结论：

> 在16世纪至17世纪，鄞县以其学者、诗人、画家、书法家、戏曲
> 爱好者、藏书家和古玩家而闻名遐迩。他们形成了为数众多的文学社
> 团和诗歌会社，聚集了艺术鉴赏圈子和哲学讨论群体，建造了私人藏
> 书楼（如著名的天一阁）——这些社团举办的五彩缤纷的活动丰富了
> 晚明士绅的生活。[86]

作为知名汉学家，卜正民对宁波的关注颇具意味。他虽是考察佛教与士绅之关系，但其对明中期以来宁波地域文化群体的概括极富洞见。如果把卜正民提到的"艺术鉴赏圈"再进行考察，不仅会坚信嘉万年间宁波地区碑帖鉴藏群体的存在，而且将更易了解明中叶北宋拓本《石鼓文》流入宁波的原因。那么，碑帖的艺术鉴赏到底如何呢？

一、鉴赏家之事：范大澈的古物鉴藏观

在鉴藏史上，范大澈以书籍、古印、碑帖三大品类而知名。郑梁在《讷庵范公传》中如此描述到：

> 月俸所入，辄以聚书。闻人有钞本，多方借之。长安旅中，尝雇
> 善书者誊写，多至二三十人。尤爱法书名画，凡唐宋迄今，名公及

86.（加）卜正民著，张华译：《为权力祈祷：佛教与晚明士绅社会的形成》，南京：江苏人民出版社，2005年，第253页。

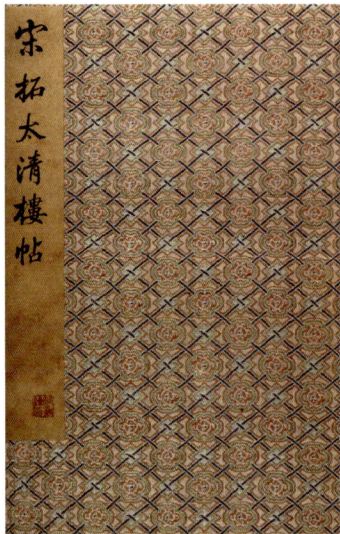

图10　宋拓太清楼帖书影　故宫博物院藏

异国人所作，怪雅毕具。家藏搨本最富，一切初本、肥本、原搨、赝搨、硬黄纸、枣木版、银锭纹、李廷珪墨，过眼便悉秋毫……。[87]

　　其收藏之丰富，鉴别之精湛，由此可窥一斑。然而，范大澈的收藏，至晚年亦多散佚，惟秦汉古印尚具规模。于是，由其子汝桐集为一部，这便是赫赫有名的范氏《集古印谱》。范大澈在该书序中云：

不佞有痰疾，每疾作，则命雪儿出种种于前，疾便退却。人欲夺，重直不售，真成蠹癖。文寿承彭曰："希奇之物，人多罕见，今遇目而又得重价，夫何吝哉？"余曰："此驵估射利之徒，非鉴赏家事也"。[88]

　　这段话，除了揭示范大澈的嗜古成癖之外，也引出另一个有趣的话题——鉴赏家之事。很显然，在范大澈眼里鉴赏家是一个很荣耀的身份，它与射利之徒有着严格的界限。实际上，对于"鉴赏家"的讨论，自米芾时代就有类似话语，但就"碑帖鉴赏家"的身份而言，范大澈似乎不让古人。然而，他亦有遗憾，他曾不无惋惜地感慨到：

余生平得见奇帖而所蓄且有数种，亦云幸矣。第知下笔便转而懒于晋学，不获成家，良可慨叹。[89]

87.（清）郑梁撰：《寒村诗文选·寒村见黄稿》卷一，清康熙刻本，第44页。
88.（明）范大澈：《范氏集古印谱自序》，转引自黄惇《中国印论类编》，北京：荣宝斋出版社，2010年，第595页。
89.（明）范大澈：《碑帖纪证》，《四明丛书》本，第16页。

显然，碑帖收藏对其书法实践并无多大益处。范大澈对于碑帖内容的考释，亦不见著文字，甚至还将顾善夫（顾信）错认为玉山草堂的顾瑛。[90] 那么，范大澈又是怎样的一种鉴藏视角呢？这要考察在碑帖鉴藏史上有着重要影响的《碑帖纪证》。《碑帖纪证》收录范大澈所见碑帖 26 种并附有论述，集中体现了范大澈碑帖鉴藏的视角与观念。[91]

首先，对碑帖钩、刻视觉效果的注重。

摹刻虽是将墨迹转换成石刻（或木刻），但由于所施工具不同，在完成刀与笔的转换之后，便具有审美独立性。这其中，钩与刻至关重要。钩是指钩勒上石或称双钩上石，是碑帖制作的第一步[92]；刻乃指刻字，决定着作品的视觉效果[93]。《纪证》一书不仅数次提到钩刻，而且还对其进行了审美概括。至明代，将墨迹转换为石刻（木刻）至少有两种方法：钩摹与影写。在范大澈看来，钩摹要好过影写。《唐孟法师碑》条云"张王屋（之象）木刻本不善，缘非钩摹乃影写也"，便是将不好的摹刻效果，归为不采钩摹而用影写。虽然钩勒的目的多为摹刻，但钩勒本本身往往亦值得收藏，范大澈就藏有《降州帖》《淳熙秘阁续帖》《宝晋斋帖》《玉枢经》等法帖双钩本[94]。善钩摹者，亦可成为一时名家。王弘宪是范大澈极为推崇的钩摹高手。据范大澈所言，其摹刻毫发不爽、极其神妙，被推为"奇士"[95]。除此之外，他还进一步谈及钩摹的视觉审美感受："然京（蔡京）恣意钩摹，虽有风神而欠浑厚……丹阳孙氏刻第二、第八卷，乃文寿承钩摹，颇佳"[96]。"风神""浑厚"显然不是对原有书法所言，而是对钩摹之作的视觉品评。碑（帖）是依照某人的书法进行镌刻，书写者、钩摹者、刻工均不可或缺，特别是钩摹者须书法精妙。所以，范大澈认为《戏鱼堂帖》

90. 善夫即阿瑛字也。（明）范大澈：《碑帖纪证》，《四明丛书》本，第 18 页。

91.（明）范大澈：《碑帖纪证·序二》，《四明丛书》本，第 2 页。

92. 用透明纸蒙于墨迹之上，以墨笔钩之。马子云：《碑帖鉴定浅说》，北京：紫禁城出版社，2016 年，第 50 页。

93. 马子云：《碑帖鉴定浅说》，北京：紫禁城出版社，2016 年，第 51 页。

94.（明）范大澈：《碑帖纪证》，《四明丛书》本，第 4 页。

95.（明）范大澈：《碑帖纪证》，《四明丛书》本，第 12 页。

96.（明）范大澈：《碑帖纪证》，《四明丛书》本，第 13 页。

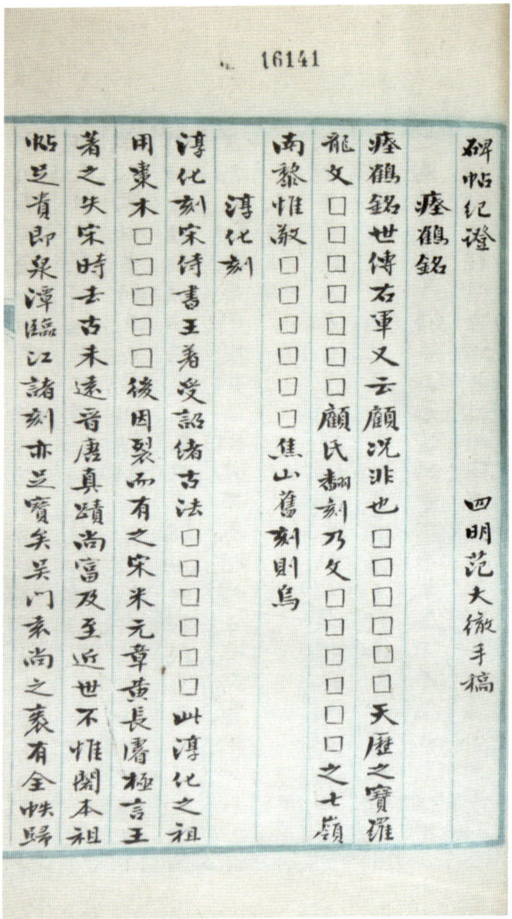
16141

碑帖紀證　四明范大徹手稿

瘞鶴銘

瘞鶴銘世傳右軍又云顧況非也□□□□□□天歷之寶羅

龍文□□□□□□□顧氏翻刻乃文□□□□□□之七嶺

南黎惟敵□□□□□□焦山舊刻則鳥

淳化刻

淳化刻宋侍書王著受詔儲古法□□□□□□此淳化之祖

用棗木□□□□□後因裂而有之宋米元章黄長睿極言王

著之失宋時去古未遠晉唐真蹟尚富及至近世不惟閣本祖

帖是貴即泉潭臨江諸刻亦足寶矣吳門袁尚之裹有全帙歸

图 11　碑帖纪证　（明）范大澈　清抄本　海宁图书馆藏

可贵之处，正在于刘次庄钩摹之善[97]。钩摹之外，便是刻字，钩、刻紧密相连。范大澈提到，潘氏重摹《淳化阁帖》钩既不佳，刻又不善，殊不足观；《忠义堂帖》刻亦清劲；《乐善堂帖》刻手甚佳……正如其审视“钩勒”的眼光一样，刻字是否佳善、清劲都成为其品鉴的重要元素。

其次，对纸墨、拓法的具体要求。

关于碑帖纸墨，前人已有谈及，但纸墨在碑帖比较、品鉴中的具体运用却不多见[98]。《碑帖纪证》中对拓本的墨色、纸张及拓法都进行了详细品评。他在比较自己与顾汝和所藏《十七帖》时，便指出虽然两刻本相同，但顾氏的墨色要比自己的好。此外，顾氏所藏《澄清堂帖》，乃是宋纸、宋墨，精善绝伦。《忠义堂帖》乃用北墨、绿纸。范大澈自藏《泉帖》因是用匮纸所拓，故而倍加珍惜：

> 此用匮纸拓，可宝之……正统间拓者，非匮纸也，相传如此。余于南北好事鉴赏家所见匮纸者只五部，并余所藏共七部。[99]

97.（明）范大澈：《碑帖纪证》不分卷，《四明丛书》本，第 9 页。

98.（宋）赵希鹄：《洞天清录》，杭州：浙江人民美术出版社，2016 年，第 86 页。

99.（明）范大澈：《碑帖纪证》，《四明丛书》本，第 10 页。

这些是因纸、墨较好，而为可宝之物。同样，也有因纸墨不善，而让人叹息者。宋拓薛尚功《历代钟鼎彝器款识》，明代已不可多得。范大澈自己只有零叶，而武陵高瑞南鸿胪有全帙，遗憾的是"纸墨不善耳"[100]；除了纸墨，拓法也是范大澈所关注的内容。《群玉堂帖》条云"余得第六卷苏东坡书，纸墨拓法甚精，刻手亦妙"；《太清楼帖》条云"蝉翅拓法，颇为精妙"。由此可见，范大澈在碑帖品鉴中会仔细比较不同拓本间的纸、墨、拓法等元素，找出存在的不同，比较各自的优劣，从而做出自己的判断。

最后，对重摹、残本的接受。

从碑帖收藏的角度而言，旧拓当然是藏家最为渴求之物。范大澈亦不例外，他对于旧拓，特别是宋拓更奉若至宝。《停云馆帖》是公认的明代刻帖精品，此帖第二卷收录《万岁通天帖》。范大澈对此云："不见宋刻亦可观，如见宋刻璠珉不侔矣。"[101] 宋本旧拓固然精善，但范大澈并不囿于此类，他对当时重摹佳者亦予以高度评价。《唐云麾将军李思训碑》条云"近重摹有两种，内一种亦可观"；《淳熙秘阁帖》条云"丰存叔重摹绝交书，亦可赏"，都体现了他对重摹本的接受。范大澈碑帖收藏的另一特点，是对残本的珍视，甚至有的仅有几页。《星凤楼帖》《宋高宗真草孝经》《琳光楼帖》等碑帖，要么为残本，要么为零页。应该说，这种对重摹、对残本的关注，与其偏向物质层面的碑帖鉴赏有其内在的一致性。范大澈对摹、刻的重视，使其不仅仅只重视旧拓的工艺，如果其所处时代碑帖的摹、刻均佳，他仍欣然接受。

也就是说，范大澈碑帖收藏的动因似乎并非全部是因其为"古物"，更包含着其视觉层面所带来的"浑厚""清劲""风神"的审美愉悦。然而，获得这种愉悦必须要具备足够的鉴赏知识。这种知识不是普通意义上的书法审美，而是能对碑帖摹、刻、拓、墨色、纸张有充分的认知与判断。由此，似乎也不难理解其对残本、零页的重视。因为，即使只有一页宋拓，亦是其区分纸、墨的重要依据。或者说，这些正是其获得碑帖知识的重要源泉。范大澈以鉴赏家

100.（明）范大澈：《碑帖纪证》，《四明丛书》本，第 13 页。
101.（明）范大澈：《碑帖纪证》，《四明丛书》本，第 14 页。

自居，正是源于他对拥有这些知识的自信，而《碑帖纪证》则是其碑帖鉴赏的集中体现。如果说丰坊代表着以书法研习为主要目标的碑帖藏家，范钦代表的是偏向碑帖文献、史料型的藏家。那么，范大澈则成为更多关注碑帖镌刻、纸墨、传拓等方面的第三类碑帖鉴藏家。

二、地域传统与内部交往

宁波地区碑帖鉴藏圈的形成，主要是以三类碑帖鉴藏家的出现为标志。他们之间的内部互动，促进了该地区碑帖的收藏、流动与品鉴，而他们与外部的相互交往，则又不断给该地区注入新的鉴藏活力。宋拓《石鼓文》在该地区的出现、递藏，正得益于此一鉴藏圈的形成。

从记载来看，此一鉴藏圈的形成很大程度上正赖于宁波地区碑帖收藏传统。《鄞县通志》云："自宋南渡后，鄞多世家旧族，故收藏之风蔚起"。其实，早在北宋时期，楼氏家族已经开始崛起。从楼郁（1008—1077）至楼极（1208—1266）的 200 年间，该族共有 38 名进士，是宁波地区最早的望族。[102] 楼氏家族收藏甚富，尤以楼钥为最"平生半世看墨本，摩挲石刻鬓成丝"[103]，其所题跋碑帖就有 70 多件。宋元以来，以史守之碧沚为代表的史氏家族、以王应麟汲古堂为代表的王氏家族及以袁桷为代表的袁氏家族都不断接续或扩充了此地的收藏传统。然而，与此一鉴藏群体最为紧密的要数柳庄袁氏。丰坊得其旧藏岳珂刻《英光堂帖》全帙、曹士冕刻《星凤楼帖》全帙。此两帖在明代已极为罕见，在丰坊藏品中亦属上品；范大澈从其得有向被视作"奇物"的宋拓《佛教遗经》，有宋元明数人题跋；[104] 此外，他还藏有黄庭坚《范滂传》《清宫颂》等旧拓。这仅是《碑帖纪证》所提及，已足见其藏碑帖之善。据学者统计，其书画碑帖

102.（清）全祖望著、朱铸禹集注：《全祖望集汇校集注》下册，上海：上海古籍出版社，2000 年，第 2640 页。

103. 此为楼钥引黄庭坚诗文跋施武子所藏诸帖，载（宋）楼钥：《攻媿集》卷三，清武英殿聚真本，第 14 页。

104.（明）范大澈：《碑帖纪证》，《四明丛书》本，第 15 页。

收藏至少有 32 件且多经贾似道及金内府收藏。袁氏家藏自明天顺年间，开始向宁波等地流散。[105] 应该说，宁波地区旧有的碑帖收藏传统，无论是在收藏风气上，还是碑帖的质量上，都为此地鉴藏圈的形成奠定了良好的基础。

丰坊、范钦、范大澈的相互交流上文已有所提及，范钦与丰坊为至交，范钦乃范大澈叔父。在收藏上，丰坊的余藏基本归天一阁，部分亦为范大澈所得，而范氏叔侄二人亦是相互转赠，共同赏鉴。三人中，丰坊年龄最长，家世最为显赫，才华亦最为出众，遗憾的是其仕途不顺，最终只能浸淫书艺，甚至伪造古书。范钦、范大澈尽管均在外为官且有碑帖收藏之好，但鉴藏取向又有不同。现藏上海图书馆的《丰南禺书画目》[106]，则更为细致地展示了他们之间的交流活动。此目分为致范大澈信札与渴想金石书画目录两部分，手札与目录并非同一时间所书而是经后人重装。信札的时间，基本可以确定为嘉靖三十六年（1557）七月十二日之前，此时范大澈正游于北京。从中可以获知如下两点：

其一，虽然丰坊长范大澈 31 岁，但两人亦师亦友。丰坊手札中语气十分有趣，不仅告诉他已连续几日为其临书，不顾手指生疮，劳心费力、腰酸背痛、忍痛受饥，而且还指出何任卿、黄端中二人可以作证。最后，还很认真地反问"岂曰偏厚于世夫明翁而已乎？"[107] 明翁正是范钦，如此可以想见，范大澈定是在其面前曾戏言丰坊为其叔父临写更为精善。范大澈也定不会因范钦而如此较真，两人自是明了，如此丰坊的自证则为两人间的交往增添乐趣。

其二，在碑帖收藏上，丰坊与范大澈之间看似有抢夺的一面，但更多的还是相互品鉴、交流。范大澈曾记其获得宋拓《泉帖》后，丰坊观后欲夺。此处的"夺"字，更像是好友间的一种玩笑。《书画目》不仅记录了丰坊想要得到之物并委托其寻访，自然不怕被范大澈遇之先夺。更为重要的是，目中还列出

105. 陈斐蓉：《嘉靖年间宁波地区的金石书画收藏研究——以丰坊、范钦、范大澈为例》，中央美术学院，2010 年硕士论文。

106. 谢巍怀疑此是经后人重装，见谢巍：《中国画学著作考录》，上海：上海书画出版社，1998 年，第 354 页。

107. 白谦慎、陈斐蓉整理，薛龙春校读：《南禺书画目》，《历史文献》第 13 辑，上海：上海古籍出版社，2009 年，第 4 页。

了寻访书画的渠道：

> 沈植字子行，住盘门内开元寺前，有书铺在府前。又有褚二住阊
> 门。张天爵住羊肉巷，皆熟于此……以上碑帖数种亦于黄茂甫、沈子
> 行及北京城隍庙夹道等处可访。[108]

虽是为自己访书帖，但何尝不是将积累的购藏经验乃至人脉资源分享于范
大澈。三人间相互观阅藏品、分享鉴藏心得、引为知己的情谊，由此可窥。

三、鉴藏群体的对外交往

嘉万年间的江南是文人汇聚、鉴藏兴盛、交流密切的文化地域。嘉兴项氏，
无锡华氏、安氏，上海顾氏，吴门王世贞、祝枝山、唐寅、文氏家族领袖群伦，
冠绝一时。处于此一地域文化圈中，宁波鉴藏群体与无锡、吴门、嘉兴等藏家
的交往异常活跃。

（一）与无锡地域之交往

在这些交往中，丰坊的《真赏斋赋》是宁波、无锡两地藏家交流最为杰出
例证。所谓杰出：一方面，它是丰坊、华夏当时两位鉴藏大家一次名垂艺苑的
真赏之举；另一方面，丰坊《真赏斋赋》、文徵明《真赏斋图》成为后人了解
当时艺术鉴藏的最直接依据，丰坊以其天赋异禀"造出一派艺术气氛浓郁的
境界"。[109]此赋作于嘉靖二十八年（1549），丰坊是年57岁，与华夏相识已

---

108. 白谦慎、陈斐蓉整理，薛龙春校读：《南禺书画目》，《历史文献》第13辑，上海：上
海古籍出版社，2009年，第3页。
109. 范景中：《书籍之为艺术：赵孟頫的藏书与〈汲黯传〉》，《新美术》，2009年第4期，
第44页。

三十余年。文云："余交其人仅垂三纪，知其志乎？古不同乎？"[110] 以一种的反问口吻，显示了丰坊与华夏的交谊及共有的鉴藏之好。很可能正是在丰坊的介绍下，范钦也与华夏结识。在《天一阁集》中，范钦有四首赠华夏、华云兄弟的诗歌。其中一首为《寿华西洲》，有句云"入眼亲交能有几，需君笑晤百年期"，俨然将其视若知己。[111]

丰坊与华夏的交往，除了《真赏斋赋》外，至今仍留有不少具体作品，为了解两地碑帖鉴藏提供了一定线索。传世丰坊为华夏所跋作品仅存 5 件，其中多与碑帖有关。丰坊跋华夏藏《东观余论》云：

> 右《东观余论》宋刻初搨，纸墨独精，卷帙甚备，世所罕见。嘉靖己酉六月癸亥，道生观于东沙华氏真赏斋。[112]

《东观余论》是北宋著名金石学家黄伯思的经典之作，因其收录博富，考订精核被后世称颂。丰坊所见本，乃楼钥所跋北宋本。《宝晋山林集拾遗》八卷，乃是米芾之孙米宪所辑，现中国国家图书馆有藏，其后有丰坊跋云"尝见钞本六十卷"。黄、米在明代宁波碑帖鉴藏圈，乃至整个明代鉴藏界都有重要影响。范大澈的《碑帖纪证》有数处引用黄伯思观点，丰坊在此赋中亦将华夏之真赏与黄伯思、米元章相比拟。此外，宋拓本《夏承碑》《娄寿碑》亦是难得之物，"非中父好古，未能识也"。[113] 丰坊能鉴此善本，首先是因其目光如炬的鉴赏力，与此同时，能获观如此旧本善拓，对丰坊真伪判定、碑帖品鉴亦不无裨益。

110. 一纪为十二年，可见交往之久。

111. （明）范钦：《天一阁集》卷十四，明万历刻本，第 11 页。

112. 陈斐蓉：《丰坊存世书迹丛考》，杭州：浙江大学出版社，2008 年，第 41 页。

113. 陈斐蓉：《丰坊存世书迹丛考》，杭州：浙江大学出版社，2008 年，第 47 页。

（二）与吴门书画家之交往

嘉万年间的吴门，是当时的文化重心。王世贞曾云：“我明书法，国初尚亦有人，以胜国（元代）之习，颇工临池故耳。嗣后雷同，影响未见轶尘。吴中一振，腕指神助，鸾虬奋舞，为世珍美，而它方遂绝响矣。”[114] 吴门文化中心地位，对当时的宁波亦有不小影响。

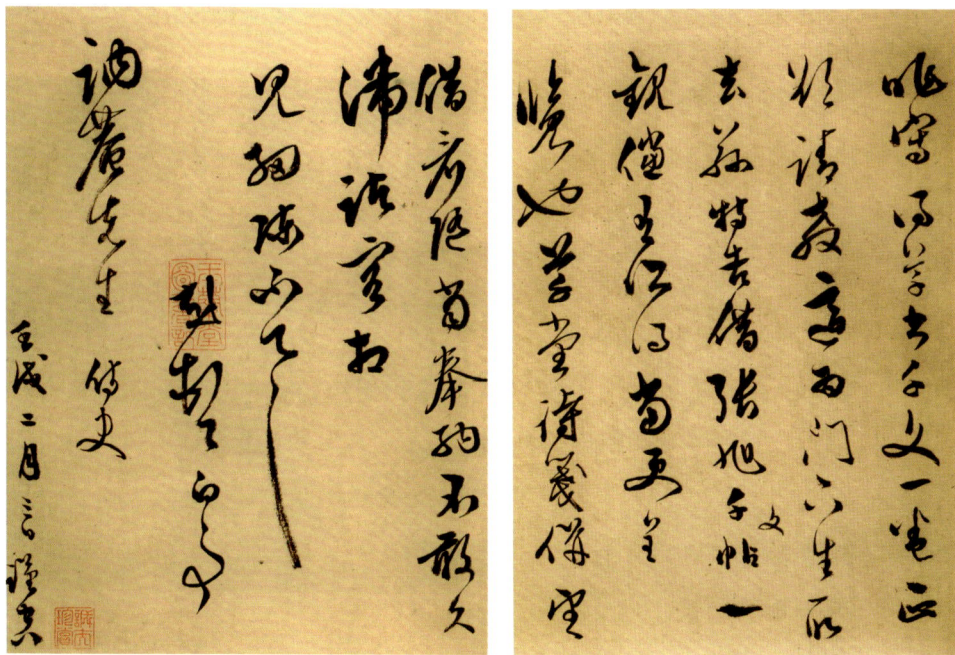

图 12　（明）文彭致范大澈手札　上海图书馆藏

范大澈与吴门文氏一族交往颇多，志书中记载他与文徵明为忘年交。二人交往有很大部分正是源于碑帖鉴赏之好，《碑帖纪证》曾记载嘉靖三十二年（1553）范大澈与文徵明的一次品鉴《泉帖》的情况：

嘉靖癸丑，余携之归过吴门，质之文太史衡山翁。翁曰：“绝

114.（明）王世贞：《弇州山人四部稿》卷一百五十四，明万历五年刻本，第 12 页。

佳，不易得者。[115]

宋拓《泉帖》是范大澈最为得意之物，能得到文徵明的赞赏更是值得记录之事。文徵明要比范大澈长五十余岁，一定意义上说，范大澈于文徵明更多地是以晚辈身份求教。然而，文彭之于范大澈则是以礼相待。他在给范大澈的信中写到：

> 昨写得草书千文一卷，正欲请教，适为门下生取去。兹特告借张
> 旭《千文帖》一观，倘有所得，当更呈览也。《草堂时笺》并望借
> 看，随当奉纳，不敢久滞……[116]。

信中文彭欲借张旭《千字文帖》及杜工部《草堂诗笺》，如此亦显示了范大澈卧云山房碑帖收藏之富。范大澈与文氏一族的交流，还见于多处，如，在《淳熙秘阁续帖》中提到，文彭赞其碑帖鉴赏能力之高；《进学解》是文徵明的旧藏，范大澈从其孙文子祁手中所得；又曾在文嘉处见宋拓本《欧阳询小楷千文》等等。传记中记录范大澈交往时，云：

> 文徵明书法名天下，丰坊亚之两人皆与大澈为忘年交。而皇甫
> 汸、张佳允、文彭、周天球、彭年、王宠辈又莫不往还唱和，亦其才
> 望有以致之也。[117]

其中所记人物，无不是吴门名士。另一显示宁波与吴门文氏交流的则是现藏天一阁的《义瑞堂帖》。《义瑞堂帖》刻石中包括了文徵明撰并书的《薛文时甫墓志铭》、丰坊所书《送子旅游吴》及薛晨《千字文》，多是薛晨与吴门，特别是与文徵明交往的例证。《薛文时甫墓志铭》由文徵明撰并书，从其内容可知，

115.（明）范大澈：《碑帖纪证》，《四明丛书》本，第11页。

116. 上海图书馆编：《上海图书馆藏明代尺牍》第三册，上海：上海科学技术文献出版社，2002年，第38—39页。

117.（清）郑梁：《寒村诗文选·寒村见黄稿》卷一，清康熙刻本，第43页。

薛文时为薛晨之父；《送子旂游吴》乃是丰坊为送别薛晨所作，其中有句"义瑞堂前愁霰雪，停云馆下结金兰"，点明了薛晨在停云馆的活动。薛晨游学于文徵明，由此结识了吴门众多名士。作于嘉靖三十六年（1557）的《千字文》，其后有文徵明、许初、彭年、王穀祥、陆师道的题跋。跋文或赞其笔法之妙、或咏其取法高古：

> 永师《千字文》多至八百本，其风力遒整，人皆师模之也。子熙习永师钩指回腕，皆合古度，可谓优人圣域者。且其居与丰南禺相友善，多得其笔法，今出也。又游乎文衡山之门，兹其所以称师于永哉。[118]

跋中不仅赞其对智永草法的研习，亦指出其得益于丰坊、文徵明的指导，可以直承唐人。此外，王世贞、王世懋兄弟，亦有诗歌赠薛晨。[119]宁波与吴门的交往远不止如此，范钦在其刻帖中亦提到曾与文徵明一起探讨过丰坊的书法。此外，范钦与王世贞亦是书友，两人不仅有诗文互赠，而且亦有碑帖往来。[120]钱大昕在《天一阁碑目》序中云：

> 予尝读《弇州续稿》中《答范司马小简》，有书籍互相借钞之约。今检《圉令赵君碑》，背面有侍郎手书"凤洲送"三字，风流好事，令人叹慕不置。[121]

两地的交往，对宁波地区碑帖的鉴藏有重要意义。首先，鉴藏风尚的形成与碑帖流动。吴门是鉴藏中心，无论丰坊、范钦与文徵明的交往，还是其后范

118.（明）陆师道跋薛晨书《千字文》，拓片。
119.（明）王世贞《弇州山人四部稿》、（明）王世懋《王奉常集》中多有记载。
120.《酬王凤洲中丞》：交臂论文上国秋，别来梦想满沧州。远书缱绻高怀见，往事侵寻短发愁。肯向乾坤论孤落，直惊词赋擅风流。平原旧约依然在，安得乘槎十日留。（明）范钦：《天一阁集》卷十四，明万历刻本，第9页。
121.（清）钱大昕：《潜研堂文集》卷二十五，清嘉庆十一年刻本，第3页。

大澈、薛晨等与文氏后代及门生交流，都有力推动了宁波地区的碑帖鉴藏风尚。从范大澈的口吻来看，文徵明对其所藏碑帖的肯定显然是自身眼力的权威证明，而这种共同品鉴让范大澈在见识、眼力上都有所提高。正是源于这种彼此交往，吴门故家甚至文徵明的旧藏，有时也会辗转至范大澈手中，《进学解》便是其中一例。由此而见，宁波地区的碑帖流动与吴门有着密切关系。

其次，书法的交融与书风的传播。虽然现在看来，丰坊在书法史上的重要意义，正是在吴门书派风靡之时，强调取法魏晋，以复古为旨归，但两地的交流则使宁波地区的书风更为丰富，为创新书风增添活力。这其中，薛晨先师丰坊，再师文徵明，便是典型例子。

最后，刻工的流动与宁波地区的刻帖。尽管宁波地区的刻帖不能与当时的《真赏斋帖》《停云馆帖》相比，但若从刻工的视角而言，亦能算得上名手佳刻。丰坊重摹本《七观帖》乃据其自己所藏元拓本请吴鼒父子摹刻，如鉴传影，不爽毫发。[122]《义瑞堂帖》刻石中，明确镌有刻工名字的有四石，三种为"吴门吴鼒"，一种为"吴应祈"。吴鼒为文徵明的御用刻工，其活动时间主要在嘉靖三年（1524）至嘉靖三十八年（1559）；吴应祈亦是明代吴门知名刻手，他不仅于万历二十八年（1600）为当时书法大家邢侗镌刻《来禽馆法帖》，而且还与吴鼒同刻文徵明《四山五十咏》。《天一阁帖》刻石中，一石镌有"吴应祯"。据考证，吴应祯与吴应祈为同族兄弟，亦是当时著名刻手。[123]虽然无法考证缘何选择这些刻工，但有一点是肯定的，那便是与吴门的密切交往。尽管宁波、吴门两鉴藏群体始于何时，何人建立有待深入，但就实际而言，嘉万年间两地确实存在着密切交往。

（三）与其他地域之交往

除以上交往外，当时宁波鉴藏群体与上海顾氏、嘉兴项氏、乌镇王氏均亦

122.（明）丰坊：《七观帖》跋文，拓本。

123. 程渤：《明代吴门刻工研究》，《南京艺术学院学报（美术与设计）》，2014年第5期，第43—47页。

有密切往来。范大澈多次提及上海顾氏的碑帖收藏，并对其碑帖流向情况十分了解：宋拓《宝晋斋帖》有全部；曾重摹《淳化阁帖》几乎可以乱真；宋拓《澄清堂帖》纸墨精良，后归罗龙文；而谈及《十七帖》则更为详细：

> 余得丰存叔所藏敕字本，真神品也。上海顾汝和有一本，刻同而墨色较余藏者胜，今归吴门王百谷。胡可泉知姑苏时，乃命章简甫即此本摹刻，亦佳。[124]

文中提及的丰坊旧藏《十七帖》，又很可能正是其为项元汴所临扇面的底本。此件扇面现存故宫博物院，落款云：

> 嘉靖甲子五月望日，墨林项子过冬寓堂，索书便面，为临右军二帖，南禺生。[125]

丰坊长项元汴 32 岁，但两人亦为忘年之交。董其昌《项元汴墓志铭》中列举了其生前交往的五位名流，丰坊位列其中。"或把臂过从，或遗书问讯，淡水之谊，久而弥笃"。[126] 据考证，嘉靖甲子年（1564），丰坊曾在嘉兴住过几个月时间，这期间为项元汴藏品题跋较多并撰写《天籁阁记》以继《真赏斋赋》之风雅，此扇面正作于此年。扇面其一为王羲之《十七帖》之《七十帖》。这似乎正是丰坊用心选择过的，因为丰坊此年刚过七十岁。帖中云"吾年垂耳顺，推之人理，得尔以为厚幸"，委婉表达了丰坊得识项元汴的内心感受。

其实，除了华夏、文徵明、项元汴等，在丰坊早期的交往中，乌镇的王济也是极其重要的人物。从传世作品来看，丰坊在王济处至少看到过三件有代表

124.（明）范大澈：《碑帖纪证》，《四明丛书》本，第 7 页。

125.（明）丰坊：《为项元汴临右军书二帖》，扇面，故宫博物院藏。

126.（明）董其昌：《墨林项公墓志铭》，《容台集》卷八，《四库全书存目丛书》，济南：齐鲁书社，1997 年，第 507 页。

性的重要作品：一是《宋徐铉篆书〈千字文〉卷》，二是《宋龚开中山出游图卷》，三是《金石韵府序》。

在碑帖收藏如此广泛的文化圈中，石鼓拓本的收藏亦是藏家所关注的对象。虽然文献记载中，自都穆所获赵古则本外再未见宋拓本，但从实际来看，石鼓收藏的趣味却一直持续。可以说，传世石鼓最好版本均曾在当时出现。今在日本的安国旧藏"先锋""中权""后劲"三北宋拓本，是仅存唯一的宋拓。[127] 顾汝和所摹宋拓石鼓砚本，亦是后世研究石鼓必不可少的参考。此外，就是本义论及的天一阁本。

可以说，嘉万年间的吴门、嘉兴、上海、无锡等地的鉴藏家，相互交往共同谱写了充满活力的江南鉴藏圈并使其成为艺术史中的璀璨篇章。在这其中，宁波地位虽不及吴门、无锡等地，但就书籍、碑帖收藏而言，则占有重要一席三类碑帖鉴藏家的出现及他们与周边地区的互动，为该地区鉴藏风尚注入强劲动力，也为宋拓《石鼓文》的流入提供了环境。今已无从考证丰坊何时得自何人之手，但当以宁波为中心简要勾勒完这段鉴藏史时，此本入藏该地区的重重疑惑亦可随之冰释。然而，丰氏万卷楼明时已消亡，此本惟借天一阁得以流传自乾隆年间发现之后，其便以"范氏石鼓文"或"天一阁本石鼓文"闻名学林。

---

127. 马成明：关于明朝安全"十鼓斋"收藏宋拓《石鼓文》之我见，《美术大观》，2021年第9期，第71—77页。

第二章

张燕昌重摹与江南石鼓鉴藏群体

石鼓自发现之时，便已漫漶损泐。为更好地保留石鼓原貌，应该从唐代开始就已重摹。翁方纲曾做过简要梳理，共罗列十九种重摹本。[1] 徐宝贵先生认为，从唐至民国摹刻本多达二十八种。[2] 所以，石鼓重摹并非罕事，重要的是所据底本之优劣。天一阁本的出现，对清人而言，自然是学界之幸事，重摹之首选。乾隆五十二年（1787），天一阁迎来了《石鼓文》的第一位重摹者——张燕昌。自此之后，此本先是从宁波重摹至嘉兴、杭州、扬州，进而扩展至四川、湖北，最终北上，直达北京国学韩文公祠，开启了经久不衰的重摹历程。

第一节　张燕昌重摹天一阁本
《石鼓文》始末及影响

张燕昌（1738—1814），字芑堂，号文鱼，又号金粟山人。海盐人，乾隆丁酉（1777）科优贡生，嘉庆元年（1796）举孝廉方正。关于张燕昌的生平记载资料颇丰，其中王昶、汪启淑二人记载较为详尽。王昶《蒲褐山房诗话》载：

> 张燕昌，字芑堂，海盐人，贡生，嘉庆元年举孝廉方正……芑堂
> 屏居村落，孤介为怀。夙嗜金石，尤爱小品，搜奇采癖，凡齾缺零星

---

1. 其中包括摹取部分文字者，如《碧落碑》。
2. 徐宝贵：《石鼓文整理研究》上册，北京：中华书局，2008 年，第 80—105 页。

都为一集名《金石契》，予所藏西汉雁足灯亦并著焉。又撰《古来飞白书考》……[3]

此载后被潘衍桐、江标等学者所移录。汪启淑《续印人传》记述则更为详尽：

幼从笠亭朱明府琰，资颖敏……性好金石，自周彝汉鼎，禹碣宣鼓以及近代高人韵士之遗刻，殚心搜罗，不遗余力。闻有残碑断字在荒烟灭没中，往往襥被越千里、穷危崖、涉深箐而求之，摩挲不忍去。集所见为《金石契》，补前人所未备。嗜篆刻，为丁龙泓征士高弟，瓣香何主臣、苏啸民，萧疏宕逸，真能以铁为笔。诗家所云："羚羊挂角，无迹可求。"而款识朴茂尤可观。又工飞白书，古致磊落，所著有《续鸳鸯湖棹歌》《芑堂印存》。[4]

这两条记载既相互印证，又互有补充。从中可以了解到，张燕昌性好金石，集有金石小品之作《金石契》，并多次重订。此书在清中期金石圈中影响极大，被认为"补前人所未备"。[5]他擅长篆刻，为浙派篆刻开山鼻祖丁敬高徒，亦师法何主臣、苏啸民，萧疏宕逸，能够以刀为笔。又工飞白书，古致磊落。[6]除此之外，他还兼善山水、人物。翛然越俗，别有意趣。[7]传世《剡溪载石图》是张燕昌为其好友吴骞所作，后有题跋者十八人，可视为其绘画代表作品；举孝行善，闻于乡里。其最为人所知晓的乃是迁其父之墓于县西南角里山，并在墓旁建丙舍以终老。[8]里人以此为"乡曲间彰善之尚，有人在也"。

3.（清）王昶：《蒲褐山房诗话》，清道光抄本，第138页。

4.（清）汪启淑：《续印人传》卷二，清道光二十年海虞顾氏刻本，第10页。

5. 同上。

6.（清）汪启淑：《续印人传》卷二，清道光二十年海虞顾氏刻本，第11页。

7.（清）震钧：《国朝书人辑略》卷八，清光绪三十四年刻本，第2页。

8.（清）钱载著、丁小明整理：《箨石斋诗集·箨石斋文集》，上海：上海古籍出版社，2012年，第1006页。

一、张燕昌石鼓之好

张燕昌对《石鼓文》非常痴迷，他曾在一则题跋中云：“（燕昌）于石鼓文模搨校勘，寝食其间凡数十年矣。”[9]在摹刻天一阁本之前，张燕昌至少已摹刻两次：最早的一次，是在其为太学生时。张开福曾移录了翁方纲致张燕昌的一封通信，对了解此次摹刻较有帮助：

> 戊戌九月廿一日，借王司寇所藏徐潋斋旧拓本，与今本无异，惟此三字较今本可踪迹。是日灯下写出，以奉教芑堂兄。盖重刻之不易下手，必须以阙疑为第一义也。今人为学欲沿波讨原（源），必须从能阙疑始，不特字画而已也。开福谨录。[10]

随后，张开福继续跋云：

> 右覃溪先生与征士书，在乾隆四十三年。时，先征士以优行贡成均，手拓石鼓于大成门旁，是秋九月出京。

钱维乔《张明经芑堂摹刻石鼓文跋》中记载了此事：

> 张子芑堂笃志金石，曩游太学手搨《石鼓文》以归，其家僮能为摹刻于斋中。琴书鼎彝俨然与三代法物相晤对，其风雅有足传矣。刻手苍劲，可称善本。家辛楣詹事云，《石鼓文》今仅存二百五十四字，此帖字乃较多，芑堂当自有考证。[11]

---

9. 天一阁博物馆编：《石鼓墨影——明清以来〈石鼓文〉善拓及名家临作撷存》，上海：上海书画出版社，2018 年，第 90 页。

10. 上海图书馆编：《石鼓汇观》，上海：上海书画出版社，2019 年，第 113 页。

11.（清）钱维乔：《竹初诗文钞》卷四，清嘉庆刻本，第 2 页。

此次摹刻是以当时手拓石鼓为底本，但从钱大昕的评语来看，显然亦有张燕昌自己的考证与研究。因此，钱维乔仍视其为善本；第二次摹刻《石鼓文》约在《重定金石契》出版之前，也就是其 40 岁之前。关于此摹刻，文献中罕有提及。这一北宋本，易让人视其为天一阁本。然而，《重定金石契》发生于乾隆四十三年（1778），要比天一阁本摹刻的时间早近十年。因此，凡例中提到的"北宋本"并非天一阁本，特别是作者在前加以"集"字，显然不是只从一个北宋本重摹而成。作为重摹的重要参考，《石鼓文》善拓是其孜孜以求之物。现藏嘉兴博物馆原为明赵宦光旧藏《石鼓文》拓本，就曾经张燕昌之手。而在另一件拓本上，他亦自跋云：

图 1　（清）张燕昌旧藏明末清初《石鼓文》拓本　朵云轩藏

> 每恨古刻刊剥，毡蜡不精，空使珊瑚碧树付之歌咏已耳。独喜此册，边幅宽大，用墨得法，洵猎碣善本也，鉴者宝之。[12]

两件拓本均为少有的明末清初善本，足见其眼光之独到；跋文中的"凡数十年"与前文提及的国子监模拓相互印证，共同说明了张燕昌对石鼓的爱好之早，兴味之久。

---

12. 天一阁博物馆编：《石鼓墨影——明清以来〈石鼓文〉善拓及名家临作捃存》，上海：上海书画出版社，2018 年，第 90 页。

二、重摹过程

天一阁本《石鼓文》，文献多有记载，但往往较为简单且多移录。那么，张燕昌何时至天一阁，其在范家待遇如何？仅是他一人钩摹，还是有他人参与？除了钩摹石鼓外，是否还参与其他活动呢？张氏摹刻又有什么特点呢？张燕昌赴天一阁的具体时间，至少有两处文献记载。一是其子张开福在跋文中云：

> 四十六年，东游甬上，访范氏天一阁北宋本，钩摹以归而刻诸石，复撰《释存》一帙，王司寇述庵先生采刊《金石萃编》。生平于鼓文可谓笃嗜者而不敢附会穿凿，以逞私臆，正于翁氏意合，足见前哲之用心深也。[13]

跋中提到时间为乾隆四十六年（1781），另一处是钱大昕《天一阁碑目序》，其云：

> 今年予复至鄞，适海盐张芑堂以摹石鼓文寓范氏。[14]

序作于乾隆五十二年（1787），与其子所记相差六年。那么，何者更为准确呢？钱氏不仅记载张燕昌登阁时间，而且提到其参与了天一阁史上另一重要文化事件——《天一阁碑目》之编纂。

乾隆四十六年（1781），钱维乔由遂昌调任宁波，主宰鄞县正堂。他当政期间，克勤职守，迁擢有期，呈现出政通人和的大好气象。乾隆五十年（1785），钱维乔聘请钱大昕作为总纂编撰《鄞县志》。[15] 虽为总纂，钱大昕其实多以书信等

---

13. 上海图书馆编：《石鼓汇观》，上海：上海书画出版社，2019 年，第 113 页。
14. （清）钱大昕：《潜研堂文集》卷二十五，清嘉庆十一年刻本，第 1 页
15. （清）钱维乔：（乾隆）《鄞县志》序，《续修四库全书》本，第 1 页。

形式与志局人员进行探讨,[16]而真正参与编修的时间为乾隆五十二年（1787）。"三月往宁波府撰《鄞县志》。三十卷,五阅,月而告成"。[17]在此期间,天一阁正是其经常过访之地。年谱载:"范上舍懋敏招登天一阁,观所藏金石刻,因为撰《天一阁碑目》二卷。"[18]作为金石研究者,能登阁编目自是乐事。其子钱东壁则描绘了当时的兴奋之情;

> 汉刻张壁看,古气何磅礴。华山及酸枣,波折存间格。兰亭褚氏临,五字未损□。当年丰考功,好事手镌凿。下逮宋元碑,醇酾杂糟粕。得隽竟传观,狂呼各踊跃。宛同赵德甫,绝胜贾秋壑。博古有茂先（原注:谓艺堂张明经,农间张秀才）,指点无失著。时代入手分,识古非臆度。[19]

张燕昌酷嗜金石,有他参与编目显然更为妥善。张秀才则指张焱,此人善篆书,通六书之学。[20]因此,诗中云"博古有茂先（原注:谓艺堂张明经,农间张秀才）,指点无失著",似乎也并非完全虚指。钱大昕在序言中,更是充分肯定了张燕昌的作用;

> 此书出,将与欧、赵、洪、陈并传,茗舟可谓有功于前人。而考证精审,俾先贤搜罗之苦心不终湮没,则予与艺堂不无助焉。[21]

当时天一阁主范懋敏,亦耽嗜书法。钱大昕有云:"三人者晨夕过从,嗜好略相似,因言天一石刻之富,不减欧赵,而未有目录传诸后世,岂非阙事。"[22]

16.（清）钱大昕:《鄞县志局与同事书》,《潜研堂文集》卷三十五,清嘉庆十一年刻本,第9页。
17.（清）钱大昕:《钱辛楣先生年谱》,《嘉定钱大昕全集》,南京:江苏古籍出版社,1997年,第33页。
18. 同上。
19.（清）钱东壁:《咏天一阁诗歌》,西泠印社2017秋季拍卖会（集草轩藏明清翰林学士手札专场）。
20.（清）李斗:《扬州画舫录》,卷十,清乾隆六十年自然盦刊本,第28页。
21.（清）钱大昕:《潜研堂文集》卷二十五,清嘉庆十一年刻本,第1页。
22. 同上。

嗜好相似，而又有共同目标，摹刻、编目自是快事。钱东壁的生动描述无不让学人艳羡：

> 披览忘日斜，主人设小酌。佳肴罗列陈，厚味敢云薄。家酿鹅黄酒，巨觥相酬酢。四壁皆琳琅，一座尽欢噱。编年第甲乙，讵逊欧阳作。主人欢喜言，此客殊不恶。后会约来朝，望君相许诺。挑灯弄笔墨，用以志吾乐。[23]

可以想见，诸位与古为徒者，在当时已享誉四方的藏书阁中，白日品鉴碑帖，编次甲乙；晚上主人设宴，烹茶、煮笋、品家酿，确实值得志乐。也许，张燕昌的摹刻原本还会略有寂寞，但因《天一阁碑目》之编纂，使此次摹刻过程成为一次难得的雅聚。由此亦知，钱大昕所记张氏赴天一阁时间更为确切。其子所记乾隆四十六年，则很可能是张燕昌首次获知天一阁本时间。

除了范懋敏的热情招待之外，范氏家族的范永祺（1727—1795）更使此摹刻、编目更富意义，甚至可以说，正是因为有他的参与才让后世对那段历史更为接近。张廷济在题《张燕昌摹刻〈石鼓文〉》诗中云：

> 韩苏歌本无人持，范司马本今瑰奇。天一高阁岿然在，谁与摹取加镌治。吾宗剧谋证古拓，错聚众本删疑疑。片帆渡江启阁钥，莪亭老宿偕周咨……[24]

其中，莪亭便指范永祺。由于其出于范氏同宗且与天一阁关系甚密，后世很多学者将其归为天一阁直系后人，其实不然。家谱中载，他是范钦之兄范铺之

---

23. 钱东壁札，西泠印社 2017 秋季拍卖会（集草轩藏明清翰林学士手札专场）。

24.（清）徐渭仁：《随轩金石文字·周石鼓文》，《国家图书馆藏石鼓文研究资料汇编》第 5 册，北京：国家图书馆出版社，2014 年，第 237 页。

后。[25]范永祺，字凤颉，号莪亭，为范氏族人，年六十（乾隆五十一年）方举于乡。自以为已近迟暮，遂称病不赴。其为人外和内介，待人诚恳，既定交则终身不渝，故学人多乐于之交。颇擅唐隶，尤工篆刻。其藏书处曰"甕天"，所藏图书、名画法书颇多，其最具特色者乃名人尺牍。[26]记载显示，范莪亭声望颇高且善于交往，与钱维乔、李汇川、钱大昕、梁同书等人或吟咏唱和，或尺素往来。钱维乔对其极为敬仰，曾云：

> 自余来明州虽逐逐俗吏中，未尝不留心邑之读书君子。比年得一人焉，日范子莪亭。[27]

此时，钱维乔初到鄞县不久，而在其离任时又云：

> 予与莪亭交七年，今乞休将归，不能无离合之感。因效原体，奉酬即以志别。[28]

关于二人的交往，钱维乔文集中多有记载。其中从《范菊翁李渭川卢月船范莪亭卢东溟招饮天一阁观藏书即席索和》《招李太守渭川卢广文月船范秀才莪亭卢上舍东溟赏菊以秋菊有佳色分韵拈得秋字》等诗篇中又可想见，范莪亭正是当时地方文人圈子中的重要一员。钱大昕为其撰写墓志中亦云：

> 予归田后，慕四明天台之胜。数往来甬上，与其乡贤士大夫游。所尤心折者，孝廉范君莪亭也。君性乐夷澹，外和内介，以图籍为生活，以友朋为性命。予尝偕一二同志访君甕天居，出所藏明贤墨迹，

25.（清）范邦瑗：《鄞西范氏宗谱》，稿本，第66—76页。
26.（清）钱维乔：《竹初诗文钞》卷六，清嘉庆刻本，第1页。
27.（清）钱维乔：《竹初诗文钞》卷四，清嘉庆刻本，第3页。
28.（清）钱维乔：《竹初诗文钞》卷十四，清嘉庆刻本，第25页。

品题其高下，茗碗炉香，相对竟日不知世间有征逐游戏事。君又熟于乡邦文献，予纂《鄞志》数就君咨访，倾囷出之无倦色。古所谓直谅多闻之友，君殆兼有之。比年久不相见，而尺素岁率一再至。[29]

可见，范永祺在其编纂《鄞县志》中亦提供了颇多帮助，而且志书中钱维乔所撰序言亦由范莪亭代为书写。

在《鄞县志》《天一阁碑目》编纂及《石鼓文》摹刻过程中，范永祺都是其中重要一员。范永祺喜以诗纪事并邀诸人索和，钱维乔、钱大昕文集中有数首此类诗作。钱东壁《逊斋先生邀家君同张芑堂明经编定天一阁碑目莪亭孝廉以诗纪事即叠韵四首》[30]，张焱《丁未夏日陪竹汀师至天一阁同芑堂明经编次碑目叠莪亭孝廉韵呈逊斋先生教》[31]便是记录关于《天一阁碑目》编纂的唱和诗文。从中可知，张燕昌除了摹刻《石鼓文》之外，还在阁中双钩《泰山石刻》。这很可能是应范家人邀请，因为张氏双钩本后被重摹，至今仍嵌于天一阁前西墙壁上。

三、张摹本之特点

从范氏获取双钩本之后，张燕昌并没有急于上石，而是在经过与其他本比较、

29. （清）钱大昕：《潜研堂集》卷四十六，清嘉庆十一年刻本，第7页。

30. 一、登高阁惠风清，想见前贤赏鉴精。古刻千通多汉帖，牙签万卷骇书生。流传已历三朝盛，美富能收四海名。更有主人偏好客，烹茶煮笋尽交情。二、百城坐拥觉心清，家法相承课业精。墨色照人青眼眩，芸香驱蠹碧烟生。九重温诏亲题句，四库新编特著名。三百年来存此阁，鲁灵光殿最关情。三、插架琳琅入眼清，部居分别仿尤精。金縢遗子挥常散，青卷宜人各不生。前辈风流无俗韵，异时朝野尽知名。盈箱充栋披难遍，沧海曾观恝我情。四、危石奇嵚曲涧清，幽人兀坐畅研精。泰山刻石李丞相，晋签帖题丰道生。范的雄辞原逆俗（原注：谓莪亭、苇舟），张华博物旧知名。残碑断碣编时代，欧赵洪楼一样情。丁未秋日嘉定钱东壁书，时臂病书经旬，殊为丑怪也。

31. 一、石涯曲远一池清，高阁巍然位置精。云气遥从天外护，芸香长向箧中生。奇书不减庚辰籍，宝刻初甲乙名。几日摩挲心未倦，殷勤重见主人情。二、旧拓千年字画清，硬黄临就法尤精（原注：芑堂于阁上双钩泰山石刻）。搜罗差喜归前哲，厘订终须属后生。漫把凡将分句读，更从造像认题名。残碑断尾多奇货，好古原来别有情。七月晦，将归里，此册久留桉头，匆匆书此以为别后相思之资，不计工拙也，嘉定张焱。

研究之后，又经两年方才刻石。所以，尽管称摹刻天一阁本，但实际上并非完全复制，而是有所改动。那么，张氏有哪些改动呢？赵椿年所藏张摹旧拓本，为考证此一问题提供重要依据。据赵氏描述，此拓本有张燕昌五跋：

第一跋在乙鼓后，云："此鼓第五行下二寸许，别有篆文止存半字，从余家藏旧拓本模入。"

第二跋在丁鼓后，云："言'趍之□马'作'六马'之误，即《萃编》所引已录入。明拓本此字注内末句'吾□允异'之吾字，此有阮无。"

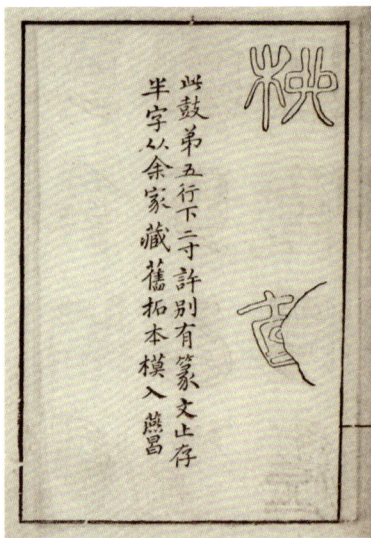

图 2　《随轩金石文字》（清）徐渭仁清刻本

第三跋在戊鼓后，云："第五、第七、第八、第十鼓太学本阙泐尤甚，字句序次则从甲秀堂、《周秦刻石释音》、上海顾氏本。"

第四跋在壬鼓后，云："范氏藏本，惜经装背割裂，文有今见存而反阙者。如第三鼓'□众既简'缺'既'字，此鼓之'□康'康阙重文，则从太学现存本模入。三月三日，燕昌书。"

第五跋亦在壬鼓后，云："'丙申'下一字，从家藏宋拓本及戊戌手拓本摹入，甲寅九月燕昌识。"[32]

从中可见，张燕昌在摹刻过程中，参考了甲秀堂本、元吾丘衍《周秦刻石释音》、顾砚本、家藏旧拓诸本及乾隆戊戌年（1778）从太学原石手拓本等。由于张燕昌所摹刻石存世仅五十载，其传世拓本较少，但历来有不少赞誉。阮元曾有诗云："薛郑施潘各有释，同聚一室相询咨。安置妥贴鸠匠作，具刻明白有仆斯。"[33] 张廷济亦云："升庵伪说滋谬妄，甲秀节勒徒倾欹。何如此摹谨

---

32. 赵椿年：《覃罨斋石鼓十种考释·石释》，民国铅印本，第35—37页。

33.（清）徐渭仁：《随轩金石文字·周石鼓文》，《国家图书馆藏石鼓文研究资料汇编》第5册，北京：国家图书馆出版社，2014年，第235页。

严甚，羲娥绘出光轮垂。"[34] 唐兰在仔细核对文字后，亦认为张氏虽有舛误但校订勤慎，甚至超过阮元摹本，"自足以震铄一时，视为最古最精之本矣"[35]

四、张摹之影响

张燕昌摹刻天一阁本《石鼓文》无论在当时还是在后世，均有重要影响。总结这些影响，可以分为三个方面：一是促成了张燕昌《石鼓文释存》、吴东发《石鼓释文考异》等学术著作的诞生；二是引起当时金石圈乃至朝堂的极大关注；三是开启了后世重摹天一阁本之先河。

《石鼓文释存》是张燕昌代表性著作之一。关于此书，王昶（1725—1806）曾云：

> （张燕昌）尝往宁波，入范氏天一阁，在藏书中获北宋石鼓文搨
> 本，摹勒以归，重刻之，因撰《石鼓文释存》，证以篆籀，考其偏旁
> 点画，较薛、杨、潘、董诸家更为精审。[36]

在王昶看来，此书的撰写不仅与天一阁本的发现有着重要关系，而且要比薛尚功、潘迪等人更为精审。此书刊行时间为乾隆戊申（1788），单从时间上看比重刻天一阁本石鼓文还要早一年。刘葱石在该书后跋中亦云："随轩所据为己酉上石搨本，后此本戊申一载。"[37] 那么，《释存》与天一阁本是否有关联呢？翻阅《释存》可以发现，此书确实是以此本为底本。残字缺笔用线勾勒，缺字代以方框，而最为醒目的则是以黑底白字的形式将天一阁本存字补在对应残缺字下方。如此一来，此书不仅是后人了解石鼓当时存貌情况的重要依据，而且也是天一阁本的另一种重

---

34. 同上，第 237 页。
35. 此为唐兰未见安国藏本前的观点，及见安藏遂以其为最早本。参见《北宋拓周石鼓文》，珂罗版，中华书局，1950 年 9 月，第 4 页。
36.（清）王昶：《湖海诗传》卷四十一，清嘉庆刻本，第 2 页。
37.（清）张燕昌：《石鼓文释存》，《国家图书馆藏石鼓文研究资料汇编》第 3 册，北京：国家图书馆出版社，2014 年，第 342 页。

要参照。如何解释其比摹刻天一阁本刻石还要早一年呢？通过前文提及的《重定金石契》的内容可以推断，《释存》《重定》两书完成的时间相差无几，因此凡例中有"即出"之注释。然而，事实并非如此。《释存》刊行的时间实际上要比前书晚了整十年，其很有可能是在获知天一阁所藏北宋本后调整了出版计划。根据钱大昕的记载，张燕昌在天一阁钩摹宋拓本的时间是1787年，钩摹的第二年此书刊行，第三年刻石完成。如此，在敬佩张燕昌学术之严谨的同时，也可看到摹刻天一阁本对《释存》的重要意义。

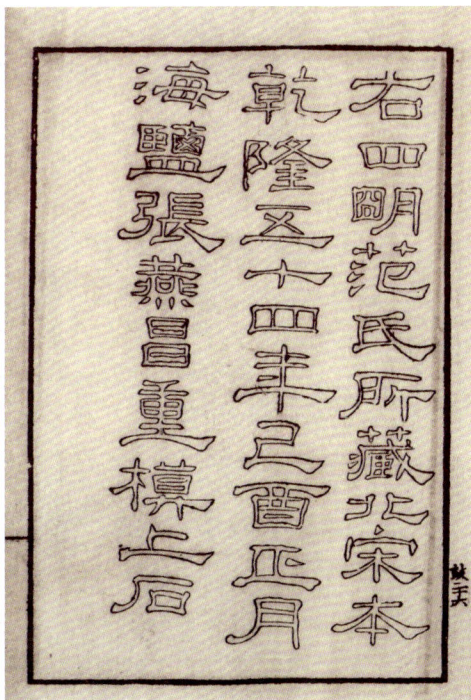

图3 《随轩金石文字》 （清）徐渭仁 清刻本

互赠拓本、题跋品鉴是乾嘉金石学家日常生活的重要内容。张燕昌摹刻天一阁本后，传拓以赠友人不在少数，但与此拓本最有密切关系的学术著作则非吴东发的《石鼓释文考异》莫属。该书内容多引天一阁本、张燕昌《石鼓文释存》为参照，成为清代石鼓研究的代表性著作之一。

作为当时唯一的北宋本，张燕昌的摹刻活动引起了金石圈的巨大轰动。自乡野至朝堂，学者、官员们或以诗题赠，或作序称赏。陈文述（1771—1843）《郡庠赋呈兼赠张芑堂明经》赞扬张燕昌摹刻之重要，云：

> 此本出北宋，何年在南土。铦锋利锎戈，健笔折钗股。工倕巧模仿，钩勒应规矩。帖异唐临晋，文胜秦诅楚……颇闻四明阁，别有七录部……绝学远溯源，盛事冀递举。明经契金石，太末盛亭峙。他年写礼堂，考定吾与汝。[38]

38.（清）陈文述：《颐道堂诗选》卷一，清嘉庆十二年刻道光增修本，第11页。

此文近五百余字，其中对张燕昌摹本的"铦锋""健笔"等摹刻效果大加赞赏。"绝学远溯源，盛事冀递举"则明显将此视为继绝学的盛举并希望写刻在学校礼堂以惠后人。时任礼部侍郎的朱珪在诗中写到：

> 韩歌石鼓张手持，千年又觏君家奇。北抚十碣辨汗沔，南校宋本亲砻治。籀文可读二百廿，蛟鼍断斫皆阙疑……君思信宿卧其侧，鸟翎虫股求偏欹。又言此刻愿移置，郡庠乡校千秋垂。斯举诚豪会有数，知君好事公非私。[39]

诗中一方面描述了张燕昌为摹石鼓付出的努力；另一方面则是对此刻移置学校想法的鼓励及垂于后世的祝愿。其后，阮元、张廷济又以此诗之韵再次题赠。阮诗表达了欲将此刻入太学的想法：

> 今君所摹出北宋，愿传亿载无倾欹。辛年有诏摹石鼓，命下籀史谐工垂。此本若能入太学，小臣之愿非敢私。[40]

虽然角度不同，但对此本摹刻之佳、意义之大都予以肯定。

张燕昌摹本存世时间仅五十余载，但却开启了后世摹刻天一阁本之先河。韩长耕先生在总结天一阁本重摹情况时指出：

> 已见为世所重的天一阁北宋拓本，原物虽已不存，而其重刻则流衍枝分，有张燕昌、阮元两个系统。张之重刻又一分为三，有徐、杨（应为"扬"）、蜀三本……。[41]

39.（清）朱珪：《知足斋诗集》卷七，清嘉庆九年阮元刻本，第30—31页。

40.（清）徐渭仁：《随轩金石文字·周石鼓文》，《国家图书馆藏石鼓文研究资料汇编》第五册，北京：国家图书馆出版社，2014年，第235页。

41. 韩长耕：《先秦石鼓简说》，《史学史研究》，1984年4期，第77页。

张、阮两系统虽有平分秋色之意，但后人往往忽略了二者之关联。重摹一件作品，起决定性作用的无非是底本、钩摹者、书丹者及刻工等主要要素。若从此些方面考察，则不难发现张摹本的开创之功。阮元首次摹刻天一阁本的时间为嘉庆二年（1797）夏，此时阮元为浙江学政，曾数次登天一阁而且还在范氏藏本上留有题跋。[42] 凭其身份与学识，阮元令人钩摹天一阁本完全合乎情理，但从记载来看，阮元并未重新钩摹天一阁本，而仍是以张燕昌所摹范氏本作为底本。《定香亭笔谈》载：

（张燕昌）又尝登范氏天一阁摹北宋石鼓文，勒石于家。余借其本，合明初拓本，重模十石，嵌置杭州府学明伦堂两壁……。[43]

此处所借之本，应是张燕昌当年从范氏天一阁钩摹本而非重刻拓本。基于此点而言，阮摹本虽参考了明初拓本，但其底本与张摹本完全一样。将钩摹本上石，通常还要以朱色依字钩勒其背，再搨印上石。这一环节中，钩勒者至关重要。阮摹本的钩勒者正是张燕昌。阮元自跋中云："属燕昌以油素书丹，被之十碣，命海盐吴厚生刻之。"[44] 除了刻工不同，其它要素与张摹本完全一样。若非阮元参考了其他版本，甚至将阮摹本归为张摹系统似乎亦未尝不可，或者说，抛开归属问题，梳理两者之关联则更能清晰地认识张燕昌及其摹本的重要性。

五、张摹本海上移置及归宿

《石鼓文》摹刻后，张燕昌极为欣喜。他将刻石置于家中，并打算为其筑亭保护。为此，他还专门刻有"石鼓亭"印章，并嘱好友钱大昕、钱载等撰写亭记。

42.（清）阮元撰、邓经元点校：《揅经室集》下册，北京：中华书局，1993 年，第 650 页。

43.（清）阮元：《定香亭笔谈》卷二，清嘉庆五年扬州阮氏琅嬛仙馆刻本，第 24 页。

44. 天一阁博物馆编：《石鼓墨影——明清以来〈石鼓文〉善拓及名家临作捃存》，上海：上海书画出版社，2018 年，第 138 页。

然而，直至张燕昌去世，此亭亦未建成。其子张开福记云：

> 先征士尝据以合甬东范氏天一阁本校摹刻石，欲筑亭覆之。嘉定
> 钱少詹《潜研堂集》有《石鼓亭记》，秀水钱少宗伯《籜石斋集》有
> 《石鼓亭题梁》。五十余年来，缔构未就也。[45]

后来，其子将此刻石售于海上徐渭仁。1842年3月8日，此石因火药局炸毁而成为劫灰。徐渭仁极为痛心，据张摹拓本"双钩锓木，传之学者"，也就是《随轩金石文字》本。徐氏在双钩本后，记载了此事之经过。

> 右海盐张芑堂征士手模范氏天一阁所藏赵松雪家北宋本石鼓文
> 字。道光丁酉，余移置万竹山房（原注：征士以顾汝和缩模本考证山
> 房为顾氏露香园旧址，今为义仓）。己亥防御海疆，以斯地为火药
> 局。壬寅三月八日，局轰。此石与厩廥园林俱成劫灰，石之不能久如
> 此。钱宫詹谓，好古之士得见北宋拓本于七百余年之后，厥功甚伟
> 矣。惜乎与烟云俱灭，因捡拓本双钩锓木，传之学者……[46]。

从乾隆五十四年（1789）至道光二十二年（1842），张燕昌刻石存世仅五十四年，确如徐氏所感慨"石之不能久如此"。因其存世不长，拓本也较为稀见。巧合的是，徐渭仁当年双钩所据底本曾经赵椿年[47]递藏。据赵氏所云，此本其后有张燕昌、翁方纲、叶志诜、朱珪、阮元、张廷济、徐渭仁、张开福、吴云、俞樾、徐允临等人或题或记。从赵椿年的描述来看，其中不少为徐渭仁增刻补装。题跋最早的为

---

45. 赵椿年：《覃摰斋石鼓十种考释·石释》，民国钤印本，第38页。

46.（清）徐渭仁：《随轩金石文字·周石鼓文》，《国家图书馆藏石鼓文研究资料汇编》第5册，北京：国家图书馆出版社，2014年，第246页。

47. 赵椿年（1869—1942），字剑秋，晚署坡邻，江苏武进人。光绪十四年（1888）举人，光绪二十四年中进士。北伐战争胜利后，辞去一切职务，闲居北平。生平见赵椿年：《覃摰斋师友小记》，《中和月刊》，1941年第3期，第2—18页。

张燕昌乾隆五十九年（1794），最迟的则为徐允临光绪癸未（1883 年），时间跨度整整九十年。一定意义说，拓本所载内容远远超过徐渭仁本之外，而是将近一个世纪的石鼓故事串联其中，不过，故事的缘起还要从徐渭仁提及的露香园开始。

道光十六年（1836），上海各地设置义仓。知县黄冕专派监生徐渭仁负责此事。义仓设于北城之九亩地，此处乃是前明顾氏露香园旧址。[48]露香园由来颇具传奇色彩，志书中多是如此记载："露香园在城北，顾名儒筑万竹山居，弟名世辟其东旷地。穿池得石，有'露香池'三篆字，因以名园"。[49]所以，它是顾名世的别业。

露香园在当时名气很大，"盘纡澶曼，胜擅一邑"。朱邦宪描述了其引人入胜的景致：

> 入门，巷深百武，夹树柳、榆、苜蓿，绿荫葆茂，行雨日可无盖。折而东，曰"阜春山馆"，缭以皓壁，为别院。又稍东，石累累出矣。"碧漪堂"中起，极爽垲敞洁，中贮鼎彝琴尊、古今图书若干卷。堂下大石棋置，或蹲踞、或凌牟，或立或卧，杂秋芳树、奇卉美箭，香气芯荪，日留枢户间。堂后土阜隆崇，松桧杉柏、女贞豫章，相扶疏蓊蒉，曰"积翠冈"。陟其脊，远近绀殿黔突俱出，飞帆隐隐移雉堞上，目豁如也。一楹枕冈左，曰"独莞轩"。登顿足疲，藉以休憩，游者称大快。堂之前，大水可十亩，即"露香池"，澄泓渟澈，鱼百石不可数，间荇草饲之，振鳞捷鰭，食石栏下。池上跨以曲梁朱栏，长亘烨烨，池水欲赤，下梁则万石父枕，嵤㟧轇轕，路盘旋，咫尺若里许。走曲涧入洞，中可容二十辈。秀石旁挂下垂，如笋、如乳。由洞中纡回而上，悬磴复道，参差栈轕，碧漪堂在俯视中，最高处与积翠冈等。群峰峭竖，影倒露香池半，风生微波，芙蓉荡青天上也。山之阳，楼三楹，曰"露香阁"……先生已倩元美诸先生为之诗，复命予为记，故记之。[50]

---

48. 郭经：《上海志》，昆明：中华书局，1940 年，第 174 页。

48. 同上。

50. （明）朱邦宪：《朱邦宪集》卷六，《四库全书存目丛书》本，第 29 页。

被朱氏生花妙笔所吸引的众多阅读者中，正有文中提及的王世贞。王世贞虽为其作诗记之，但似乎并未曾到园中游览仅是受顾家之请而作，所以，王氏看到朱邦宪精彩描绘，艳羡不已，遂决心寻日往观。

余故尝阅《朱邦宪集》，见所为上海顾尚宝露香园者而艳之。又闻尚宝之兄道州守有水竹清居，与露香并而加胜，益思一游焉而不果。望后一日，过其里，问主人年八十矣。两僮掖而出，涕交覆于面，语不可了了，似诉其邑司之见窘也。问其园，则曰：芜矣。病不能往者六年所，然余意犹未已，会有报访之便，穿委巷、历荒陌，至城之西北隅而得之。前为大道，夹高榆两行，榆外皆菜畦，露香据其左，清居当其右……然往往不相应，要亦文人张大之故习也。已过所谓水竹清居者，其池沼稍自然，野趣差胜，而颓圮过之。徙倚小时，不胜荣悴之感，赋一诗而出。[51]

令王世贞遗憾的是，至其游观之时，昔日景致已颓圮不堪。从王氏此文可以了解到，顾氏两家别业，最后都汇聚到顾名世手中，但其晚年光景已大不如前。虽未变卖家产，但露香园已基本荒芜。

顾名世之后，露香园似乎再未复盛。张廷济在诗中写道："顾家园久芜，图经不可证。"[52]可见其荒废之久。然而，其昔日繁华，至少在徐渭仁时仍被追思。所以，在义仓修筑同时，又在其西凿池种竹，环以梅柳，筑秋水亭以供雅集。王庆勋记云："地系前明顾氏露香园旧址，今春黄南坡明府拓为义仓。同邑诸君因于其旁，疏池累石，倡复旧观焉。"[53]此处所言复其旧观，指的正是秋水亭。与此同时，徐渭仁致信张燕昌之子张开福，咨其是否能将张燕昌所摹《石鼓文》移置于此。

51.（明）王世贞：《弇州山人续稿》卷六十三，明万历王氏世经堂刻本，第6—7页。

52.（清）徐渭仁：《随轩金石文字·周石鼓文》，《国家图书馆藏石鼓文研究资料汇编》，第5册，北京：国家图书馆出版社，2014年，第245页。

53.（清）王庆勋：《游万竹山房同金碧山王听涛两丈暨季平弟作》，载《诒安堂诗稿》卷四，清咸丰三年刻五年增修本，第14页。

显然，移置地点为秋水亭，然而，徐渭仁后来又云："道光丁酉，余移置万竹山房。"[54]
张廷济则题诗为《海盐张文鱼燕昌重摹石鼓颂移置上海仁粟堂中再用前韵》[55]。所
以，秋水亭、万竹山房、仁粟堂三者地点都应在重新修建的露香园之内。

露香园建成后，张廷济曾作诗相贺。[56] 从中可知，园中有亭轩、假山、曲廊、
修竹，亦有徐渭仁集、张廷济书"枫叶荻华秋瑟瑟，闲云潭影目悠悠"之楹联，
园林所需，几已完备。然而，在徐渭仁看来，园林美中不足的便是少了金石圈
中颇为知名的顾从义缩摹《石鼓砚》。[57] 于是，想到了张燕昌所摹天一阁本《石
鼓文》。此碑帖后所附张开福为张廷济撰写书券所提供的内容，记录了石鼓移
置的相关背景，其云：

> 昨，吾友徐君渭仁自上海寄书，述其地近创义仓，为前明顾氏露
> 香园古址，复于西偏隙地凿池种竹，环以梅柳，将筑秋水亭于上。
> 春秋佳日，觞咏其中，同人咸愿以吾家所刻十鼓，以补顾氏之阙。余
> 初执先意，未敢诺也。既而思之，陈仓之石移置凤翔，天壤间不朽之
> 作，当与天下共之，专己守残，隘已。因请于吾家未翁，仿苏长公赠
> 马李方叔故事，作券寄徐君，俾刻诸石。忆乾隆戊申之初，朱文正公
> 官浙学时，欲取置于杭郡庠，先赋诗怂恿成之。今上海距海盐五六百
> 里，席裹毡包，乘长风而破浪，异夫邪许，不崇朝以达于顾氏旧园，
> 安置妥帖，惟徐君是任。吾知先征士公诸同好之心，益复显专己云乎

54.（清）徐渭仁：《随轩金石文字·周石鼓文》，《国家图书馆藏石鼓文研究资料汇编》第 5 册，
北京：国家图书馆出版社，2014 年，第 245 页。

55.（清）张廷济：《桂馨堂集·顺安诗草》卷四，清刻本，第 22 页。

56. 据赵椿年所记，张廷济有《上海顾氏露香园旧址新建粟厫复筑园亭次翁阁学题顾园画册诗
韵》、《再用前韵题顾氏缩摹石鼓砚拓本》。赵椿年：《覃挈斋石鼓十种考释·石释》，民国
铅印本，第 38 页。

57. 砚直径 18 厘米，厚 10 厘米，呈石鼓形，周边摹刻六篇"石鼓文"，由顾从义（1523—
1588）据宋拓本刻成。因清代宋拓凤毛麟角，故此砚被后世石鼓研究者所重。而且，此砚不
同于天一阁剪裱本，故成为重摹的重要参考。砚石历经数家递藏，1954 年，由徐世章亲属捐
赠天津博物馆。

哉！爰叙此，以书券取裁。是役也，所谓"莫为之后，虽美勿传"者，其信然耶。道光丁酉二月，张开福谨叙。[58]

　　从叙中可知，一是，露香园修复基本完成，希望以张氏所摹《石鼓文》补顾氏之阙。之所以有此愿望，乃是因张燕昌摹刻时曾参据顾砚本。二是，张开福收到此信时，张燕昌去世已近二十年。张开福开始未允诺，但后来想到石鼓从陈仓移置凤翔从而成为"天壤间不朽之作"，最终还是决定答应。三是，张开福此叙是为张廷济所写。文中说"爰叙此，以书券取裁"，所以此叙应是徐渭仁后来添加此碑帖后。四是，张开福"与天下共之"的思想确实是其同意移置的原因，但仅仅只是部分原因。石鼓由陈仓移置凤翔，乃是纯粹出于保护。然而，此次移置则还涉及双方买卖。叙中借用了"苏长公赠马李方叔故事"，正是含蓄地点名了此事。不过，在随后徐允临的题跋中还是直接道明此事，"先君子购得，陷置城北义仓万竹山房壁间"。[59]至于张开福邀请张廷济所作诗，就是同时附于此卷后的《紫珊移文鱼征士重摹石鼓置新建仁粟堂用前韵纪事》。此诗亦被收录于《随轩金石文字》，其立意旨在说明张燕昌摹刻《石鼓文》移置上海的合理性，力辨张氏所摹多得益于顾氏《石鼓砚》。在他看来，将张燕昌所摹售于徐渭仁，正是"如食龙眼归肝脾"。张廷济最后还用"海盐上海海并宴，仁者分别殊嫌私"一句，似乎对当时有异议者进行了批评。

　　张燕昌去世仅三十年，张开福就要将此刻石售于他人，这无疑要面对众多压力。张廷济诗中就明确写道："露香园阯粟廥建，初拟移石人惊疑。海盐刻石此何与，百夫邪许烦叹咨。"[60]"惊疑""叹咨"正说明了当地文化人士对此行为的不满，尽管他们不能决定是否迁移，但是张开福还是要顾及文化圈的公议；另一方面，便是张开福在叙记中提及的碑石初刻成时，朱珪曾有诗相赠，其中有云："又言此刻愿移置，郡庠乡校千秋垂。斯举诚豪会有数，知君好事公非私。"[61]

58. 赵椿年：《覃揅斋石鼓十种考释·石释》，民国铅印本，第39页。
59. 赵椿年：《覃揅斋石鼓十种考释·石释》，民国铅印本，第39页。
60.（清）徐渭仁：《随轩金石文字·周石鼓文》，《国家图书馆藏石鼓文研究资料汇编》第5册，北京：国家图书馆出版社，2014年，第238页。
61.（清）徐渭仁：《随轩金石文字·周石鼓文》，《国家图书馆藏石鼓文研究资料汇编》第5册，

不管是否如张开福所说此乃忿恚，但是要移置顺利就需有充分理由。考虑到这一点，便可对张开福的全文更好地认识。他先是道明顾氏《石鼓砚》与张摹本的关系，后是声明张燕昌石鼓亭最终未能实现，再是以石鼓迁移凤翔为喻，点名移置的合理性，最后邀请张廷济以诗为纪。从头至尾，始终都是在让人明白刻石售于徐氏的合理性。所以，对于朱珪当年的此一重要信息，张开福没有忽略，他以"忿恚"二字解释朱珪当时的意图。这显然仍不足以服众，所以他又再次请张廷济出山。此时的张廷济已经年近七十，在当时的金石文化圈有足够影响力，更为重要的，则是因为他是两件事情的见证人。当年张燕昌摹刻《石鼓文》时，张廷济便有诗歌相赠，而且更是以朱珪诗为韵脚。所以，面对张开福的此次之请，他仍用前韵作诗，无形中使其更具意义。最终，刻石顺利移置上海万竹山房。

　　不幸的是，此刻石并未如张开福所想象的那样成为"天壤间不朽之作"，而是仅仅在五年之后，便已烟消云散。金石虽寿，却往往借纸以传。张燕昌摹刻本，最终乃借徐氏《随轩金石文字》一书流传至今。尽管有学者认为："（此本）削去画边，锯齿纹，务取光洁，不及阮本苍古。"[62]但却成为了解张燕昌模本乃至范氏拓本的宝贵记录。

六、江南石鼓鉴藏圈之形成

　　在张燕昌摹刻《石鼓文》之前，天一阁的碑帖收藏情况外人知之甚少。尽管全祖望有所著录，但其传播范围也非常有限。那么，张燕昌是如何获知此一信息的呢？或者说，在张燕昌重摹之前，天一阁碑帖的收藏概况是通过哪些途径在传播的呢？王昶（1725—1806）记载：

　　　　（张燕昌）尝往宁波，入范氏天一阁，在藏书中获北宋石鼓文搨本，摹勒以归，重刻之，因撰《石鼓文释存》，证以篆籀，考其偏旁

北京：国家图书馆出版社，2014年，第235页。

62.（清）刘心源：《奇觚室乐石文述》卷二，清写刻本，第4页。

点画，较薛、杨、潘、董诸家更为精审。[63]

"在藏书中获北宋石鼓文搨本"一语，似乎有将《石鼓文》归为张燕昌的意外发现，实际上，在其之前全祖望就早有相关题跋。在这一点上，还是见证此次摹刻的钱大昕记载得更为生动详实。钱氏云：

又闻四明范氏有北宋拓本，裹粮而往，寓居庑下钩摹者再……[64]。

其中特别用了"闻"字，而且"裹粮而往，寓居庑下"亦生动逼真地传达了当时钩摹的场景。钱大昕与张燕昌十分交好，就在编纂碑目期间，两人亦时常品鉴碑帖，交流心得。遗憾的是，钱大昕没有记录张氏从何获知天一阁所藏。所以，要回观这段往昔，需要在零星的资料之间构建彼此的联系，以此更为立体全面地了解天一阁本《石鼓文》的传播情况及张燕昌摹刻的文化环境。

在张燕昌之前，只有全祖望对天一阁碑帖收藏关注较多。那么，张燕昌所闻是否与全祖望有关呢？全祖望长张燕昌三十三岁，全氏去世时，张燕昌才十七岁。两人交往的可能极小，即使两人有交往，也定不会有太多交流。然而，全祖望却与张燕昌的老师丁敬有着密切的往来。前文提及的《天一阁碑目记》，正是为丁敬所作。张燕昌乃是丁敬的入室弟子，而且其师徒关系非同一般。《丁敬集》中亦收有《张芑堂自平望来饷我闵糕诗以报之》，其中有云：

张生携馈登我堂，径尺浅浅疏筤筐……老人食之寿而康，感生之馈足慨慷。揽笔作歌嗟学荒，一雪忽霁开朝阳。歌成转觉情苍茫，独立矫首风吹裳，慈乌哑哑青天长。[65]

63.（清）王昶：《湖海诗传》卷四十一，清嘉庆刻本，第 2 页。

64.（清）钱大昕：《潜研堂文集》卷二十一，清嘉庆十一年刻本，第 8 页。

65.（清）丁敬、吴迪点校：《丁敬集》，杭州：浙江人民美术出版社，2016 年，第 36 页。

《清稗类钞》记载，丁敬以此糕奉其母，故有"慈乌哑哑"之句。此诗亦被张燕昌刊刻传世，以此来劝诸人知善行孝。丁敬得见后，题跋其上云：

> 余作此歌，有愧昔人多矣，字亦漫浪过甚。张生芑堂便尔装治，盖其至性不在诗与字耳，可敬可重。海内有心人定识其人，盖吾芑堂亦未易遽识者。[66]

丁敬对张燕昌的厚爱之情，溢于言表。师生情谊如此，也不难想见丁敬金石篆刻之学对张燕昌的重要影响。那么，丁敬对《石鼓文》是否有所关注呢？其诗集中收录自作《石鼓歌》一首，不仅显示了其对石鼓的深入研究，亦提及自己对石鼓拓本的收藏。该诗序言云：

> 平生颇好金石文字，收蓄千余件。一夕忽毁，无留只字，复抱沈痛，老亦侵至，益无聊赖矣！梁兼士孝廉、山舟翰林叔侄日下归，以《石鼓文》打本赠。视我昔有，虽加损剥而毡椎之工颇强人意，盖以我所笃喜者慰我憭慄耳。用意如此，能无感哉！因揽笔为《石鼓歌》，略举故人情事，录之册后，示我后人。[67]

此诗作于乾隆二十四年（1759），丁敬六十五岁。从中可知，晚年大火将其收藏毁于一旦，"无留只字，复抱沈痛"。[68]梁氏所赠使其感触颇深，故有此诗。此外，诗注中提到："旧藏两本，一浓墨，一淡墨，皆百年外物也"。[69]虽然不见其专门的石鼓著作，但显然对石鼓有极大兴趣。由此而言，张燕昌的石鼓文嗜好很有可能与丁敬有重要关系，亦存在由丁敬而获知天一阁本的可能。

66.（清）徐珂：《清稗类钞·饮食类》，上海：商务印书馆，1917 年，第 214 页。

67.（清）阮元：《两浙輶轩录》卷二十七，清嘉庆刻本，第 5 页。

68. 同上。

69.（清）阮元：《两浙輶轩录》卷二十七，清嘉庆刻本，第 6 页。

　　尽管全祖望本人告知张燕昌天一阁本石鼓文的可能微乎其微，但他仍然是了解天一阁本信息流传的重要线索，特别是其遗作《鲒埼亭集》。全祖望之所以能成为后世了解天一阁碑帖收藏的关键人物，最为重要的一点是《鲒埼亭集》收有其众多碑帖题跋。那么，此书的刊刻与传播也成为传播石鼓文信息传播的一条重要路径。关于此书，之前已有众多学者研究。这些研究表明，《鲒埼亭集》的付梓行世乃是一条坎坷之路。此书分为内、外两篇。据考证，其内篇为全祖望手自编次，本打算由扬州马曰琯资助刊刻，但后来因马氏先于全祖望十几日去世，所以此书辗转至全祖望生前好友杭世骏手中，后又传至沈松门手中，直到嘉庆八年（1803）八月，此书才由余姚史梦蛟刊刻行世。[70]《鲒埼亭集》外篇，据董秉纯《鲒琦亭外编题词》云：

> 谢山先生易箦时，以诗文稿付纯藏弆，手定凡六十卷。……先生丧毕，细为搜检，粘连补缀，又汇为七十卷。其中与正集重复及别见于他作者几十之四，拟重删定，以多先生手书，不忍涂乙，思更誊写。[71]

　　从中可知，外篇则由其门生董秉纯辑录而成。所以，内外编中有重复内容。董氏题词时间为乾隆四十一年（1776），由此推断，外篇比内篇正式刊行还要早近三十年。全祖望关于天一阁所藏碑帖的记载，内外篇中均有，而所跋范氏《石鼓文》则仅收入内篇。所以，全氏关于此本的记载，在其离世至嘉庆八年期间，只是借由稿本为当时的学术圈所知。杭世骏乃丁敬师友，而且亦曾为张燕昌《金石契》作序。按道理说，张燕昌很可能获见此稿本，但事实并非如此。杭世骏之序作于乾隆三十六年（1771），而《重定金石契》完成于乾隆四十三年（1778），此时杭世骏已过世六年。然而，此书凡例中云："石鼓文曾集北宋本刻石于家，

70. 刘孔伏：《〈鲒埼亭集〉内外编之由来》，《广西师院学报》（哲学社会科学版），1986年第 4 期，第 105—106 页。

71.（清）全祖望著、朱铸禹集注：《全祖望集汇校集注》下册，上海：上海古籍出版社，2000 年，第 2732 页。

今复双钩并拙著《释存》一卷附后（原注：即出）。"[72] 可见，此时张燕昌还未获知天一阁本。如果其在六年前就获知，应该早有摹刻之举。前文已述，此集本实际上并未刊行。《石鼓文释存》最终刊出时，已将集本换作天一阁本为底本。《鲒埼亭集》内篇在杭州的保存时间较长，当时的文人圈中亦应有不少人曾得以观阅。张燕昌毕竟曾在杭州学艺，其从中获知亦存在可能。

除了全祖望的线索之外，张燕昌亦有可能从其他友人处获知。自全祖望《天一阁碑目记》后，陆续有学人登阁观阅碑帖。钱大昕及其在碑目序中提及的"老友李汇川"，都是在碑目编纂之前就曾赏读。此外，张燕昌编纂《金石契》过程中，亦结识众多金石藏家。朱琰在此书序中云："又或知己好友，临窗坐对，各出其所藏弆者，奇字相质，必手拓以归。积十余年，裒成若干册。"[73] 因此，张燕昌由其他先曾观阅过天一阁所藏碑帖者获知有很大可能。甚至，可能就是从钱大昕所知。毕竟，钱大昕与张燕昌早在十多年前就已是金石之交，并且为其重定《金石契》撰写题诗。[74]

藉由张燕昌获知、摹刻天一阁本《石鼓文》及其移置海上的考察，似乎可以感受到江南石鼓鉴藏群体的逐步形成。当然，仅凭全祖望发现《石鼓文》、丁敬收藏《石鼓文》、张燕昌摹刻《石鼓文》等等，似乎还不足以称石鼓鉴藏圈，因为这从其他碑刻抑或石鼓在其他时代的考察仍会有相似结论，故不够典型性或唯一性。然而，当以张燕昌为原点向后延伸至张廷济、吴昌硕时，就会发现此一群体在石鼓鉴藏史，乃至艺术史上不可企及的开创性与历史地位。当然，这个群体的形成与清初以来金石学的复兴密不可分，但不可否认它又具有相对的独立性与特殊意义。准确地说，清代金石学的发展有它自身的阶段特征与任务。此一阶段，金石学逐渐脱离清初证经补史的真伪考辨，原本小众的鉴藏群体逐渐靠近学术中心，鉴藏家与学者有更多交往，甚至呈现出藏家与学者身份重叠之

72.（清）张燕昌：《重定金石契·凡例》，清光绪二十二年刻本，第 2 页。

73.（清）张燕昌：《重定金石契·序二》，清光绪二十二年刻本，第 3 页。

74. 同上，题辞：吉金乐石费冥搜，摹得庐山面目留。不独金兰联海内，此身直与古人游。癸亥十月读艺堂征君《重定金石契》。

现象。学术研究亦更加注重藏品本身，而不再是纯粹的知识梳理与考辨。在这样的背景下，鉴藏群体的地位亦开始提升。他们往往借助对自己丰富收藏的研究，加强与学术界的对话。与此同时，在研究上亦呈现明显的分殊，鉴藏家们的研究更注重藏品的年代、纸墨等侧重鉴定、审美层面的研究，或者说更关心的是利于收藏的学问，而学者则更注重文字、经史的学术性内容。两者互有补充，从而使金石学呈现出新局面。吴受福在评价张廷济学术特点时，开篇便指明此点：

> 金石之学有二，曰考订，曰品鹭。吾乡叔未张先生之说金石也，以品鹭为主，考订亦间及焉。出其精鉴，广为搜储，声称播海内，而清仪阁之名遂与阮氏积古斋、吴氏筠清馆相颉颃矣！[75]

不仅意识到张廷济以品鉴为主的学术特点，亦描述了其与阮元、吴荣光等量齐观的文化声誉。应该说，对石鼓的研究正在很大程度上代表着江南金石鉴藏圈的至高成就。他们对石鼓拓本的收藏、品鉴，特别是对石鼓拓本年代鉴定，可以说是当时乃至有清一代最高水平。而在书法艺术方面，丁敬、张燕昌、张廷济等人对于石鼓的收藏、摹刻、品鉴虽然没有直接转化为书法实践，却为后来吴昌硕开创波澜壮阔的石鼓书法积累了丰厚资源。由此而言，此群体是一个丰富多彩、层次分明且具有持久生命力的鉴藏圈，它是探寻石鼓历史文化中饶有趣味的切入点。

75.（清）吴受福：《清仪阁金石题识·吴序》，《观自得斋丛书》本，第 1 页。

第二节　张廷济的石鼓鉴藏

——兼论江南群体在石鼓拓本鉴定中的意义

乾嘉以来，江南是金石学发展之重镇，张廷济无疑是江南金石鉴藏群体的集大成者。近代出版大家张元济（1867—1959）曾对其收藏及影响予以评述：

> 有清之初，吾郡朱竹垞以经小学昌明于时，乡贤承风。至乾嘉间，以搜罗金石文字为经小学，集考订、辩证之资，则自吾宗叔未解元始。解元所居，去吾邑不二三十里。家有"清仪阁"，收藏古器物文，自三代迄清，凡钟鼎碑碣、玺印砖瓦，乃至文房玩好之属，多为欧、赵、洪、娄、王、刘、吕、薛诸家所未及者……夫讲求金石之学，浙中最盛。吾郡以文物著称，甲于浙西。自竹垞以经小学开于先，而解元又集金石学之大成，精神呵护，终使襄然巨秩，如昭陵茧纸发见人间，洵希世之珍，照乘连城，未足谕也。[76]

历经太平战火，不仅清仪阁毁而且所藏文物荡然无存。[77]偶有传世者，藏家往往争相抢购。清仪阁所藏金石碑版珍贵若此，其所藏石鼓也备受关注。然而，《清仪阁金石题识》《桂馨堂集》等文献中，关于其石鼓收藏有所缺失，从而影响了研究者对于其石鼓鉴藏之评判。那么，张廷济石鼓收藏如何，又有怎样的开创性探索，是否可由此重新认识江南金石鉴藏群休呢？

一、张廷济的石鼓收藏

张廷济的石鼓收藏，在有清一代占有重要地位。近代藏书大家邵章（1872—

---

76. 张元济：《清仪阁所藏古器物文·序》，《清仪阁所藏古器物文》，上海：商务印书馆，1925 年，第 1 页。

77. （清）吴受福：《清仪阁金石题识·吴序》，《观自得斋丛书》本，第 1 页。

1953）曾云：

> 范氏天一阁北宋本仅见阮刻，顾汝和缩临研（砚）本亦入内府，
> 传拓绝稀。降此惟求元明旧拓，叔未解元清仪阁所藏石鼓以十计。其
> 少年应科试时，于集街书肆所得元拓，今不知落何所。[78]

正如邵章所云，张氏石鼓收藏不仅数量多，而且多为精拓善本。为以
窥其石鼓收藏概貌，不妨先就传世拓本做简要梳理。

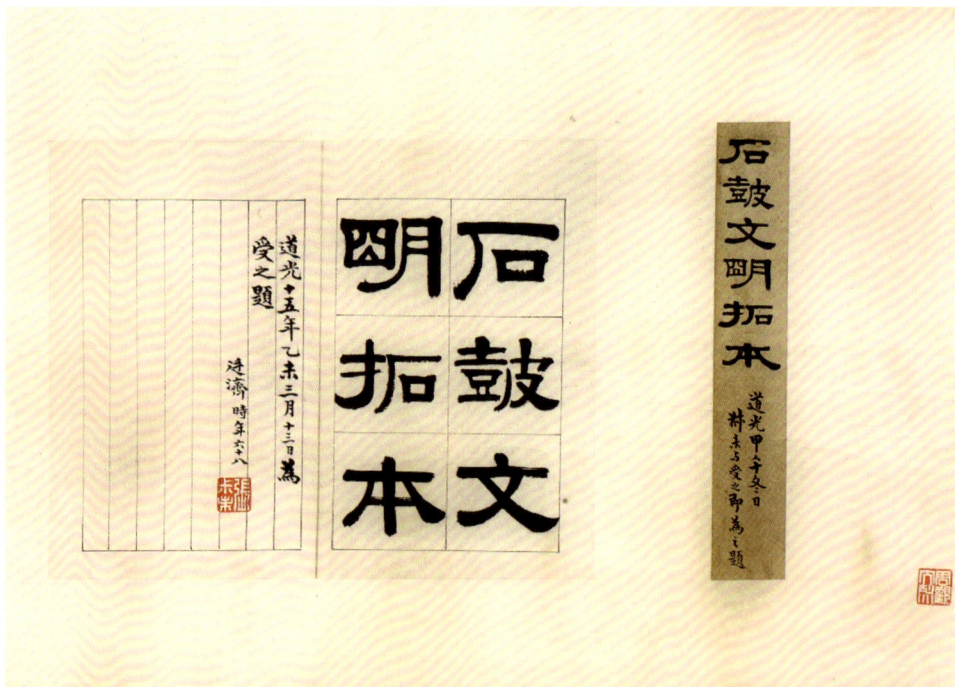

图 4　（清）张廷济题清初《石鼓文》拓本　纸本　上海图书馆藏

---

78. 天一阁博物馆编：《石鼓墨影——明清以来〈石鼓文〉善拓及名家临作撷存》，上海：上
海书画出版社，2018 年，第 82 页。

张廷济所藏部分《石鼓文》拓本传世概况

序号	时间	序跋	收藏位	备注
1	明中后期拓本	后有程镕、朱孝藏（1857—1931）、张熙观款，六舟（1791—1858）、杨岘（1819—1896）、潘钟瑞、王国维（1877—1927）四跋。另附有吴东发（1747—1803）手札两通。	上海图书馆	此本曾经吴昌硕递藏，前有顾麟士（1865—1930）为吴昌硕所作古欢图
2	明中后期拓本	前有陶北溟题签，后有赵魏（1746—1825）、六舟、马衡（1881—1955）、陶北溟（1882—1956）四跋并瞿中溶观款。	故宫博物院	钤有"嘉兴张廷济字叔未行式居履仁乡张邨里藏经籍金石书画印"二十四字鉴藏印
3	明末清初拓本	前有赵宧光、张廷济题识，后有张廷济二跋，罗振玉（1866—1940）、宝熙（1871—1942）、邵章、陶昌善跋文	嘉兴博物馆	此本是拆配本，其后将专文论述。
4	明末清初拓本	前有张廷济、张开福、周大烈题识，后有端方题跋。	上海图书馆	此本得于庄味琴后赠张辛
5	明末清初拓本	前有张廷济、翁广平题签，后有张燕昌跋文、方廷瑚观款。款云："嘉庆庚午仲夏十又三日铁珊方廷瑚得观于清仪阁。"另附有吴东发手札两通。	朵云轩	此本为张燕昌旧藏本
其他相关拓本				
1	清初拓本	后有张廷济两跋	上海图书馆	此本现题为姚广平旧藏本
2	清初拓本	首有张廷济题签	上海图书馆	疑为徐渭仁旧藏本

　　石鼓拓本虽然传世不少，但传至今日明拓本已是凤毛麟角。国内现存明及之前拓本，仅见安思远旧藏本（宋元间拓本，私人收藏）；项源小天籁阁藏本（明中期拓本，上海博物馆藏）；戚叔玉旧藏本（明中后期拓本，上海博物馆藏）；孙克宏旧藏本（明中后期拓本，故宫博物院藏）；宝熙、张效彬题跋本（明拓本，首都博物馆藏）及张廷济旧藏两本。七本之中，张氏所藏占其二。历经兵燹散佚，还有如此拓本传世，可见邵章所言并非虚指。除了传世本外，文献中亦有相关

记录。《清仪阁金石题识》中，就收录了其所藏顾砚本。张氏在前序中云："此本为故友宜泉秋部树培手拓所遗，安邑宋芝山葆淳云，此砚后入天府，传本绝少。"赵椿年亦曾有张廷济旧藏明初拓本且每鼓后都有张氏跋文。应该说，张廷济石鼓收藏正是江南石鼓鉴藏圈的集大成者，通过传世诸本亦能看出其核心作用。此外，赵宧光旧藏本、朵云轩藏本直接得于张燕昌之手，上海图书馆藏明中期拓本得于苏州盛泽话雨楼。诸本之序跋，六舟、赵魏、张开福、瞿中溶乃至吴昌硕等人，也正显示着这个群体的发展与延续。

二、张廷济对元明石鼓拓本之鉴定

自唐至今，石鼓拓本收藏方兴未艾。沈梧辨析石鼓拓本优劣云：

> 旧拓文字较多于近拓，理固然也。有宋拓模糊、残泐而明拓可辨者，有旧拓所无，近拓反有者，拓本优劣之故。[79]

所以，历代研究石鼓者无不数本互勘，以期达到最善。此外，再加之作伪者仿造、改添、拆配等，石鼓拓本鉴藏成为碑帖鉴藏史上一道独特风景。乾嘉以来，文字考据兴盛，金石收藏盛行，对于石鼓拓本的品评鉴赏、真伪鉴定亦达到前所未有的高度。实际上，在此之前石鼓拓本断代并没有得到很好的总结，其最通用方法是以文字多少来加以判断。嘉庆年间，冯承辉著《石鼓文音训考证》时记云：

> 梅尧臣诗中所述四百六十字，欧阳修《集古录》所记四百六十五字，赵夔《东坡诗注》云四百一十七字，中可识者二百七十二字，王顺伯、郑渔仲皆云可见者四百七十四字，胡世将《资古》《绍志》录云四百七十四字，薛尚功《钟鼎款识》所载四百六十四字，孙巨

79.（清）沈梧，《石鼓文定本·凡例》，清光绪十六年沈氏古华山馆刻本，第 4 页。

源得唐本于佛书龛中，有四百九十七字，吾丘衍《周秦石刻释音》
所存四百七十七字，都元敬《金薤琳琅》、刘梅国《广文选》并云
三百二十五字而张养浩诗云二百七十二字，《素斋集》云二百七十八
字则又少矣。近世善本，许实父《石鼓文钞》得三百三十四字，如
高士奇所见三百二十五字，牛运震所见三百二十二字，吴玉搢所见
三百十余字，惟范氏天一阁本则有四百六十二字之多。若见存石本，
堇二百八十三字而已。[80]

　　不止冯承辉，元明以来石鼓著作中多有类似记录。尽管其作用不全是为鉴
定拓本，但事实上却又实实在在发挥着重要参考作用。然而，某些字的损泐往
往是数十年，甚至是上百年。所以，此法也往往在大范围有效。至张廷济时代，
宋拓几不可得，元明拓本则成为鉴藏家重点关注对象，那么，元明拓本有怎样
的特点，明代早中晚拓本考据点怎样区分，这些正是摆在他们面前的时代问题。
上海图书馆所藏题为姚广平旧藏本后，有张廷济两跋：

　　　　嘉庆庚辰十二月六日，仁和老友赵晋斋魏挐舟来访宿清仪阁，㐌
　　论金石刻，云："石鼓文'氐鲜'有'鲋'字存者，是明时拓。"
　　　　石鼓文"氐鲜"字全，是百年前拓本，道光丁亥六月廿四日。叔未。[81]

　　这是所见张廷济最早关于明拓本的记载，从中可知，此一结论正源于其好
友赵魏，时间在嘉庆庚辰年（1820）。赵椿年曾藏有张廷济旧藏明初石鼓拓本，
其上有张廷济题跋，云：

　　　　每见乙鼓后有"氐鲜""鲋""有"（又）字者，审其楮墨皆

80. （清）冯承辉：《石鼓文音训考证》，清刻本，第 36—37 页。
81. 天一阁博物馆编：《石鼓墨影——明清以来〈石鼓文〉善拓及名家临作捃存》，上海：上
海书画出版社，2018 年，第 104 页。

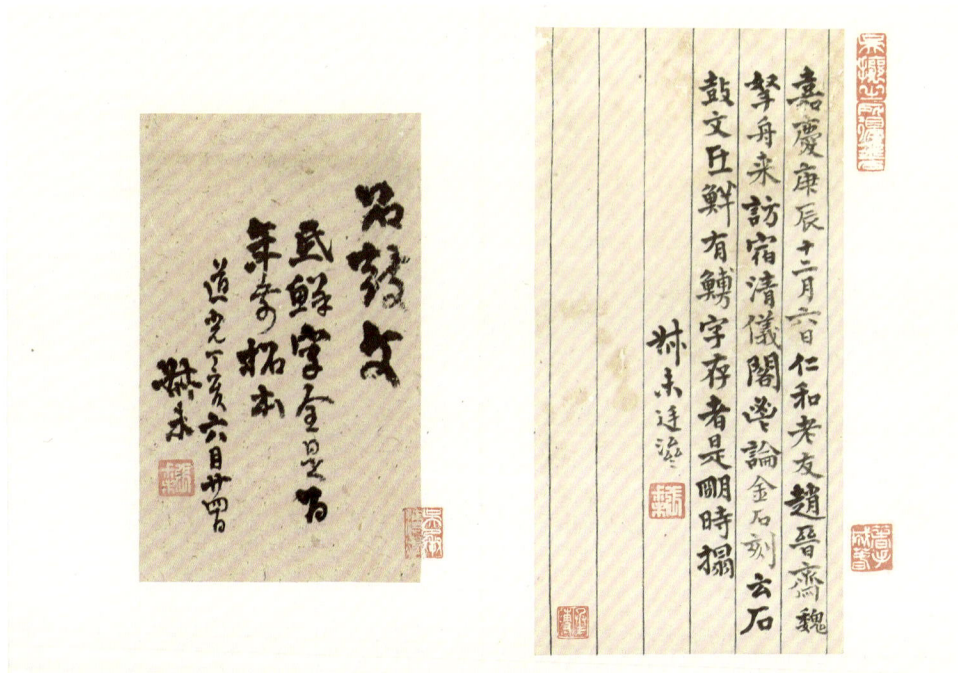

图 5　（清）张廷济跋清初《石鼓文》拓本　上海图书馆藏

二三百年前物。或据褚氏《金石经眼录》以为雍正时，此四字尚未损。余谓褚此摹本亦据旧本缩入耳，若果经眼亲拓，则"吾水"二行岂有遗脱之理。昔年庚辰十二月五日，故友仁和赵晋斋魏来清仪阁语云："石鼓有'氐鲜'等字者，皆是明时拓"，其言不妄。道光十三年癸巳十一月七日。[82]

跋中再提及赵魏，但所记时间相差一天，应为误记。确切时间，应为嘉庆庚辰十二月六日，实际上也正是赵魏为其题赵宧光本时间。日记中载：

　　六日，午后赵晋斋自杭来。晋翁宿清仪阁。晋翁赠予丁丑山东初出土《菜子侯碑》，又贻余新郑县唐天宝七载郑子产庙残碑旧拓本碑

82. 赵椿年：《覃罃斋石鼓十种考释·石释》，民国铅印本，第8—9页。

及阴约共百数十字，可喜可喜。

　　八日，晋翁为余题《石鼓文》，赵凡夫藏本，又《玉枕兰亭》卷，又郁文垂卷，又《蛟篆钟》拓本，又梁儿所拓《宣示表》。晚上晋斋回去，余赠以洋银钱四枚。[83]

　　从两跋中可见，开始只有"氏鲜"二字，到道光十三年（1833）再题时，已经为乙鼓后有"氏鲜""鳟""有"（又）四字。这是怎么发展的呢？道光十五年（1835），门生张辛（受之）为其摹汉佩印三方，张廷济甚是开心，以所藏石鼓明拓本相赠。其在后跋中云：

　　昔与大兴翁先生、安邑宋芝山、仁和赵晋斋相考辨，凡"氏鲜"字有，"鳟"字全者，皆明时拓本。此本此诸字全而楮墨又精善，深可珍秘。受之留心篆学，近为余刻印，皆可喜，因以诒之。道光十五年三月十四日。[84]

　　其中，明确指出乃是与翁方纲、宋葆淳、赵魏等人的考辨中，确定明拓本考据点。比较这些记录来看，最早发现此考据字者应为赵魏，时间在嘉庆庚辰年（1820）。

　　之后，又经翁方纲、宋葆淳等人验证，由最初"氏鲜""鳟"三字，发展到后来的"氏鲜""鳟""有"（又）四字，以此为明拓依据。从嘉庆庚辰年（1820）至道光十五年（1835），张廷济先后多次将此鉴定结论写于不同之处，亦足见其对此考据经验之珍视。

　　张廷济、赵魏等人将此四字确定为明代石鼓拓本的标志，有重要意义。此后，众多关于石鼓拓本的鉴定都借助此考据点。六舟在题跋中。就明显受到此考据

83.（清）张廷济：《张廷济日记》，《苏州博物馆藏近代名人日记稿本丛刊》卷一，北京：文物出版社，2018 年，第 251 页。

84. 上海图书馆编：《石鼓汇观》，上海：上海书画出版社，2019 年，第 113 页。

点的影响：

> 四明范氏天一阁藏有北宋拓本，仪征相国重刻石龛置吾杭学室
> 壁间。是本尚在明初拓出，"氐鲜"二字，据叔未解元云无疑。
> "氐"字下，恐俗工装时割去底下横三字，惜哉！道光丁酉冬日，
> 沧浪僧六舟识。[85]

后来王国维看到六舟跋文后，结合自己所见，再次肯定了这一判断：

> 吾乡六舟上人跋此本，据竹里老人说，谓第二鼓四、五、六行末
> "鲜""又""之"字为俗工割去云云。余曾见明末休宁朱卧庵藏本
> 有此三字，而第四鼓第四行"衍"字已全泐。此本"衍"字尚完，则
> 断无缺第二鼓三字之理，六舟说是也。[86]

王国维不仅肯定了六舟的观点，而且在张廷济的基础上，又提出第四鼓第
四行"衍"的考据点。他甚至将此经验，用到其他版本鉴定上。1922 年，他在
跋陈叔通所藏石鼓拓本时，云：

> 此拓乙鼓五字未损而丁鼓"衍"字已泐。曩见上虞罗氏藏本，
> 有明季朱卧庵之赤藏印者正与此同，是明拓本。[87]

一定意义上，这正是对张廷济等鉴定考据点的进一步延展。除六舟外，吴云、
端方等亦受其影响。故宫博物院藏孙克弘旧藏本中，有吴云题识云：

---

85. 天一阁博物馆编：《石鼓墨影——明清以来〈石鼓文〉善拓及名家临作捃存》，上海：上
海书画出版社，2018 年，第 35 页。
86. 同上。
87. 同上，第 75 页。

石鼓文范氏天一閣所藏北宋拓本不可復見矣全元間拓本存字已校今本無多余見宗室沈

庵侍郎所藏一本乙鼓氐鮮鰎又之字五字丙鼓衎字未泐乙鼓浙歐鰠鯉四字明繼與今本異耳此拓

乙鼓五字未損而丁鼓衎字已泐襄見工雲羅氏藏本有明季朱臥庵之赤幟中者正與此同是明拓本也

石鼓文字縝密斷扁在古文中别為一體古器物銘中與此體勢相似者惟合肥劉氏所藏虢季子白

槃與新出之秦公敦耳虢槃出岐山縣礼郇乃西虢之器秦公敦地理志所謂西虢在雍者也秦公敦有

十有二公語亦德公敦以後所作與石鼓為一地之器故文字體勢略同余謂石鼓書亦敦也

兩見廟字疑雍之古文其字從邑虞膚聲廥字雖不可識然其所從之男字則吉雨字也戊鼓云口口目廟作

是廟為地名之證又主鼓云公謂大口此又虢公所作之證也是時宗周以西虢為大國天子漁獵於其境故作

石鼓以紀其事周阮東邊小虢遂為秦滅秦人文字尚沿用之故秦公敦用之石鼓文考釋

及近出之秦新郪廥符均此殹為也字以與石鼓以殹為池字正同故古文中體勢與小篆最近者惟石鼓

又虢秦諸器以其潤源相同故潤莫二也篆釋石鼓者古今無慮數十家唯羅此言秦事石鼓文考釋

最為精審其釋戊字玉鼓昱字即用余說㠯其書杅解字為釋羲之略此甲鼓以我殹其時我殹其

樸棐説文特字注云朴特牛父也葢朴特皆牡牛似母引中為凡牡之稱我殹其時即我殹其横

即我殹其朴皆謂牡獸此丁鼓棐敕之枚敤字以为磬兩經傳字書皆未見棐周礼巾車飾罵薇

然棐棐飾注故書棐為軟杜子春讀為秦虻中㠯云棐敕正是申飾周礼故書軟宇

當即此字之變也乙鼓㠯其單其華所犄儺淓若之轉證㠯云汱若衞風云棐之未汱其葉汱若稿小雅云隕

蓋有阿其葉有儺也此鼓云欮葊其華所犄儺橧風方術儺黄華也小雅云六轡汱若㠯言轡之柔品此廸筥切为

亲有阿其棐有儺此㠯㠯橧小雅云阻㠯言轡之柔

阿儺一轉證矢三者皆前人所未言羅叔言釋壺筥用余説而不詳敀附記于此

丹适先生題

海寧王國維

张叔未世丈曾云，仁和赵晋斋论金石刻，谓石鼓文"氐鲜"有，"鳊"字存者是明拓本。平斋。[88]

上海图书馆藏张廷济旧藏本后，端方跋云：

张叔未、吴平斋谓石鼓"氐鲜"有，"鳊"字全者即为明时拓本。今观孝禹先生庚子所得本，氈蜡精好，首尾完具，的是胜朝精拓无疑。[89]

那么，张廷济等人的判断是否正确呢？"氐鲜"有，"鳊"全者是否为明拓本呢？张廷济等人围绕"氐鲜""鳊""又"字的讨论，也渐渐引发更多关于明拓本的考辨。清末，方若《校碑随笔》云：

图 7　（清）翁方纲跋明拓《石鼓文》拓本　故宫博物院藏

明拓、国初拓本，第二鼓第四行"其蓝氐鲜"之"氐鲜"二字未损，第五行"黄帛其鳊又"字下之"鳊又"字未损。[90]

仍然是沿用此说，不过在时间上则扩展到清初。其实，晚清关于石鼓拓本的考证应该比《校碑随笔》有更大突破。宝熙在致罗振玉的信中提及石鼓时云：

石鼓苦无佳手，已托人物色之（方药雨《校碑随笔》实可笑）。[91]

---

88. 同注86，第17页。

89. 上海图书馆编：《石鼓汇观》，上海：上海书画出版社，2019年，第119页。

90.（清）方若著，王壮弘增补，《增补校碑随笔》，上海：上海书画出版社，1981年，第2页。

91. 房学惠，王宇；《宝熙致罗振玉信札十七通》，《文献》，2002年2期，第244页。

宝熙评跋中已用"氐鲜"五字不损本。即在张廷济等人基础之上，又增加一"之"字。宝熙仅言五字不损，显然证明民国年间"氐鲜"五字未损本已经是圈内普遍知晓的考据点。

尽管可以确定民国时期已有此认识，但也仅是零星的散论，而其真正被后世所接受，则正赖于王壮弘的撰述。其在增补《校碑随笔》时，已对石鼓拓本进行唐、宋、元、明、清等十一种分类并列出每个阶段考据点。作为一代碑帖鉴定大家，其对石鼓拓本鉴定有重要意义。他不仅注意到各鼓的考据字，而且充分注意到石花的作用，从而在嘉道拓本鉴定基础上，对石鼓各时期的拓本予以更细致地划分。之后，张彦生、仲威等亦对石鼓拓本鉴定或有增补，或有新阐释，但其要不出王氏。应该说，王壮弘对于考据点的总结，成为今日判定石鼓拓本年代最为重要的依据。

王壮弘将明拓本主要分为三类：明初"汧"字本、明中叶"黄帛本"及明末"又大"未断本。"氐鲜""鰋""又""之"五字未损本，则被划为清初拓本。其于明拓的分类，在后世得到较大认可。在他看来：

> "汧殹"鼓四行"氐鲜"二字未泐，乾隆时拓"氐"字泐半，"鲜"字泐尽；五行"鰋又"二字未泐，乾隆拓本"鰋"字几难辨认，"又"字泐尽；六行末"之"字未泐，乾隆拓本泐尽。"田车"鼓五行末"麋"字右旁有指顶大石泐痕二处，上下并列尚未泐连，乾嘉拓本二处石泐并成一较大泐痕。"銮车"鼓末行"允"字尚未与右上方大片石泐痕泐连，乾嘉时拓已微连。[92]

至此，关于明拓本的讨论基本已成定论。其实，除了明拓本的讨论，张廷济对元拓本亦有自己的判断。上海图书馆藏潘硕庭旧藏本《石鼓文》中，有潘氏题识云：

92.（清）方若著，王壮弘增补：《增补校碑随笔》，上海：上海书画出版社，1981年，第5页。

张叔未翁说，辛鼓在至元时仅有"微"字。日就磨灭，今只字靡存矣。[93]

故宫博物院藏孙克宏旧藏本中，吴云亦有类似题识：

余家藏本第八鼓尚有"敊"字，当是至元己卯以前所拓也。癸亥秋日吴云识。[94]

吴昌硕亦云：

雍乾氊蜡古香可掬，"氐鲜"二字完善可证已为稀世之珍矣，奚事斤斤于八鼓之"敊"字耶！[95]

关于元拓本的鉴定标准，王壮弘则基本采取了此时的考辨结果，认为：

"马荐"鼓尚存"敊"字及"敊"下一重文。[96]

从以上梳理来看，对于元、明拓本的鉴定有一个漫长的过程。这个过程的始点，便是以张廷济为代表的嘉道时代。其中，张燕昌、张廷济、赵魏乃至翁方纲都起到重要作用。甚至可以说，对石鼓拓本年代考据点的总结很多时候是集体品鉴的结果。虽然，在后世传播中，多将其归于张廷济，但张氏记载显示了众人探索、总结的形成过程。确切地说，这是江南石鼓鉴藏群体在拓本鉴定上的重要贡献。尽管后世的结论证明他们对于明拓本的鉴定并不完全正确，但

---

93. 上海图书馆编：《石鼓汇观》，上海：上海书画出版社，2019 年，第 177 页。

94. 天一阁博物馆编：《石鼓墨影——明清以来〈石鼓文〉善拓及名家临作捃存》，上海：上海书画出版社，2018 年，第 23 页。

95. 同上，第 69 页。

96. 王壮弘：《崇善楼笔记》，上海：上海书店出版社，2008 年，第 4 页。

这不重要，重要的是他们集体开启了对于《石鼓文》元、明拓本考据点的探索，改变了之前以存字多少来确定拓本年代的局面，并对王国维、王壮弘等后世学人考证石鼓版本产生了深远影响，时至今日仍在完善。与此同时，也让人们看到江南石鼓鉴藏群体对石鼓品鉴、研究的传承与接续。

三、石鼓鉴藏之趣味

王国维在谈及宋代金石学时，曾以"鉴赏之趣味与研究之趣味，思古之情与求新之念"概括。[97] 虽然，他认为近世"于宋人多方面之兴味反有所不逮"，但这其中应该不包括张廷济。张廷济算不上石鼓研究大家，甚至没有任何石鼓著作，但其藏品题跋亦充满了研究、鉴赏之趣味。赵椿年曾入手张廷济旧藏石鼓明拓本并详细移录了此作相关跋文。其中，不仅有张廷济数处跋文，且前有沈树镛、徐同柏、宋葆淳题识，后有吴东发、张燕昌及赵魏跋，从中得以窥见时人品鉴之内容。

（一）藏善之趣

张开福称张燕昌"生平于《石鼓文》可谓笃嗜者"，但从珍藏石鼓善拓的数量而言，张廷济才是嘉道间石鼓收藏的中心。上文邵章跋中提到，张廷济所藏以十记，并曾入藏元拓本。此本跋中，亦流露出其对石鼓善拓的珍视。其云：

> 壬鼓存字凡十五行，首一二三行新拓每每遗脱，旧本亦然。大兴翁先生与海昌陈竹厂、海盐吾家文鱼兄书，故不惜详细谆属也，此本亦遗"吾水"一行。昔岁乙亥付重装时，徐甥籀庄为摹他本以补。余藏新旧各本，亦有首行全而遗末一二行者。盖工匠划定纸幅，不肯于

---

97. 王国维：《宋代之金石学》，《王国维遗书》第 3 册，上海：上海书店出版社，1996 年，第 708 页。

此鼓另用宽纸所致，故遇佳拓足本便可重。道光十三年癸巳十二月六日，对雪书于八砖精舍。[98]

石鼓因其文字漫灭，拓本往往有漏拓行数与列数的现象。此跋中提及，翁方纲、陈以纲、张燕昌等人详细谆属，可见在其当时友人圈中已经注意到此一问题。虽然，此本仅遗一行并已摹补，但仍以此为憾并发出"故遇佳拓足本便可重"之感叹。从传世明拓本来看，故宫藏赵宧光本、上图藏明拓本、徐渭仁旧藏本等善拓，都经张廷济旧藏，足见其收藏之富美。藏本的富美，亦使其品鉴非同一般。他在谈及翁方纲关于"角"的判定时，就不客气地说："角下两开，新本皆显，何待旧墨。后人摹本有下不开者，误由潘氏《音训》作'卤'。"[99]不仅指出翁氏之失，而且把摹本之误的根源亦予以揭示。应该说，这正得益于善本鉴识的目力积累。

（二）证疑之趣

翁方纲于辛鼓之首发现"丁"字残画，在当时的学术圈传播甚广。他为此重摹此鼓，作诗纪事并在《石鼓考》中多次提及。其辛鼓残字摹石诗云："辛鼓残画追车工，玉泓馆刻与我同。我剔紫云武阙石，仓精业仰包牺崇。吾车证之甲鼓首，昌黎所以籀史通。"为此，张廷济亦极为好奇，到底此鼓上有没有此字？所以，他搜罗拓本，予以验证。其云：

左摹辛鼓文，"工○役"确有"丁"字之半，然或蚀文亦未可知而余检极精之拓，如陆云中本亦实在寻觅不见"丁"字分毫笔迹，岂亦因迅手扫过，遂迷茫团团絮影中耶。异日或得佳本证之，亦是快

98. 赵椿年：《覃揅斋石鼓十种考释·石释》，民国铅印本，第 36 页。
99. 同上，第 5 页。

事。道光十三年癸巳十月二十日。[100]

然而，即使选择最佳拓本仍未寻得蛛丝马迹，于是"迷茫团团"。最终，只能寄希望再得善拓，以破除心中疑惑。

石鼓文字训释虽然自宋代就已开始，但是直至近代仍各执一词。关于"吾车"鼓第一字"吾"的读音，至少在张燕昌时仍未有定论。光绪壬寅（1902 年）秋，褚德彝（1871—1942）在苏州得张燕昌手书一纸，讨论的正是此字。其云：

> （燕昌）敢问《石鼓文》"吾车既攻"，薛氏音"我"。然玩字形是"吾"字繁文，不得因《车攻》之诗音"吾"为"我"。况第六鼓有"道遄我治"，第七鼓有"□古我来"，则"吾""我"二字，籀文判然，未尝互用。窃疑《毛诗》"我车既攻"字由篆变隶，数千年传写之文。《石鼓文》则姬周元刻，未经临摹之文，似当释"吾"为是。[101]

钱大昕按语云，"此说至精确不易，可谓实获我心矣"。

（三）品古之趣

张廷济虽不是研究石鼓的大家，但鉴藏之趣亦诱导其对石鼓加以研究。丙鼓后其对翁方纲、吴东发关于"吾"字训释的批评，亦显示出其对《石鼓文》的精研程度。当然，研究之趣并不仅限于自己，与友人的分享亦是重要部分。实际上，此本亦曾借于吴东发助其撰写《石鼓读》。吴氏在此卷跋云：

> 余方辑《石鼓释文正误》，张君汝霖寄示此本，得与家藏

100. 同注97，第23页。
101. 天一阁博物馆编：《石鼓墨影——明清以来〈石鼓文〉善拓及名家临作捃存》，上海：上海书画出版社，2018 年，第 163 页。

本参校为幸。如"廓"鼓作"廐"。廓从郭，郭虢，古通，故从虢。诸摹本皆舛，此本尚可辨也。惜剥蚀处尽割去，不得一一寻讨……今拓本具存并无剥落而此本亦为之割去，则凡割去之字，其足以寻讨者，岂少哉？将以此册复张君，书此奉质。试觅他本观之，知余言不谬也。乾隆癸丑十一月二十八日，吴东发书。[102]

从中可知，张廷济早在乾隆年间就已收藏此本。然而，吴东发对此本并没有给予很高的评价，认为其割去之字太多。毕竟，碑帖装裱非常讲究，这在石鼓拓本上尤为明显。学者往往因遇俗工而痛惜，潘钟瑞亦曾明确指出这一点：

独惜装裱家于泐处都割去……不知旧拓金石凡泐字有一二笔画可寻，均当存之以备参考，况"鲜"字之确可指乎！且十碣仅存其九，则其一宋拓犹有十余字，明初当不致尽泐，而裱手亦竟弃之，误矣。[103]

除了吴东发跋文外，此本还有张燕昌与赵魏的两跋，则显示了张廷济与友人品古的乐趣，亦显示出与吴东发不同的金石趣味。张燕昌跋云：

此是明初鉴赏家所拓，甚精妙，以较近时本，字数缺泐尚少。向于四明天一阁范氏观北宋拓本，病其割裂。此本若非割裂，当亦不让宋本。叔未幸宝藏之，急加装治，顿还旧观，亦快事也。嘉庆甲子夏五十日，雨窗燕昌识。[104]

---

102. 赵椿年：《覃擎斋石鼓十种考释·石释》，民国铅印本，第29—30页。
103. 天一阁博物馆编：《石鼓墨影——明清以来〈石鼓文〉善拓及名家临作择存》，上海：上海书画出版社，2018年，第35页。
104. 赵椿年：《覃擎斋石鼓十种考释·石释》，民国铅印本，第30页。

图 8　（明）赵宦光题《石鼓文》拓本　嘉兴博物馆藏

在张燕昌看来，尽管此本为割裱本，但极为精妙，甚至猜测其为明初鉴赏家所拓。显然，张燕昌的趣味与吴东发有所区别。吴氏仅看重对于研究所起到的作用，而张燕昌则着眼于其装裱形式。这不是说，吴东发就没有品鉴之趣，或者说张燕昌不具备研究眼光，实际上，他们对此本的态度，只是代表了他们趣味的一方面或者说是某类人的趣味，而这些趣味的汇聚，则正是王国维所说的"鉴赏之趣味与研究之趣味"。

值得一提的是，赵魏跋中提到"故友茞堂谓与天一阁本相埒。余未睹范氏本，即此可知其概"。赵魏作跋时，张燕昌已去世三年。赵跋虽然旨在赞赏此本，但无意中也让后人留意到天一阁本摹刻传播之后，在石鼓拓本品鉴中的运用。当然，天一阁在清代以来石鼓版本鉴藏的作用远不止这些，甚至可以说，它是讨论石鼓版本不可或缺的标准件，而在很大程度上，这都得益于张燕昌对天一阁之重摹。

第三节　江南群体藏本流散管窥
——以赵宧光旧藏《石鼓文》为例

　　赵宧光（1559—1625）是晚明《说文》、篆书研究的重要代表人物，其对《石鼓》亦颇有关注。《寒山帚谈》中云："三代而下整齐文字，独此猎碣。无论笔画之妙，即《风》《雅》《颂》要数十章删后稀世之宝也……"[105]。视石鼓如此珍贵，故而拓本收藏亦不在少数。其在《石鼓文章句》中提到，为便于校对鼓文，曾收集重摹本及诸家释注本多达十种。赵宧光的篆书地位，在清代得到进一步推崇。所以，凡石鼓拓本有赵跋者，必是后世藏家争抢之物。

一、嘉博本之递藏

　　嘉兴博物馆藏有一件明末清初《石鼓文》拓本，标注为张廷济旧藏本。此本前有赵宧光、宋葆淳及张廷济三人题记。赵氏题首："周宣王太史籀纪猎诗一十章，万历甲寅长至日题。"宋葆淳题："此拓本《石鼓文》为赵凡夫藏本，题字亦其所书，嘉庆丙子二月安邑宋葆淳过清仪阁，叔未出示审定。"张廷济题记则引据史志，简要介绍了赵宧光生平及其书艺。据此可知，此本嘉庆年间曾经张廷济递藏。后有张廷济、宝熙、邵章、陶昌善等人题跋。让人生疑的是，此本既然有赵宧光引首，那么，至迟应为明末拓本，缘何又标注为明末清初呢？

　　在此，有必要先对此本来历做一番梳理。张廷济跋云："寒山此本，海盐文鱼兄昔年从吴江盛泽王勺山话雨楼易得。王藏金石文颇多旧本。析其子分仁、义、礼、智、信五字号。今唯故友旭楼少府鲲'信'字簿，岿然尚存。"话雨楼是清代苏州久负盛名的藏古、鉴古之所，其始创者为王漪，后经其子王楠、王琨苦心孤诣、名满江南。《话雨楼碑帖目录》序云：

105.（明）赵宧光《寒山帚谈》，杭州：浙江人民美术出版社，2018年，第124页。

盛泽之滨，有贤者焉，日旭楼王先生。好古而能守，江以南推收藏之富且久者，必日王氏话雨楼。其尊人勺山翁好古而善聚，自商周彝器下至近代石刻，闻世有精善可喜者必罗而致之，以贮是楼。历三十年而楼之所藏，亦可谓象犀金玉之府矣。[106]

张燕昌与王楠过从甚密，张氏《金石契》中对王氏所藏多有借鉴，而其子张开福亦因金石品鉴与王氏后人多有往来。其在《五铢钱范》中跋云：

大兴翁氏《两汉金石记》载，五铢范凡三：一周箌谷所藏；一宋芝山持来；一即芝山所借拓本。独此本未经寓目，岂拓本少流传也？道光壬午冬日，旭楼丈手拓此本，属开福题识，计与余家结再世墨缘矣。[107]

其实，当时往来话雨楼文人甚多，张庚、金农、张廷济、钱泳等都是其座上宾。据此可见，王氏话雨楼是当时江南文人的重要雅聚之地。话雨楼金石碑帖收藏更是富甲一方，其中《石鼓文》拓本收藏也颇具代表性。除了此件赵宧光旧藏外，吴昌硕亦曾获其明拓本。

至迟在嘉庆十九年（1814），此件已入藏清仪阁。张廷济对此十分宝爱，曾邀数人品题，其跋文中有详细记载：

至讲求其字迹之妙，明寒山赵凡夫云："石鼓信体结构，自成篇章，小大正欹，不律而諧。钩引纷椴（披），轻云卷舒，依倚磊落，危岩乍阙，施用无定方，立傍有成，圜不致规，方不致矩云云。洵能心知其意，所以作篆为三百年来第一佳手。此拓是其藏本，统重文、残文计之，所存者三百余言。楮墨淳古、可爱，前题首有篆书大字，

106.（清）王鲲编：《话雨楼碑帖目录》，《石刻史料新编》第 3 辑（36 册），台北：新文丰出版公司，1986 年，第 523 页。

107. 同上，第 549—550 页。

迭荡顿挫，圆而能放，赵自言篆无隶法，不得飞白；无草法，不得古雅；无斯法，不得严肃，即此十二字可见。昔年甲戌，吾宗质民茂才开福所诒，金石旧友安邑宋之山葆淳、仁和赵晋斋魏、嘉定瞿木夫中溶、海昌僧六舟达受迭加评审，信乎其可宝矣。然寒山《金石林绪论》第一条篆籀部谓："既得鼓文并求再购者数四，会诸释，断已见，为之章句，为之补亡，为之翻刻全、阙二本"。今案其所谓全者谅不足凭，即遗佚亦不足惜，其所谓阙者，却足资后人参考，何时地不远而鉴家均未之及也。道光十三年癸巳十月二十日，嘉兴张廷济叔未甫书于清仪阁，时六十六岁。[108]

从此跋亦可看出，张廷济对赵宧光书法十分推崇，评其书法"迭荡顿挫，圆而能放"并将其视作"三百年来第一佳手"。除此之外，张氏还提及在嘉庆甲戌（1814）之后曾邀同宗张燕昌之子张开福及金石友赵魏、瞿中溶、达受和尚等人进行品评。

至民国二年（1913），此本又入同乡陶昌善之手。陶氏喜不自胜，再邀罗振玉、宗室宝熙及邵章等人品题。宝熙跋云：

> 此第二鼓"氐鲜"五字未损本，楮墨既旧，椎拓亦精，二百年前物也。寒山署篆、清仪题记尤堪宝玩。俊人获此，具有墨缘。忆庚子拳乱后，余得一"汧"字完好本，刘铁云得一卷字本，"汧"字尚存大半，为天籁阁故物，皆希见之品。余本数年前以之易米，铁云所藏亦不知归谁氏。今睹此本，不觉惘然若失矣。癸亥五月，宝熙书。[109]

虽然题跋仅有数语，但"氐鲜"五字未损本、"汧"字完好本等石鼓拓本鉴

---

108. 天一阁博物馆编：《石鼓墨影——明清以来〈石鼓文〉善拓及名家临作揾存》，上海：上海书画出版社，2018年，第82页。

109. 同上。

定考据点，却能充分显现宝熙碑帖鉴藏功夫。然而，宝熙跋中云是二百年前旧物。此跋作于民国十二年（1923），若按时间推算仅仅是雍正朝之前。当然，这也有虚指的可能，那么，这是宝熙的虚指，还是确实认定并非明拓？陶昌善在随后的题跋中，又给出了明确答复："（宝熙）目为二百年前物，似属清初旧拓本。"也就是说，宝熙虽然认为赵宧光题首为真，但却怀疑拓本本身可能为清初拓本，即暗示此本已遭拆配但却未明确言明。

也许是受宝熙启发，邵章（1872—1953）作跋时，则明确提出疑惑并期许终有一天延津剑合，其跋云：

> 石鼓为我国金石可信之鼻祖，历二千余年，鼓石犹存太学。其文字略有刊缺……此为明赵寒山藏本，据叔未跋，乃海盐张文鱼所得，不审何时归之叔未。第审卷中八鼓，题识实为桐城吴康父及子刚书。既无寒山藏章，又无文鱼、叔未鉴赏之印且拓本已入清初。曾以讯之俊人，则云往年得是拓于嘉兴，题识与八鼓析为二事。或者寒山所藏，别更一姓而姑以它拓塞责。要之，墨气淳古，去明拓亦非甚远且三家题识完善，安见异日无延津剑合时耶？余近得明拓剪裱本，为郭兰石、傅节子家物，较近拓全字半字多共十九。携视武进赵剑秋，出其所藏叔未跋识明本石鼓，相勘校，差有胜处。然欲以企寒山本，固不可得。俊人嘱题是卷，因连缀及之，甲子重九日，武林邵章伯褧父书于万松兰亭斋。[110]

邵章判定此本赵宧光题额与拓本乃辏合依据有三：一是拓本中既没有赵宧光藏章，又无张燕昌、张廷济鉴藏印，这不免让人费解；二是拓本本身为清初时所拓。虽未道明原因，应是据其前宝熙分析，毕竟有宝熙题跋在前；三是拓本中有吴廷康、子刚鉴藏印而后跋中却无二人任何记录。拓本每鼓确实钤有"子刚秘玩"收藏印，"吾车"鼓中有吴廷康两跋。其一跋云：

---

110. 同注107。

"宣王石鼓历世二千余年，捶拓既多，真迹零星，珍踰□凤，竟以少为贵。道光年间，关中新出《虢季子盘铭》可以移其笔法，补此籀篆亦可作完璧观。廷康识。"另一跋云："赵吴兴尝精小篆矣，其跋兰亭云：'得古刻行专心学之，便可名世'。子刚先生获此追摹古学，后先媲美，吴廷康。"由是知之，此跋乃吴廷康为一位称作子刚的人所题。邵氏以此疑询之陶昌善，知此本昔年购于嘉兴，题识与拓本可能为辏合。所以，他猜测"寒山所藏，别更一姓而姑以它拓塞责"。尽管如此，邵氏仍认为此拓亦是墨气淳古，距明拓非甚远，而且赵宧光、张廷济等题跋完善值得珍藏。最后，他希望有朝一日，赵、张等跋能够与原拓延津剑合。

二、故宫本之递藏

陶昌善收藏之后，此本再未见流传。邵章的期望，似乎也渐渐被人遗忘。然而，故宫博物院现亦藏有一件题为赵宧光旧藏明拓《石鼓文》。此本前有陶北溟题签，后有赵魏、瞿中溶、六舟、马衡及陶北溟跋文。更值得关注的是，拓本中有张廷济"嘉兴张廷济字叔未行式居履仁乡张邨里藏经籍金石书画印"二十四字鉴藏印。除张廷济鉴藏印外，此本亦钤有"赵魏私印""陶祖光""陶氏金石""叔平审定金石文字""蒋祖诒印""谷孙""西吴文献世家"等鉴藏印。由此可见，此本曾经张廷济收藏，又曾入蒋祖诒（1902—1973）、陶北溟（1882—1956）之手。蒋氏没有题跋，故其与陶氏入藏先后关系暂不可考。那么，此作是不是邵章所怀疑被拆分的原拓呢？在此先看一下，金石大家马衡对此拓本的评价：

石鼓拓本向皆奉天一阁藏宋拓为不祧之祖，摹刻虽存数本而原本久佚，不可踪迹矣。清末发现明安国所藏宋拓十本，于是吾人眼福突过前人。其中，七本与天一阁相伯仲。其余三本，号为"先锋""中权""后劲"并宋初拓墨，存字独多，今皆有影印本行世。此本虽为明拓，而第二鼓五行"黄帛"二字，六行"其"字，皆完整无缺，八行有"以"字，九行"柳"字未泐。第四鼓五行"衔"字未泐，八行"虎"字尚完，是明拓本之最早者，北溟先生其宝藏之。卅七年二月，鄞马衡获观并记。[111]

此跋可分作两部分：前一部分讲述了传世宋本概况，以天一阁本与后来发现的安国藏北宋本为主要内容；后一部分则是其将此本定为明初拓本及依据。其与赵宦光本之间有怎样的关系，马衡虽未曾提及，但陶北溟的记述则给出了明确答案。

陶北溟题签有两处，其中一处记云："寒山旧题散佚后三百年，昆陵陶北溟补之。癸未冬，北溟并记于都。"题签写于癸未年（1943），从内容来看，陶北溟知晓此本原有赵宦光题签，只不过其将散佚时间定为三百年则不免有些夸张。实际上，从张廷济题跋到陶北溟题跋仅有一百一十年整的时间。陶氏获知此本旧有赵宦光题首，应是据后面赵魏题跋。赵魏跋云：

石鼓旧拓近益不可多觏，此寒山藏物，的系明初佳拓。前有寒山篆书题首，尤令宝墨增重。嘉庆庚辰十二月八日，赵魏时年七十又五。[112]

也就是说，赵魏所见时，赵宦光题跋仍在。张廷济在题跋中曾讲到，邀请金石友赵魏题跋，那么此跋是否为张廷济所题呢？从内容而言，此跋不仅在时间上正好吻合，而且张廷济还明确提到所题正是赵宦光本。[113]

由此断定，此跋正是为张廷济所题。当然，除了赵魏，张廷济提及的瞿中溶、达受亦有品评。瞿中溶跋云：

---

111. 天一阁博物馆编：《石鼓墨影——明清以来〈石鼓文〉善拓及名家临作挹存》，上海：上海书画出版社，2018 年，第 66 页。

112. 天一阁博物馆编：《石鼓墨影——明清以来〈石鼓文〉善拓及名家临作挹存》，上海：上海书画出版社，2018 年，第 66 页。

113.（清）张廷济：《张廷济日记》，《苏州博物馆藏近代名人日记稿本丛刊》卷一，北京：文物出版社，2018 年，第 251 页。

道光己丑冬十月五日，嘉定瞿中溶获观于张解元之清仪阁，同观者壻陈璪，子树辰、树镐。[114]

六舟题跋云：

此三百余年前旧拓本，较近时新拓本多数十字，洵可宝也。道光辛卯四月十一日，过清仪阁得观金石款识，如入万花谷种种应接不暇。海昌六舟达受记。[115]

可知，两人过清仪阁时间分别为道光九年（1829）与道光十一年（1831）。这正与嘉兴馆藏本上张廷济道光十三年（1833）题跋中提到的"迭加评审，信乎其可宝矣"，完全吻合。

三、拆配与散佚

至此，我们可以对赵宧光旧藏本予以总结：此本早年藏于话雨楼，后来被张燕昌所得。至迟在嘉庆十九年（1814），此本已辗转至张廷济手中。张廷济遍邀好友品题，其本人亦两跋其后，足见其珍爱之情。张廷济最后一跋为道光十三年（1833）十二月，此后至民国初，是本遭遇拆配。先是，陶昌善在民国二年（1913）获得赵宧光、张廷济等题跋本，此时原拓已被替换为清初拓本。此本于1959年由陶昌善家人捐赠嘉兴博物馆。再是，陶北溟于1943年获得原拓本，因赵宧光题首遗失遂补题其首。陶北溟之后，此本又流散。2003年10月，此本入藏故宫。施安昌先生记云："河北东光县高氏持石鼓文册到故宫传达室

---

114. 天一阁博物馆编：《石鼓墨影——明清以来〈石鼓文〉善拓及名家临作掇存》，上海：上海书画出版社，2018年，第66页。

114. 同上。

图 9　明拓之"又大"　上海图书馆藏　　图 10　故宫本之"又大"　故宫博物院藏

求售。余观确是元明拓，题跋可信。后即报院征购"。可以明确的是，此两本的出现使赵氏旧藏本题跋最终延津剑合。

　　那么，这是否也代表着此两本能够还原赵本旧貌呢？从对照结果来看，似乎下此结论为时尚早。在王壮弘看来，明末拓本与清初拓本的重要区分在"吴人"鼓。他在石鼓传拓版本鉴定中专门设有"又大"未断本，认为明末传拓者"大"与"又"字之间无泐痕，而清初拓本"又大"二字间已泐通。[116] 对比这一考据点，故宫藏本虽然"黄帛"等处符合明拓特点，但"又大"二字却已损泐。如果王壮弘判断无误，那么故宫本可能为清初拓本而并非赵氏原藏。如果故宫本为真，那么王壮弘的结论则将被改写。对于此一问题，则需另撰他文考论。

　　其实，就两本题跋的分布来看，拆配之人也极有手段。他没有单纯将赵宧光题首拆去或是将所有题跋全部带走，而仅是割去赵宧光、宋葆淳题、张廷济跋。如此一来，题跋虽然分为两部分却又各尽其能。拆去部分中，赵宧光题、张廷济跋可充分证明此为赵氏旧藏本的依据。其所补配拓本亦为清初拓本，两者品相差距不多，罗振玉、宝熙等碑帖鉴定大家都几乎不能予以裁决。对于原拓而言，其自身品相已足够吸引鉴藏家，但其仍不忘留赵魏一跋在其中，以此来证明此为明初拓本且为赵宧光旧藏。其所割、所存都恰到好处。足见，石鼓拓本并非如张彦生所说的"很容易分辨真伪"。[117]

116.（清）方若著，王壮弘增补：《增补校碑随笔》，上海：上海书画出版社，1981 年，第 2 页。
117. 张彦生：《善本碑帖录》，北京：中华书局，1984 年，第 3 页。

第四节　关于杨慎本《石鼓文》真伪论辩
——兼论天一阁本的鉴定功用

杨慎本《石鼓文》自清初以来已被定为伪本，然而，1917 年正月，陈矩在比对各拓本后得出不同结论，其云：

> 即赵松雪藏北宋拓本"獣"字损处左大而宽，右稍低窄，形肖"獣"字。"帛"字上锐下宽腰细，作葫芦状，亦极似"帛"字，识者一见便了然（余得句云：昼对紫泉笺白泽，夜携黄卷课青灯，下句指讲习所夜课），足证杨本之非伪造也。惟杨本为工人割裂，升庵不加细查，以致后人指为伪造亦是。[118]

陈矩从当时公认的天一阁本入手，力辨杨慎本为真。他的好友跋中称赞此书："辨明升庵所藏多二百余字非赝作，嗟乎！周代之古文奇字晦而复显，缺而复完，可称惊人钜制矣。"此虽为过誉之评，但却足以让人再次思考杨慎本所引发的持久辩论。

陈矩的新论，并非毫无缘由。尽管杨慎本在清初已被定为伪作，但在之后的石鼓研究中，杨氏本并没有因其为伪作而遭到唾弃，相反的是，有不少学者开始为其辩诬，从而形成了截然对立的两种观点。直到近代，关于此本似乎仍模棱两可。张彦生《善本碑帖录》，在谈及石鼓拓本流传时，云："明杨慎藏唐拓本七百零二字。"且并无一字论此本为伪。方若《校碑随笔》，不言此本。王壮弘增补云："明嘉靖间杨慎刻世称'函海本'，系杨氏伪作，诈称'唐拓重摹本'。"仲威《中国碑拓鉴别图典》云："明嘉靖间杨慎木刻本，世称'函海本'。"另，清孙星衍再重摹"函海本"于虎丘，亦未言其为伪。[119] 徐宝贵对杨慎本辨伪最为有力，他从四个方面论证了杨氏本之误：一、对石鼓文尚可辨

118.（清）陈矩：《石鼓全文笺》，民国石印本，第 3 页。

119. 仲威：《中国碑拓鉴别图典》，北京：文物出版社，2010 年，第 2 页。

认的残字补上了另外字；二、对未残的字改易为另一字；三、杨氏补缀后的文字与石鼓原文字位不合；四、以小篆补缀残字，与石鼓大篆风格极不协调。[120] 至此，此本有关杨慎添补内容基本可以确定，但近半个世纪以来，围绕此本的争议为何此起彼伏？双方辩论的焦点又是什么？辩论过程又展现了《石鼓文》鉴藏中的哪些问题？对这些问题的考察、解答中，天一阁本在石鼓拓本鉴定中的重要性也随之树立。

正德首辅李东阳乃杨慎业师，两人谈学论艺不在少数。据杨慎回忆，李东阳去世前一年的某日，曾以石鼓文问及。杨慎对以潘迪、薛尚功、郑樵三家之说。李东阳告云，这都不算什么，他藏有苏东坡的旧藏本，篆籀特全，音释兼具，比诸家好的多。李氏亦恐此本日久失传，拟将此本手书上石，摹刻传世。遗憾的是，杨氏丹书未竟，便已归道山。六年后，杨慎以此为参照完成了三卷本《石鼓文音释》。他告诉好友徐缙，此书乃是为完成业师未竟之业，"聊以毕公之志而已"。此后，杨慎在其文集中，对此秘本进行了详细描述：

> 慎得石鼓文拓本于先师李文正公，窦臮所谓："石虽贞而云泐，纸可寿而保传。"胡世将所云岐下有摹，即此是也。元至元丁未，唐愚士重摹于太学作歌纪之，今本存焉。据《古文苑》所载及王顺伯、郑渔仲二公《石鼓音》，皆言其文可见者四百七十有四。梅圣俞《赠逸老以石鼓文见遗》诗云"四百六十飞凤凰"。以兹本所载六百五十七字完好无讹，斯文所在真有神物护持邪……[121]
>
> 又云："余得唐人拓本于夸文正先生，凡七百二字，盖全文也，尝刻之木以传矣。然都元敬《金薤》篇、刘梅国《广文选》所收仍是残缺四百九十四字本，盖亦未见此也。"[122]

---

120. 徐宝贵：《石鼓文整理研究》上册，北京：中华书局，2008 年，第 90 页。

121.（明）杨慎撰、杨有仁集：《升菴先生文集》卷三，明万历二十九年刻本，第 22 页。

122.（明）杨慎：《金石古文》卷二，明嘉靖三十三年刻本，第 8—9 页。

两段文字先说六百五十七字，后云七百二字，而且都得自李东阳，不免自相矛盾。其在序中又言："石鼓今在太学，其文为章十，总六百五十七言，可摸索者仅三十余字。"不知是笔误所致，还是另有所指，杨慎竟然说当时存字仅有三十多。所以，杨氏关于石鼓之记载，不免让人大失所望。明末李中馥在后来的石鼓考证中，充分表达了其失望心情：

> 余以为用修乃首相杨新都子，负鼎元重望，学问最弘，闻见最博，亦何俟释褐太学必摩挲而始见邪。即诸拓本知所藏更有精者三十余字之纪想，是得籀所篆元刻于石者。非潘之所传，明矣！至苏文忠、李文正善本，既言未行于世，安得后人再有所谓孔壁汲塚，禹穴石函以呵护之邪，与原初六百五十七言同付之意想而已矣。余书此以宝先生之文，以立考古之案。[123]

李中馥原以为，杨慎乃博学多才之士，其对石鼓早已了然于心。然而，通过杨慎的记载，李氏考证其并未亲见石鼓，而所据拓本是元人刻石者。所以，李氏判定其所言六百五十七字本的李东阳全拓本，不过是其臆想罢了。尽管如此，李氏此书仍然将其作为重要的参校本。[124]所以，杨慎本出现之后，在一段时间内，确实产生了影响。沈德符曾云：

> 古人如韩愈、苏轼、洪迈辈具有石鼓歌咏及考据，但是时文尚多缺字。至正德间，李东阳、杨慎寻释补订，始称全文，粲然大备矣。[125]

万历年间，邢台令刘宇认为全本难得，遂以杨慎本摹刻上石。与此同时，怀疑之声也开始出现。[126]

123.（明）李中馥：《石鼓文考》，民国刻本，第21页。
124. 同上，第23页。
125.（明）沈德符：《万历野获编》，北京：中华书局，1959年，第459页。
126. 赵椿年：《覃罃斋石鼓十种考释·石释》，民国铅印本，第63页。

一、疑伪派

首先对杨本提出质疑的，是嘉靖年间的陆深。其作《金台纪闻》云：

石鼓经博洽之儒如王顺伯、郑渔仲搜访靡余力，咸存断缺，欧阳公《集古录》才四百六十有五字，胡世将《资古》所录仅多九字。孙巨源于佛龛中得唐人所录古文乃有四百九十七字。近世吾衍子行自谓，以《甲秀堂谱图》随鼓形补缺字，列钱为文，以求章句。又参以薛尚功诸作，亦仅得四百三十余字，不知近日何缘得此十诗完好。如杨用修之所从来果有的据，固是千古一快；如以补缀为奇，固不若缺疑为愈。[127]

文中虽未明确指其为伪，但其怀疑之态已十分明了。徐官《古今印史》中则更为明确：近时杨用修刻本，穿凿补缀，文太完备是可疑耳。[128]清初，孙承泽对此也提出了自己的疑惑：“今细读十诗，古致翩翩恐非用修所能办。然用修谓得之李文正家，而文正《怀麓堂稿》绝不道及，何也？”[129]胡兆凤亦云：“余言用修之言殆不足取信，且鼓高仅二尺，广径一尺，有奇行次排定，字安可增。乃令文传世已久，疑谬相仍未能遽废，更俟后之博洽者断定焉。”[130]像胡氏这样明确表示自己怀疑观点，但却不能给出具体证据的状况，是早期杨本辨伪的普遍特点。这种局面，在清初才得到彻底改观，而他们所谓的“后之博洽”者正是学者朱彝尊。

概括来看，朱彝尊从六个方面对杨慎木予以辨伪：一是，第三鼓潘迪本有“吾众既简”、《古文苑》本脱“吾”字，而杨本却以“六师”易“吾众”二字；二是，第四鼓潘本、《古文苑》运传本有“六辔鹙鹙”，杨本则更以“六辔沃若”；三是，

127.（明）陆深：《金台纪闻》，明刻本，第 34 页。

128.（明）徐官：《古今印史》，宝颜堂秘笈本，第 5 页。

129.（清）孙承泽：《庚子销夏记》，上海：上海古籍出版社，2011 年，第 12 页。

130.（清）胡兆凤，《广印人传补遗》，清刻本，第 5 页。

第五鼓"霝雨"上,《古文苑》本有"溱溱"二字,薛氏、施氏本有"天"字,杨本则替以"我来自东"四字。朱彝尊云:"《车攻》狩于东,故云'驾言徂东,东有甫草'。若岐阳在镐京之西,岂得云'我来自东'乎?"四是,第六鼓因被浑以为臼,其他鼓每行约六七字,而此鼓每行仅四字。杨本则强行在每行增一字;五是,第七鼓杨本增益"徒御啴啴,会同有绎,或群或友。悉率左右,以燕天子"。朱彝尊考证,此出自《小雅》,而"不知鼓文每行字有定数,难以增益"。此外,鼓文有人文,"用修遂以'恶兽白泽'入正文中,其亦欺人甚矣";六是,朱氏认为欧阳修、薛尚功诸人所见拓本也不过四百余字,此本若有七百余字,李东阳诗中不应有"拾残补缺能几何"之句。[131] 苏轼诗云"模糊半已隐瘢胝,诘曲犹能辨跟肘",苏辙云"字形漫汗随石缺",韩愈云"年深岂免有缺画",让朱氏更加坚信杨慎"全本"之伪。朱彝尊此辨直接指出杨本伪作依据,论证充分,即使在后世为杨本辩诬者,亦不能就此论一一反驳。朱氏在清初颇具文化影响,故此说多被石鼓研究者引以为戒。特别是四库馆臣的引据,更使其辩驳为学人所知。朱骏声(1788—1858)云:

> 有伪造全文七百二名者,明杨慎点窜沾饰为赝本以给世,托言东坡手摹之本,得自李东阳者也。乃其集,复云六百五十七字,自相矛盾。至文之踳缪,朱竹垞彝尊《石鼓文跋》辨之审矣。[132]

彭元瑞从七个方面论证杨本之伪,只有一点朱彝尊所未提及。[133] 有朱氏之辩

131.（清）朱彝尊等:《石鼓考》,清钞本,《国家图书馆藏石鼓文研究资料汇编》第 2 册,国家图书馆出版社,第 173—177 页。

132.（清）朱骏声:《传经室文集·石鼓考》卷十,求恕斋丛书本,第 8 页。

133. "石鼓之有全文,盖自明杨慎始,昔人辨之綦详矣。石鼓始见称于唐,而杜甫诗曰'陈仓石鼓久已讹';韦应物曰'风雨缺讹苔藓涩';韩愈曰'年深岂免有缺画'。慎自云得宋本,岂唐讹缺,而宋反全乎?其谬一也。慎又云,所得乃苏轼手摹本。轼诗已有'画肚''钳口'之叹,且得二一遗八九矣。其谬二也。北宋言石鼓者,欧阳修、梅尧臣具载字数,皆在轼官凤翔前,岂前者少而后反全乎?其谬三也。慎托为得自李东阳,东阳诗曰:家藏旧本出梨枣,拾残补缺能几何?是东阳所藏,非石本,且亦不全,且以全者予慎乎?其谬四也。又多傅会《诗》、《书》之文,如'会同有绎''或群或友''悉率左右''以燕天子''六辔沃若''归格艺祖'之类,诸家皆无之。其谬五也。第八鼓薛尚功仅八字,潘迪一字,而慎亦有全文,不应自宋

在前，后世往往多引据其观点。江南石鼓鉴藏圈如何看待这一问题呢？

二、辩诬派

可以说，对于杨氏本的辩驳，朱彝尊是关键点。在其之前仅仅是怀疑，在其之后则已证据确凿。尽管如此，关于杨氏本的讨论却才刚刚开始，此后，为其辩诬者时而出现，这其中孙星衍、缪荃孙、陈矩颇具代表性。

王文才《杨慎学谱》曾云："唯《艺风藏书续记》卷五详为升庵辩诬，举孙伯渊所得宋写《钟鼎款识》石鼓文字完备为证。"[134]实际上，与其说是缪荃孙为杨慎辩诬，倒不如说是其对孙星衍所得宋写《钟鼎款识》的疑惑无以消除。其《艺风藏书续记》中云：

> 升庵生自明中叶，忽称得唐人拓本七百二字全文，陆深《金台纪闻》始疑其补缀为奇。《日下旧闻考》《四库提要》均深斥之。惟孙伯渊先生所得宋写《钟鼎款识序》，石鼓文字完备，与此本同。"考韩文公作《石鼓歌》，原有'君从何处得纸本，毫发尽备无差讹'之句，是唐时自有完本。如薛氏作书时即见之，不应拓本仅据残字别石收录。然以为后人增补入帙，何以纸色、字画又与全书无异？岂薛氏以后得本追该成书耶？细核所补石鼓字，如"旭旭杲杲"之属，验今石本……似非无因。疑以存疑，已足为升庵辩诬矣"。[135]

此记前半部分为缪荃孙自撰，后半部分则直接引用孙星衍。从孙氏序中可知，其所得宋写本薛尚功《钟鼎款识序》所录《石鼓文》与杨慎本如出一辙。他从

至元二百余年间，此鼓刊弊独速。其谬六也。即慎之文，第八鼓较余九鼓特少，可见作伪之力，有时而穷。其谬七也。"（清）文庆、李宗昉等纂修，郭亚南等点校：《钦定国子监志》，北京：北京古籍出版社，2000 年，第 1068 页。

134. 王文才：《杨慎学谱》，上海：上海古籍出版社，1988 年，第 219 页。

135.（清）缪荃孙：《艺风堂藏书续记》，上海：上海古籍出版社，2007 年，第 357 页。

纸色、字画等方面鉴定，认定此书所录《石鼓文》并非为后补。而且此本文字，似乎比《历代钟鼎彝器款识》更有道理。唯一让他疑惑的是，薛尚功有如此完整的版本，为何却在其《历代钟鼎彝器款识》中收入的却是残本？最终，他只能解释为，此本是薛尚功后来所获，然后以此替代前本而成书。这并无根据，所以孙星衍只能亦"疑似存疑"作结。若按孙氏推断，此书为宋本，所录《石鼓文》与杨本同且确定出自宋人之手，并非后人增补，那么，可以说，杨慎本《石鼓文》至少在宋代就已出现。这无形中，已经为杨慎作了有力的反驳，从孙星衍的语气来看，似乎并非心甘情愿。缪氏显然对此亦无解答，故引孙氏之语作结。古人版本鉴定亦有障目之时，缪氏、孙氏等人所见版本是否确为宋本，尚需进一步研究，但同时，也为后世破解杨慎本提供了重要视角。

如果说缪荃孙的论证并非出自本意，那么陈矩为杨慎的平反可谓旗帜鲜明。他在序言中就为杨慎辩护云："人谓升庵伪造二百余字，岂不识古籀而能伪造文者。"相比于朱彝尊对杨本的辨伪，陈矩的辩驳则显得相对乏力。除了本章开始所举例证外，文中又以杨慎将"**丝**"释作"幽"，"冈"释作"晤"，且下面少一字加以论证。陈矩云："升庵何不能伪造一字补之，且'幽''晤'两字误释，又足证伪造二百余字之冤也。"[136] 杨慎已说自己所获本为足本，又怎会有少一字之说呢？原来陈矩为杨慎辩驳的重要参考，是自己所获张廷济旧藏石鼓十砚本。据陈氏描述，此砚为其家三兄从昆山以重价购得：

> 背刻石鼓全文，面刻极细，分书释之，与升庵所识小异。砚旁略
> 有考证，惜后跋久佚……得此惊人古拓，刊以传世，虽不抵欧公致想
> 之逸书百篇，然亦足补二雅之缺逸矣。[137]

序中先说得古拓，又说得古砚，疑点重重。然而，此本最为惊人之处，是

136.（清）陈矩：《石鼓全文笺》，民国石印本，第 5 页。
137.（清）陈矩：《石鼓全文笺·陈矩跋》，民国石印本，第 1 页。

其比杨慎本还要多出二十三字（即六百八十字）。[138] 陈氏将此本摹入该书并以此进行训释。由此可见，其为杨慎本辩驳的真正目的，乃是论证自己所获此本的合理性。按理说，陈矩应对朱彝尊所列各条逐一反驳，但事实并非如此，故其辩驳亦不足让人信服。

三、中间派

《石鼓纪实》序中云："至杨慎全文，虽不可信，然亦不可不知。今特勒为一书，以现在备抚者为纪实，取潘、杨、朱三家参校其同异。"[139] 此序作于乾隆四十五年（1780），其中对于杨本的态度则是"不可信然亦不可不知"。一定意义上说，这种既承认杨慎本妄加增益，却又继续参据的作法，自乾嘉以来乃是普遍现象。这无形中也扩大了杨本影响力，直至民国陈矩等人，仍然继续沿用。那么杨慎本中有哪些价值，学者为何"不可不知"，又从中获知什么呢？

这可以从杨慎本文字与训释两方面来看：朱彝尊对杨本文字的考证，无人可以反驳，故所谓全本之说亦不能成立，这是杨慎本最遭非议之处。然而，《石鼓文音释》中还包括释音部分，其中有发前人所未发之处，得到后世的认可，特别是其前序中所提及的内容，更为石鼓章句提供了重要参考。序云：

> 鼓旁刻宋潘迪氏《音训》一碑，二百年前物也。惜夫遗文坠字，无虑近百载。考唐人《古文苑》中，此文特轧卷首。衰录年历，远在《音训》之先。然，迪所遗坠者，此仍缺如也。薛尚功、郑樵二家各有音释，与《古文苑》所载大抵相出入，文无补缀，义鲜发明。三家之外，见其全文者或寡矣，好古者以为深慊。又迪所训释"君子员邋员斿"二句，牵合纰缪，重堪嗤鄙。原古人书字，下句之首承上句之末，文同者但作二点，更不复书，此易见尔。迪既误读为"君子员员，邋邋员

138.（清）陈矩：《石鼓全文笺·黄芝函跋》，民国石印本，第 1 页。

139.（清）李棠：《石鼓纪实》上卷，清刻本，第 1 页。

斿",遂复臆释云:"员员",众多貌;"邋邋",旌旗摇动貌。此岂特文法大庾,书例亦大昧矣。"君子员员"成何训诂,"邋邋员斿"成何语言,不知妄作乃所谓郢书燕说者也,一语若兹,余奚取哉![140]

杨慎对潘迪的批评有理有据,后世以此为确论。此外,他提及的"下句之首承上句之末,文同者但作二点",更是为解决《石鼓文》中的重读问题提供重要参考。《石鼓纪实》中即指出:

> 杨固未见鼓者,然印以现在鼓文转多暗合,文具训诂。如"君子员邋,员邋员斿"与夫"二日五日"之类,较诸家为优。由是言之,杨之全文即不敢信,其说固未可尽废也。若夫陶、赵皆云得苏本而陶言六百一十一字,赵言七百余三字,则文与杨氏言六百五十七字不符,是均之作伪者。[141]

吴东发亦看重其优于诸家之训释:

> 杨用修任意增改尤为识者所憎,至"君子员=邋=员斿"郑、潘说皆不了。"斿""游"本一字,"员"与"云"亦相通。杨读为"君子员邋,员邋员斿"益得之矣。[142]

除了训释之外,对于杨慎本字体的考证、引据亦不断发生。其中,翁方纲颇具代表性。《石鼓考》中,翁氏大量引据杨慎本及其观点。相比于朱彝尊旨在辨析杨慎本之伪,翁氏则从正反两方面对杨本予以具体指出:

140.（明）杨慎:《石鼓文音释》,清刻本,第1页。
141.（清）李棠辑:《石鼓纪实》下卷,清刻本,第54—55页。
142.（清）吴东发:《石鼓读·石鼓文章句》,民国影印本,第4页。

第二鼓中，"帛"刘、杨皆曰"白"通用，是也。章云"帛"从水，古文"泊"字，非也……"氐"字，杨云读作"底"，至也，亦古省文。[143]

第三鼓中，第一行第三字诸本皆作"既"，然今谛审实是"孔"字，不得以杨升庵本之谬而并疑此字也。[144]

除了指出杨本中可借鉴之处外，翁方纲在细节的批评也远胜朱彝尊：

第六鼓，杨本于"具"字，字上杜撰"射夫写矢"四字。[145]

第九鼓，"丙申"下，杨本目为"旭"也，杨本此处二字作两重文，曰"旭旭杲杲"，杜撰也。[146]

第十鼓，"鹿"字上空二格，翁氏云："杨本却因此而作"庶麊"，虽是杜撰，尚不为无所自"。[147]

诸如此类，文中有数十处。由此可见，翁方纲没有像朱彝尊一样纠缠于杨本真伪，或者说，杨本真伪在朱彝尊处已有定论，但其如何看待与运用此书，翁氏便是一例。所以，杨慎本在乾嘉以来石鼓研究中仍是重要参考。冯承辉云：

杨用修之全拓本说本无凭，昔人论之已详，聊志每鼓之末，备一

143.（清）翁方纲：《石鼓考》，稿本，《国家图书馆藏石鼓文研究资料汇编》第四册，北京：国家图书馆出版社，2014 年，第 81 页。
144. 同上，第 12 页。
145. 同上，第 100 页。
146. 同上，第 108 页。
147. 同注 141，第 116 页。

说云尔。[148]

《石鼓纪实》论及缺文是亦云：

> 用修遂以"亚兽白泽"入正文，欺人甚矣。今据鼓文，既脱上二
> 字，则此字正自难晓且姑存杨说以通一解文。[149]

所以，杨慎本虽伪，但部分学者仍没有以此而将其完全否定，甚至成为解读石鼓文本、填补缺文的重要参考。

在石鼓辨伪史上，杨慎本《石鼓文》应该是最有影响的案例。虽然，自其出现不久便遭到质疑，朱彝尊的力辨、《四库全书》的评判已使其成定案，但在翁方纲、冯承辉等学者的辨析与运用中，其影响力贯穿清、民国乃至现在。其中，缪荃孙、陈矩等人的辩诬，又使其更加扑朔迷离。可以明确的是，此本的确存在杨慎增益文字，朱彝尊、翁方纲、徐宝贵等人均已指出。同时，此本训释亦有其发明之处，故而研究石鼓者多有借鉴。姚大荣曾云：

> 杨慎臆造全文以欺世，贻笑千古。后来师其故智，实繁有徒动辄
> 增改鼓文亦圆私说。似此何必考古，但须另刻十石……故余谓石鼓
> 文之可信者，除天一阁北宋真本外，凡有不合于薛尚功、郑樵、王厚
> 之、施宿、潘迪、王昶诸家所录者，皆伪造也，不可以污吾简牍。[150]

"后来师其故智"者确实不在少数，从而使得杨本考辨争执不休，而在这其中，天一阁本《石鼓文》正是各家鉴定真伪的一件利器。

148.（清）冯承辉：《石鼓文音训考证·自序》，清刻本，第2页。

149.（清）李棠馥：《石鼓纪实》上卷，清刻本，第10页。

150.（清）姚大荣：《惜味道斋集·石鼓文足徵记》，清刻本，第15页。

第五节　吴昌硕书法实践与江南石鼓鉴藏传统

一定意义上说，吴昌硕在石鼓文化史上有着开创之功。其开创之功并非是对石鼓研究中悬而未决的问题予以全新解答，而是开辟出石鼓在书法领域的新天地。对于吴昌硕石鼓书法已有众多文章论述，但对其所面对的石鼓鉴藏资源与书法的关系，特别是将其置于江南石鼓鉴藏圈中加以考察者则几乎不见。此外，应该说，张燕昌、张廷济等人的石鼓鉴藏不仅为吴昌硕书法实践提供了丰富的拓本资源、文化环境，也为其预留了新领域、新空间——石鼓书法。在吴昌硕之前，江南鉴藏群体对石鼓拓本、石鼓考证做了充足讨论、探究，但却很少言及石鼓书法审美，更无须说书法实践。

吴昌硕的年代虽早已不是清初，但对于石鼓书法而言则是恰好具备实践条件。那么，作为江南石鼓鉴藏群体的延续，吴昌硕怎样面对群体酝酿的资源优势，其与天一阁本又有着怎样的关联？

一、吴昌硕前的石鼓书法品评与实践

自唐初发现石鼓以来，其便被历代书家所重。唐张怀瓘、窦臮、徐浩等书法理论著作中均有提及。其中，不仅涉及到书体归类，而且亦有生动的书法品评。其中窦臮《述书赋》颇具代表性，其云：

篆则周史籀，秦李斯，汉有蔡邕，当代称之。俱遗芳刻石，永播清规。籀之状也，若生动而神凭，通自然而无涯。远则虹绅结络，迩则琼树离披。斯之法也，驰妙思而变古，立后学之宗祖。如残雪滴溜，映朱槛而垂冰；蔓木含芳，贯绿林以直绳……（原注：史籀，周宣王时史官，著大篆教学童。岐州雍城南有周宣王猎碣十枚，并作鼓形，上有篆文，今见打本。吏部侍郎苏勖《叙记》卷首云：

"世咸言笔迹存者，李斯最古，不知史籀之迹，近在关中。"即其文也。）[151]

如果说"如残雪滴溜，映朱檻而垂冰；蔓木含芳，贯绿林以直绳"还较为感性，使人难以想象其形状，那么，张怀瓘的视角则显得更为具体、细腻。《书断》"籀文""神品"中都曾论及石鼓。"神品"中云：

（籀文）其状邪正，体则《石鼓文》存焉。乃开阖古文，畅其戌锐，但折直劲迅，有如镂铁。而端姿旁逸，又婉润焉。若取于诗人，则《雅》《颂》之作也，亦所谓楷、隶曾高，字书渊薮。[152]

"折直劲迅，有如镂铁""端姿旁逸，又婉润焉"等品评，生动具体的道明了石鼓字画、结体上的特点。宋元以来，在取法石鼓上有所不同。宋人郝经《叙书》云：

篆，周宣王时史籀变古文蝌蚪为大篆，今存者只有《石鼓文》数十字。至

151.（唐）窦臮撰，窦蒙注，《述书赋》上，《书法要录》卷五，北京：人民美术出版社，2016年，第175—176页。
152.（唐）张怀瓘：《书断》，《法书要录》卷八，北京：人民美术出版社，2016年，第259页。

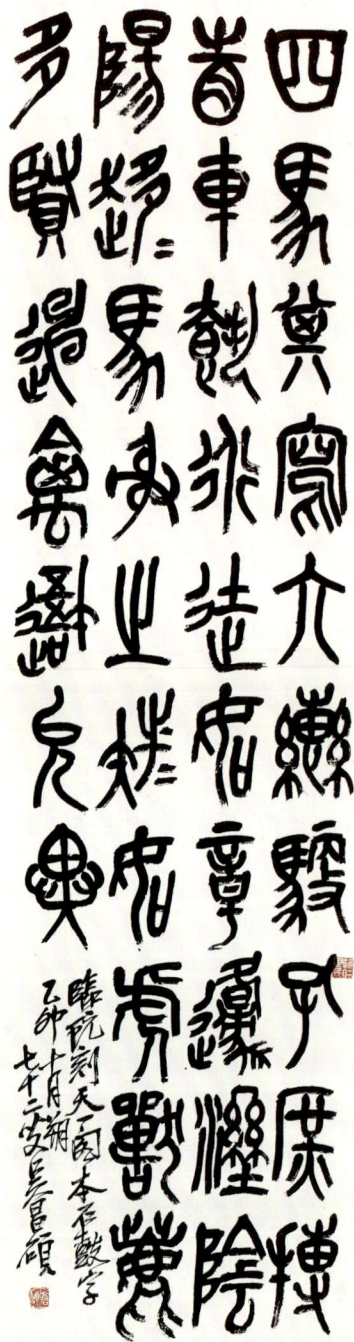

图11　吴昌硕节临《石鼓文》　1915年　私人收藏

秦，李斯删大篆为小篆，今之篆书是也。[153]

　　故古之篆法之存者，惟见秦丞相斯。斯刻薄寡恩人也，故其书如屈铁琢玉，瘦劲无情，其法精矣，后世不可及。[154]

石鼓归于"籀文"，还是归于"大篆"，自唐以来就存在不同见解并且延续至今。不同归类，看似无关紧要。实际上，却影响着石鼓的地位。将石鼓归为"籀文"，意味着它是唯一书体，而将石鼓归于"大篆"，意味着其仅是此书体之一，特别是宋代金石学兴起之后，石鼓唯一性更被各类青铜器冲淡。当然，归类并不是最重要的，但郝经显然将石鼓归为"大篆"且云"古之篆法之存者，惟见秦丞相斯"。故而，郝经认为"所当学也"。从中可见，以郝经为代表的一派，在篆书取法与实践上主要是以李斯为代表的小篆。元吾衍则代表充分重视石鼓一派。其《论篆书》云：

　　凡习篆，《说文》为根本，能通《说文》则写不差。[155]
　　篆法匾者最好，谓之《蝌蚪》，石鼓文是也。[156]

明末赵宦光发展吴氏观点，其在《寒山帚谈》中云：

　　剥落之余，犹有不易者，在信体结构，自成篇章，小大正欹，不律而諧。至若钩引纷披，作轻云卷舒，依倚磊落，如危岩乍阙。施用无定方，立傍有成法，圆不致规，方不致矩。可摹者仅三百余言，赖

153.（宋）郝经：《叙书》，载崔尔平注：《历代书法论文选续编》，上海：上海书画出版社，2015 年，第 170 页。

154.（宋）郝经：《叙书》，载崔尔平注：《历代书法论文选续编》，上海：上海书画出版社，2015 年，第 174 页。

155.（元）吾衍：《论篆书》，载崔尔平注：《历代书法论文选续编》，上海：上海书画出版社，2015 年，第 204 页。

156. 同注 153。

前人释文能补其缺，遂为书家指归。[157]

清初，王澍《竹云题跋》云：

> 余尝曰篆法有三：一曰圆，二曰瘦，三曰参差。圆乃劲，瘦乃腴，参差乃整齐，三者失其一，奴书耳。石鼓操纵在手，从心不逾，篆书之圣，不敢仰攀。[158]

王澍以"篆书之圣"点评石鼓，是一个极为重要的改变。尽管自唐以来，书家已经开始对石鼓的书法艺术给予高度赞扬，但往往还是就其代表一种书体而言，而没有从篆书实践角度加以论述。从篆书发展而言，亦体现这一点。唐至清初，篆书几乎不出李斯、李阳冰藩篱。王澍本人所临石鼓文，就是一个很好的例子。台北故宫博物院藏有其石鼓临本，仔细品读这件作品不难发现，王澍所临比较忠实地反映了石鼓字形，但其用笔则体现出时人对篆书用笔的一贯认知，匀净、圆转、婉丽，呈现出铁线篆式的样貌。若与原迹相比，浑厚、古朴之气有所欠缺，可谓形貌近而神采远。应该说，王澍虽已将石鼓视作篆书实践的重要范本，但在个人书写中仍未突破二李范畴。

实际上，清代篆书的最高成就正是摆脱了二李窠臼，创造出全新的篆书风貌，而其代表性人物乃邓石如（1743—1805）。康有为那段为人熟知的评价，最能显其意义：

> 完白山人未出，天下以秦分为不可作之书，自非好古之士，鲜能为之。完白既出之后，三尺竖僮仅解操笔，皆能为篆。[159]

157.（明）赵宦光：《寒山帚谈》，杭州：浙江人民美术出版社，2018 年，第 18 页。

158.（清）王澍：《竹云题跋》卷四，《四库全书》本，第 25 页。

159. 康有为著、崔尔平校注：《广艺舟双楫注》，上海：上海书画出版社，2006 年，第 36 页。

邓石如的出现使篆书用笔、章法从"二李"书风中得以解脱，从而更具书写性、表现性，故而有"三尺竖僮仅解操笔，皆能为篆"之感。自此之后，篆书书写迎来了全新风貌。从吴让之、杨沂孙到赵之谦、吴昌硕无不受其影响，从而形成书法史富有特色的"邓派"篆书。邓石如曾自述其学篆经历云：

> 余初以少温为归，久而审其利病。于是以《国山石刻》《天发神谶文》《三公山碑》作其气，《开母石阙》致其朴，《之罘二十八字》端其神，《石鼓文》以畅其致，彝器款识以尽其变；汉人碑额以博其体。举秦汉之际零碑断碣，靡不悉究。闭户数年，不敢是也。[160]

邓氏篆书的开创性，很大程度上得益于其对秦汉碑版、三代钟鼎的取法。后世学习篆书亦沿袭此法，但鲜有能超邓石如者。康有为对此甚为惋惜，甚至提出自己的破解之法，他说：

> 程蘅衫、吴让之为邓之嫡传，然无完白笔力，又无完白新理。真若孟子门人，无任道统者矣。陈潮思力颇奇，然如深山野番，犷悍未解人理。左文襄笔法如董宣强项，虽为令长，故自不凡。近人多为完白之书，然得其姿媚靡靡之态，鲜有学其茂密古朴之神。然则学完白者虽多，能为完白者其谁哉？[161]

康有为这段评价颇富洞见，直陈当时篆书学习之弊。他特别提到，诸家能得邓氏"姿媚靡靡之态"而不能致其"茂密古朴之神"。面对这种书坛现象，康有为结合自身书法实践提出了突破方案。

> 吾尝学《琅琊台》《峄山碑》无所得，又学李阳冰《三坟记》《栖

---

160. 吴育：《完白山人篆书双钩记》，载穆孝天、许佳琼编：《邓石如研究资料》，北京：北京人民出版社，1988 年，第 245 页。

161. 康有为著、崔尔平校注：《广艺舟双楫注》，上海：上海书画出版社，2006 年，第 78—79 页。

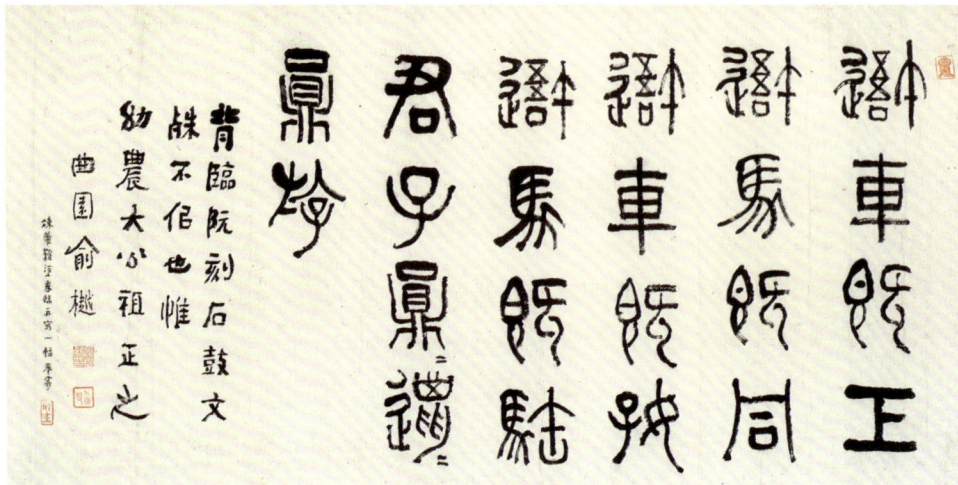

图 12　（清）俞樾节临《石鼓文》　私人藏

先茔记》《城隍庙碑》《庾赟德政碑》《般若台铭》，无所入。后专学
邓石如，始有入处。后见其篆书，辄复收之，凡百数十种，无体不有，
无态不备，深思不能出其外也。于是废然而返，遂弃笔不复作者数年。
近乃稍有悟入处，但以《石鼓》为大宗，钟鼎辅之。《琅琊》为小宗，
西汉分辅之……操之极熟，当有境界，亦不患无立锥地也。吾笔力弱，
性复懒，度不能为之，后有英绝之士，当必于此别开生面也。[162]

　　结合康有为对当时篆书的批评，此段文字便很值得玩味。从中可见，康氏
不仅在政治上颇有作为，其在书法上亦有雄心。其因篆书不能突破邓氏，而数
年不作。最终，他领悟到如果以石鼓为大宗并辅之以钟鼎文字、秦汉碑版，必
然能别开生面。虽然在这之前早已有人提出石鼓在篆书学习中的重要性，但在
实践中并未带来很大变革。邓石如以来，篆书发生了全新变革，但石鼓也仅是
其取法之一并未置于至高地位。所以，康有为在邓氏一统的篆书局面中提出此
法，无疑将石鼓重要性推至新高。然而，如其所说，康氏本人并未按此深入实践，
但其所指出的理论性路径却让人感到极为熟悉。实际上，这正是吴昌硕书法实

---

162. 康有为著、崔尔平校注：《广艺舟双楫注》，上海：上海书画出版社，2006 年，第 77 页。

践之路。《广艺舟双楫》脱稿于光绪十五年（1889），此时吴昌硕已经四十五岁且在篆书上已小有成就。所以，吴昌硕受康氏此说影响的可能性几乎没有。由此而言，石鼓在清末篆书实践中的重要性已受到广泛重视。

二、吴昌硕石鼓拓本鉴藏与书法实践

在吴昌硕书法生涯中，《石鼓文》始终是其研习对象。他曾在拓本后题云："予学瑑好临石鼓，数十载从事于此，一日有一日之境界。"[163] 吴昌硕对石鼓的创造性改变，已有讨论。然而，关于其临写过哪些拓本，如何临写拓本，乃至怎样鉴赏石鼓拓本尚有考察空间。在此，不妨先对吴昌硕的所藏进行相关梳理。

从史料来看，吴昌硕所藏最早的拓本应是阮元重刻天一阁本。林树中曾将吴昌硕的一生分为三个时期：28 岁以前是他的少年时期。此一时期，在学业上打下了比较结实的基础；在生活上，则饱受太平天国战乱之苦，只身流亡，亲人亡故。29 岁至 56 岁是其中年时期。历经拜师学艺，入幕为僚，逐渐走向艺术创作之路；60 岁前后至 84 岁，虽入晚年，诗书画印渐趋成熟，最终成为一代大师。林氏将 29 岁，视为吴昌硕一生的分界点较为合理。正是自此年开始，吴昌硕至杭州、苏州、上海等地交游学习。此一阶段，也是吴昌硕开始了解、研习石鼓文的重要时期。

吴昌硕初次求学之地便是诂经精舍，它是清代最为著名的书院之一。精舍由阮元创立，且重刻的天一阁本石鼓文就嵌于书院明伦堂壁间。关于，石鼓文在精舍有着怎样的象征地位，后文将继续讨论。阮元之后，精舍停废。道光年间曾有修葺，但受第二次鸦片战争及太平天国运动的影响，再次停办。同治五年（1866），布政使蒋益澧捐资重建。两年后，经学大家俞樾受邀主持精舍，再次使其复兴。吴昌硕前往杭州时，正是俞樾担任教席。俞樾的教学思想，完全继承了阮元之法。尽管当时阮元所置杭州府学的石鼓文，已毁于咸丰战火，但俞樾对石鼓文仍然非常重视。同治十三年（1874），俞樾在上海观阅过徐允临藏张燕昌所摹天一阁本

---

163. 天一阁博物馆编：《石鼓墨影——明清以来〈石鼓文〉善拓及名家临作捃存》，上海：上海书画出版社，2018 年，第 210 页。

图 13　古欢图　顾麟士绘　上海图书馆藏

石鼓文并题跋其上希望他能以此重刻。不仅如此，俞樾本人亦曾临写石鼓文，而且其亦注明所临为阮元刻本。尽管俞樾与吴昌硕讨论石鼓文的内容不见记载，但可以想见其在讲学中，提及、展示阮氏重刻本是极为可能的，毕竟此刻本流传甚多。

　　吴昌硕所收藏的最重要拓本，为王氏话雨楼旧藏明拓本，现藏上海图书馆。此本前有杨岘、朱孝臧题签、顾麟士所作古欢图。顾氏于画跋云：

　　　　仓石先生新获吴江王氏话雨楼所藏猎碣，是四百年前拓。古色古
　　香，得未曾有，宝而临之。原作此图，用志古欢，即乞正。[164]

---

164. 天一阁博物馆编：《石鼓墨影——明清以来〈石鼓文〉善拓及名家临作捃存》，上海：上海书画出版社，2018 年，第 25 页。

其后有六舟、杨岘、潘钟瑞、王国维五家跋文；道光十七年（1837）程镕、1929 年朱孝藏、1920 年张熙三家观款及吴东发手札两通。其中，杨氏、潘氏题跋与吴昌硕关系最为密切，故移录于此：

> 石鼓文曾获平津馆藏本，今归合肥李新吾郎中。后又见钱塘陈遇安太学藏本，与此而三皆明拓之佳者。古香满纸，迎人欲笑。近时，苏州汪柳门宫詹以罗纹纸精拓亦颇可玩但乏旧气耳。余尝论三代以上篆势皆圆，至汉而方，至唐而长。怀宁邓完白山人号为本朝篆书第一，其实学唐，迮姿态，非篆之正，趋也。或曰："时尚也。"则应之曰："时尚真书，何必篆学。"篆而不师古，犹学制举艺但作墨裁而不读先正名义，虽工奚贵。昌公篆法探源星海，必不以余言为谬。乙酉腊月，杨岘题。[165]

潘氏跋云：

> 此旧拓猎碣，六舟上人定为初明本，较天一阁宋拓未达一间……王任堂先生，吴江盛泽镇人。当嘉道间，从张艺堂、张叔未诸先生游，精鉴别，收藏皆妙品。尝刊《话雨楼所藏金石录》一书，此猎碣亦双钩摹入。今双钩本已罕见，而原本乃为仓公所得，洵稀有之珍也。天一阁本一摹于阮相国，再摹于张征士（即艺堂）。征士本为上海徐氏移置露香园，不数年毁于火。平津馆本亦曾重刻于虎阜孙武子祠，咸丰时废于兵燹，概无存矣。郋亭汪君官司成时，监视精拓者，余得其一通。仓公爱而索之，余索其手临一通以相易。余向藏旧拓宣猷一碣，楮墨纯古，虽未能上拟范氏本，较诸此则无多让也，惜其残阙，愿与仓公共宝之。承属缀言，因并记此猎碣掌故焉。光绪十有二

165. 天一阁博物馆编：《石鼓墨影——明清以来〈石鼓文〉善拓及名家临作捃存》，上海：上海书画出版社，2018 年，第 35 页。

年，丙戌夏五长洲潘钟瑞题于双凤双虎砖砚斋。[166]

杨氏跋文重在讨论石鼓与篆书的关系，这为了解吴昌硕坚持以石鼓为宗，最终突破邓石如自成一家提供了重要线索。跋文虽简短，但却直指篆书要害。在杨岘看来，篆书发展大概有三个阶段的变化"三代以上篆势皆圆，至汉而方，至唐而长"，而名重一时的邓石如正是学唐篆出身。杨岘认为，这并非篆书正宗，学篆应取高古，故要学石鼓文。杨岘是当时苏州富有声望的书法家，其与吴昌硕更是亦师亦友。[167] 对此，吴长邺《吴昌硕年谱简编》中有详载：

> 在苏州与杨见山订交，常以诗文就正，因钦佩其治学与为人，欲师事之，见山复信固辞，愿以兄弟相称。其后二十年间先生与之过从甚密，始终遵之为师长，敬礼不衰。[168]

杨岘将此跋系于吴氏所藏拓本之后，不难想见其对吴昌硕之影响。这并不是说吴昌硕完全接受杨氏观点，特别是对唐篆态度上，吴昌硕似乎没有那么完全轻视。其在 1912 年，为潘钟瑞所藏唐篆摩崖时提到：

> 是刻不著年月及书者名，揣其体势是唐人手笔无疑。此拓黝然，而秀色扑人眉宇，虽未若岐阳石鼓之遒劲古茂，而一种静穆之气，又似从石鼓所出。壬子夏，瘦羊潘先生出此属题，得以临摹索趣者经旬。其运笔之妙，结体之精，颇能得其大意。顾向之寝馈于石鼓文字

---

166. 天一阁博物馆编：《石鼓墨影——明清以来〈石鼓文〉善拓及名家临作掇存》，上海：上海书画出版社，2018 年，第 35 页。
167. 杨见山，名岘，自号庸斋，归安人。咸丰乙卯（1855）举人。为学博综汉唐，不读宋以下书。诗、古文皆俊洁廉悍，一洗凡近，潜心经学，先后成书数十卷，兵乱尽佚。官吴门，以文学为仕流引重。顾不谐于俗，为当道论劾罢职。人咸咎观察薱上司，因自号"薱翁"。见吴昌硕著，吴东迈编：《吴昌硕谈艺录·石交录》，杭州：浙江人民美术出版社，2018 年，第 233 页。
168. 吴长邺：《我的祖父吴昌硕》，上海：上海书店出版社，1997 年，第 280—281 页。

者为不稍负也，乌得以唐篆而忽之耶？[169]

虽然，吴昌硕定其为唐篆无疑，但仍临摹经句并认为其与石鼓有相通之处，而题跋的最后一句，则似乎更是对杨氏观点的批判性继承。显然，吴昌硕也有杨氏轻唐篆的观念，但他并没有因此完全否定唐篆，甚至在书法实践中若得到佳品仍然临写。

与杨跋不同，潘钟瑞跋文重在描述此本来历。据此可知，此本先是经王氏话雨楼收藏，后归吴昌硕。潘钟瑞（1823—1890），字圉云，号麟生，别号瘦羊、香禅居室。潘家为苏州世家，地位显赫。其与吴昌硕为挚交。自光绪十年（1884）至十二年（1886）期间，潘、吴二人几乎每天都有往来，或品古砖、或赏碑帖、或晤友朋……是当时苏州金石文化圈的重要成员。[170]上文所移潘氏跋文，在其日记中亦有记载：

> 廿二日甲寅（6月23日），写《跋明拓石鼓文》一篇于仓石所藏册尾。铁翁来，不晤多日，谈移时，去。申刻，仓石偕廉夫来，谈次，同至东园茶叙。[171]

潘氏跋文除记此本来历外，亦提及其曾获汪鸣銮（1839—1907）精拓本，后亦被吴昌硕所得。对此，吴昌硕曾有长诗纪事，其中有云：

> 后学入手难置辞，但觉元气培脏腑。
> 从此刻画年复年，心摹心追力愈努。
> 莳溪新居南园邻，种竹移花满庭户。
> 清光日日照临池，汲干古井磨黄武。[172]

---

169. 吴昌硕著，吴东迈编：《吴昌硕谈艺录》，杭州：浙江人民美术出版社，2018年，第159页。
170. 潘钟瑞著、尧育飞整理：《潘钟瑞日记》，南京：凤凰出版社，2019年，第161—405页。
171. 潘钟瑞著、尧育飞整理：《潘钟瑞日记》，南京：凤凰出版社，2019年，第357页。
172. 吴昌硕著、吴东迈编：《吴昌硕谈艺录》，杭州：浙江人民美术出版社，2018年，第139页。

从中可见，其研习石鼓之勤奋。潘氏此跋，无意中也显示出吴昌硕所受江南石鼓鉴藏群体的影响。正如前文所述，跋中亦提及张燕昌、张廷济在当时鉴藏圈中的重要地位及其与话雨楼之关联，最后再论此本之珍与吴昌硕之幸。潘跋作于道光十二年（1886），此时吴昌硕四十二岁，还是靠租房生活。应该说，能在此岁获得明拓本、精拓本，很大程度上，正得益于江南群体的鉴藏传统与接续发展。实际上，这一点不仅仅体现在其能入藏拓本上，吴氏对石鼓拓本的鉴定、对石鼓文字的研究及书法实践上都深受此影响。

虽然吴昌硕对于石鼓主要是书法研习，但其对拓本、文字亦有较多关注。早在光绪八年（1882），其在《题近拓石鼓》中云：

> 此本罗纹笺精拓，以明拓校之，其半字较为清朗者有十余处，而明拓胜于此者仅二三字。疑是汪郋亭侍讲官少司成时洗刷手拓者，未敢以今本薄之。[173]

此外，他对明清拓本考据点亦较为明了，《题旧拓乙鼓》云：

> 按，乙鼓乾、嘉时所拓已无"鲜""鳟""又"三字。是拓有之，而浑穆苍古之气扑人眉宇，审是真正明拓，旧本中亦未易觏。[174]

其亦有诗云：

> 劫火已仇天一阁，宏文阮刻费搜罗。蛮夸明拓存"微"字，翠墨张皇赝鼎多。[175]

173. 吴昌硕著、吴东迈编：《吴昌硕谈艺录》，杭州：浙江人民美术出版社，2018年，第149页。
174. 同上，第149页。
175. 同注171，第139页。

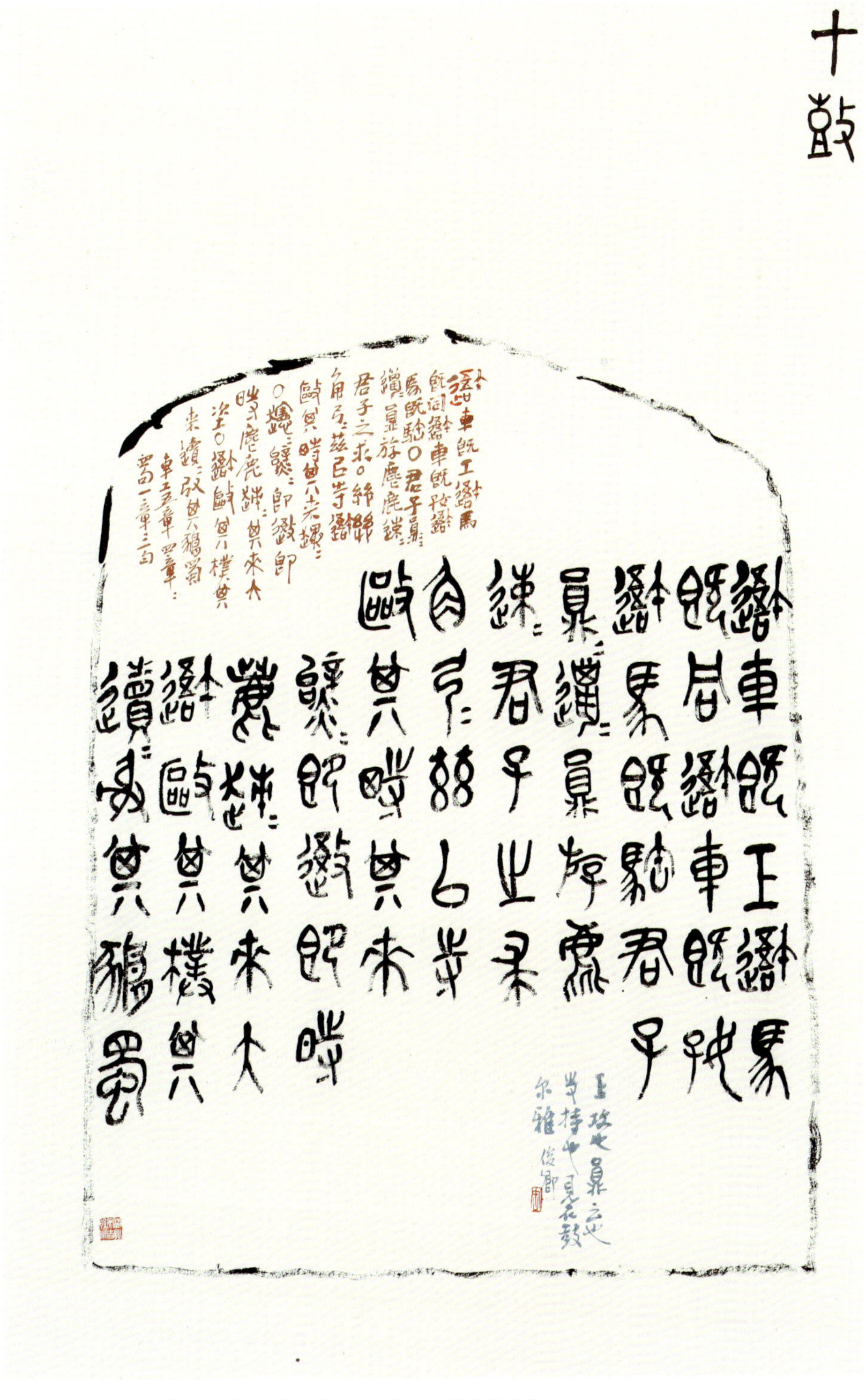

图 14　吴昌硕通临《石鼓文》之车工鼓　1903 年　个簃艺术馆藏

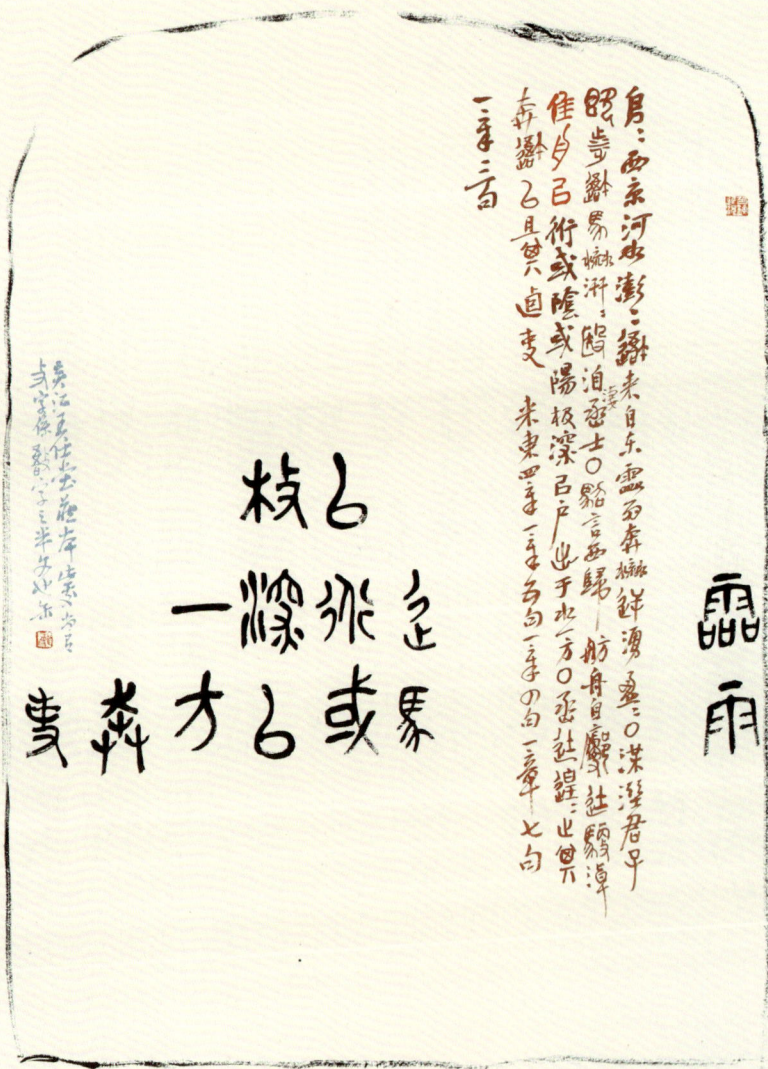

图 15　吴昌硕通临《石鼓文》之霝雨鼓　1903 年　个簃艺术馆藏

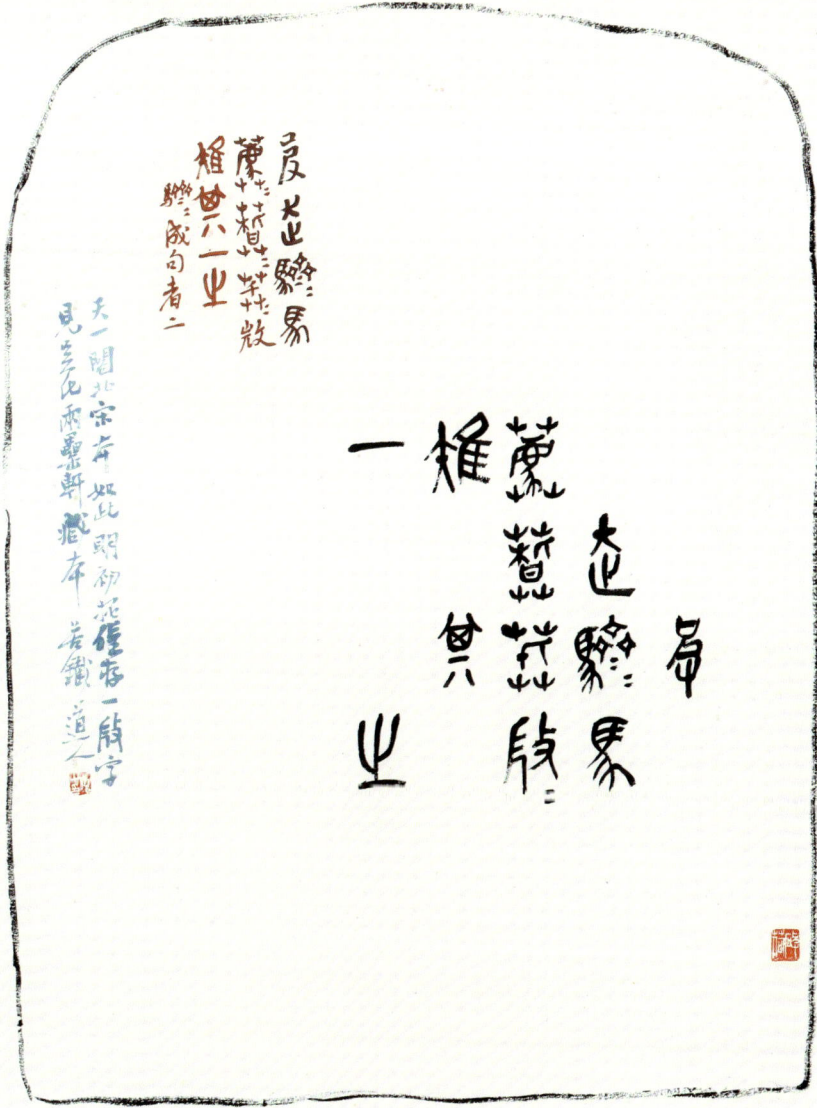

图 16　吴昌硕通临《石鼓文》之马荐鼓　1903 年　个簃艺术馆藏

可见，吴昌硕对石鼓明拓、乾嘉拓乃至汪鸣銮极为熟悉。虽然说，其在拓本鉴定上没有突破性成就，亦不似张廷济等开创明拓本之鉴定，但对于江南鉴藏群体所论内容却有继承。光绪二十九年（1903），吴昌硕为刘世珩（1874—1926）图鼓形、临十鼓并用朱笔注明释文、蓝笔书所异同，极为宝贵。因其注释较多，故亦可视为吴昌硕关于石鼓拓本品鉴知识的集中体现。其中，

第二鼓云：

"篛"侃叔明经作"温"，见周伯温甗。

第三鼓云：

秦澹如观察藏有此鼓，裂痕细如毫发，曾于丽宋楼见之。

第四鼓云：

余见天津华氏旧藏本，"飙"下有"道"字。

第五鼓云：

吴江王任堂藏本此处尚有"攴"字，系"敲"字之半文也。

第六鼓云：

"𩰊"旧"需"作，《集古印证》有"张儒印"作"𩂣"。吾家侃叔翁《石鼓或问》载此。

图 17　（清）翁同龢跋自临《石鼓文》　1901 年　天一阁博物院藏

第八鼓云：

天一阁北宋本如此，明初拓仅存一"敢"字，见吴氏两罍轩藏本。

第九鼓云：

"吾水"二字近时碑贾往往失拓，汪郇亭侍郎罗纹纸精拓者犹明

显可辨。[176]

---

176. 天一阁博物馆编：《石鼓墨影——明清以来〈石鼓文〉善拓及名家临作撷存》，上海：

上海书画出版社，2018 年，第 189—197 页。

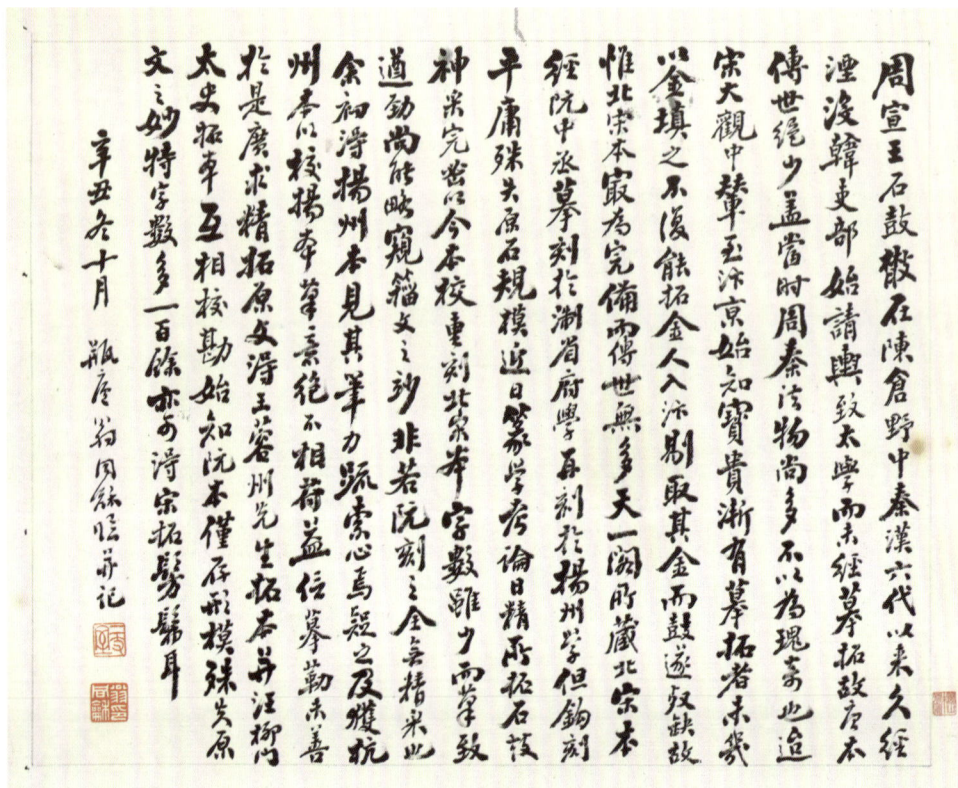

图18　（清）翁同龢临《石鼓文》（局部）　1901 年　天一阁博物院藏

其中已提到秦澹如藏本、天津华氏旧藏本、王任堂话雨楼藏本、吴云两罍轩藏本、汪鸣銮拓本、阮刻天一阁本及两处吴东发关于石鼓文字考证。当然，吴昌硕藏本远不只这些。此文无意详细考证吴昌硕见过多少藏本，而是旨在说明江南石鼓鉴藏群体对其所见拓本的重要作用。从阮刻本、话雨楼本到两罍轩藏本、汪鸣銮拓本，除天津华氏旧藏本不知是何处所见外，其他均未超出江南群体。

三、吴昌硕与天一阁本

对于各种拓本的鉴藏、比对、校勘，其主要目的还是用于书法实践。他在获得话雨楼拓本后的第二天，就为宗兄子彝背临一过。[177] 据李含波统计，吴昌硕一生临写最多的就是天一阁本。[178] 这便呈现出一个有意思的话题：吴昌硕所见天一阁本乃阮氏重刻本，其书法价值远不如原拓本，为何又临习最多呢？在此可以先看一下其他书家，是如何看待阮氏重刻天一阁本的。1901 年冬，翁同龢曾通临石鼓十章，临后似乎仍未尽兴，于是又长跋其后。其中，评阮刻天一阁本云：

> 天一阁所藏北宋本，经阮中丞摹刻于浙省府学，再刻于扬州（府）学，但钩刻平庸，殊失原石规模。近日篆学考论日精，所拓石鼓神采完密，以今本较重刻北宋本，字数虽少而笔致遒劲，尚能略窥籀文之妙，非若阮刻之全无精采也。余初得扬州本，见其笔力疏索，心焉疑之。及获杭州本以校扬本，笔意绝不相符，益信摹勒未善。于是，广求精拓原文，得王蓉州先生拓本并汪柳门太史拓本互相校勘，始知阮本仅存形模，殊失原文之妙。特字数多一百余，亦可得宋拓仿佛耳。辛丑冬十月，瓶庵翁同龢临并记。[179]

从落款来看，翁同龢当时七十一岁，吴昌硕五十七岁。这是对阮刻本少有的批评，但其角度新颖且具说服力。翁同龢之所以提出如此观点，其所看重的不再是阮本字数多少，而是书法的神韵，笔致的遒劲，笔力的有无。毫儿疑问，与原刻相比，阮摹本的确存在这些问题。然而，阮刻本再经数次重刻及研究者

177. 陈大中编：《吴昌硕全集·书法》卷一，上海：上海书画出版社，2017 年，第 52 页。

178. 李含波：《曾抱十石鼓——吴昌硕所藏所见〈石鼓拓〉本论述》，《书法》，2017 年第 12 期，第 82 页。

179. 天一阁博物馆编：《石鼓墨影——明清以来〈石鼓文〉善拓及名家临作捃存》，上海：上海书画出版社，2018 年，第 177 页。

的反复利用，早已成为最具权威的版本，翁同龢观点对书法家似乎有当头棒喝之感。那么，如何解释这种批评的新观点呢？显而易见，翁同龢并不是从研究的角度看待阮刻本，而是用书法艺术的眼光加以审视。

从其所临《石鼓文》来看，翁同龢最注重的是石鼓本身经过风雨剥蚀之后的苍劲感，通过迟涩的用笔使线条蜿蜒曲折，体现出钝厚、凝重的书法趣味。这是翁同龢对于书法"金石气"的理解与处理方式。然而，这是翻刻本所不具备的。相对于翁同龢遵循石鼓本身原有字形，用笔上渴求石鼓本身的斑驳感，吴昌硕的处理方式有所不同。他是通过拉长字形，在用笔较为浑厚的基础上，通过让线条上下、两边呈现不均匀、略微粗糙的方式，体现石鼓斑驳苍劲的意味。这不是说不需要原拓本作参考，只是相比之下，特别是在自身风格稳定之后，对底本的依赖性便有所降低。对于吴昌硕所临底本与书法的关系，刘涛先生曾云：

> 吴昌硕临习《石鼓文》所使用的范本并不是什么精拓善本，很可能还是阮元等人的重摹本，这一点，从其得到一册汪鸣銮所赠的新近拓本，便喜出望外，兴奋异常，又刻印又作诗来记述便可断定。也许正因为如此，才使他能够在长年累月、日复一日的重复书写中，将更多的注意力集中在摸索和提炼自己的技法习惯、发挥和强化个人领悟心得这一点上，从而跳出范本的约束，将枯燥单调的临写练习转化为抒情表意的创作活动。[180]

跋文中将吴氏能够跳出范本约束归结为所临底本不善，应该说，这正是注意到了其作品中有较多重刻天一阁本的现象，但在解读上似乎可继续深入。要知道，吴昌硕不仅有重刻本，亦有原拓本，甚至是明拓本而且在其四十岁左右就已经获得。还需要说明的是，汪鸣銮拓本虽然较晚，但是其冲洗石鼓后精心传拓之作，在当时多以善本视之。

---

180. 刘恒：《中国书法史·清代卷》，南京：江苏教育出版社，2009 年，第 265 页。

既然吴昌硕很早就藏有明拓、汪拓本等善本，为何作品中要突出标明临天一阁本呢？这其中有两个重要原因：一是，索字者的明确要求；二是，天一阁本的权威性与篆书书法的特殊性。前文提及潘钟瑞曾以汪拓本与吴昌硕临本交换。此册现在仍存于世，吴氏跋云：

> 石鼓近以汪郘亭侍讲罗纹笺拓为最。瘦羊博士藏此数年，索余临天一阁本全文以相易。[181]

此外，朵云轩亦藏有吴昌硕六十四时，通临阮摹天一阁本石鼓文一册。其后，钱经铭跋云：

> 吾人学篆，以周宣《石鼓文》为正宗。惟是阅世既久，拓本漫患残缺，不免浸失古意，余滋戚焉。盱衡近世研精石鼓篆文，无过吴君仓硕。乃请临北宋天一阁本存字，足成十鼓，附以释文并属名手刻石。自戊申至庚戌，三年始成。氊蜡初拓，不爽毫厘。学篆者得此，进求笔情意理，当与阮刻天一阁本同珍矣。是册墨本为戊申年所书（年六十四），其殁年丁卯年八十四尝语余曰："猎碣文字用笔宜恣肆而沉穆，宜圆劲而严峻"。生平临摹石鼓虽多，写全文者除余一本外，一亭王君亦得一本。盖非遇真赏识，不轻下笔也，故特表而识之。己卯仲春装池既峻，寄蠡钱经铭。[182]

钱氏索求此本，看重的是吴昌硕的书法艺术，甚至觉得后世可以不用再受拓本漫漶不清的限制，直接以此为研习对象便可，故而用三年时间将其刻石。潘钟瑞、钱经铭明确要求以阮刻天一阁本通临，吴昌硕断然不会拒绝。这类情

---

181. 陈大中编：《吴昌硕全集·书法》卷一，上海：上海书画出版社，2017年，第48页。
182. 天一阁博物馆编：《石鼓墨影——明清以来〈石鼓文〉善拓及名家临作捃存》，上海：上海书画出版社，2018年，第210页。

况并非个别现象，甚至可以说极为普遍。

他人请求仅是外因，篆书书写的特殊性才是其内因。篆书的书写，离不开对篆体文字的深入研究。由于篆书书体的复杂性，篆书书写要求每个字，，乃至每个笔画都要有来处，否则便有"不识字"之嫌。对于石鼓文这一点更为明显，由于其多残字或缺字，所以选择公认权威版本便极为重要。陈含光（1879—1957）对天一阁本的研习感悟，在某种程度上，似乎能对回答吴氏缘何常临此本提供重要参考。陈延韡云：

> 石鼓书不难于古朴而难于秀莹，康氏评以"花钿委地，芝草围云"，可云妙得其状。国学本虽浸剥泐，然笔法、刀法宛然，最可放教。其他刻本，唯阮氏摹天一阁者为可信，然神意非矣。顾存字稍多，舍此更无可师法也。（韡）幼年已习石鼓，所摹即阮本，至今不能精也。训畬先生尚有以教之。延韡。[183]

此观点与翁同龢的观念很像，他也看到了原拓本在笔法、刀法上的优点，而摹本则缺乏神意。然而，其存字较多，不以此本更无其他摹本可师法。抑或说，原拓本虽然有利于看清笔法、刀法等细节，但由于剥泐笔画甚多难以辨认，特别是缺字上无

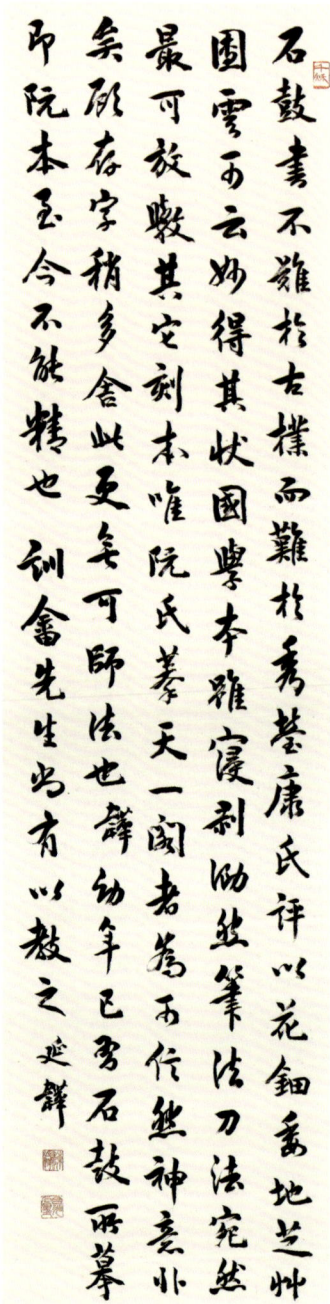

图 19　陈含光跋自临《石鼓文》
私人收藏

---

183. 天一阁博物馆编：《石鼓墨影——明清以来〈石鼓文〉善拓及名家临作捃存》，上海：上海书画出版社，2018年，第252页。

法参考。在当时，天一阁本是公认的最佳版本且存字最多，故而成为不可或缺的版本。

实际上，吴昌硕所谓的临天一阁本也并非忠实于每一个字，甚至很多正是从其他版本移来。前文提及钱经铭请其所临阮刻天一阁本石鼓全文，其中第一鼓就加"鹿"字。[184] 八十一岁时，写赠"甫仁兄"的作品中亦是如此。[185] 如果临写缺少某些字，可能是篇章结构的需要，但是添加字则明显是有意为之。也就是说，其在临写时不仅在点画的表现上可以脱离范本，而且在缺字之处亦可凭借其对不同版本的参校自我增补。所以，吴昌硕临写石鼓中最多的是阮氏重刻天一阁本，但并不意味着此本在篆书点画、结构乃至金石气上堪与原拓并驾齐驱。甚至可以推断，吴昌硕那种恣肆沉穆、圆劲严峻的书风更多的是来自于对石鼓原拓的感受与体悟，而天一阁本提供的则主要是清晰的文字与通临的便捷。特别是晚年时期，其对石鼓已达到自由书写之境，对范本的需求更为降低，但是出于他人请求或考虑版本的可靠性，其仍临阮刻本或表明此本。如果仅以阮摹本为参考，而不去体会原拓的艺术气息，则往往仅得形模而不能精，陈含光便是一例。

---

184. 天一阁博物馆编：《石鼓墨影——明清以来〈石鼓文〉善拓及名家临作捃存》，上海：上海书画出版社，2018 年，第 200 页。

185. 天一阁博物馆编：《石鼓墨影——明清以来〈石鼓文〉善拓及名家临作捃存》，上海：上海书画出版社，2018 年，第 233 页。

阮元重摹与石鼓的
文教意义

　　乾隆六十年(1795)八月,三十二岁的阮元奉旨调任浙江学政。十一月初一,阮元抵杭州,开始担任为期三年的浙江学政。阮元二十三岁举于乡,二十六岁获赐进士出身。在此之前,他有两处为官经历:一是,入职翰林院,协修《石渠宝笈》并充《石经》校勘官。二是,乾隆五十八年(1793)接替翁方纲任山东学政。在此期间,阮元接触了众多金石学家并着手编纂《山左金石志》,此书于嘉庆元年(1796)付梓刊刻。应该说,阮元至浙江时,其对金石的兴趣早已形成,这便为其重刻《石鼓文》埋下伏笔。

第一节　阮元重摹天一阁本概况

　　嘉庆元年(1796)二月初七,阮元出试宁波并登天一阁观书。此为阮元首次登阁,或许时间匆忙,文献记载颇为简单。第二年(1797)四月,阮元由台州转试宁波并再次登阁,便已有编订书目之想。《定香亭笔谈》载:

　　　　范氏天一阁,自明至今数百年,海内藏书家,唯此岿然独存。余两登此阁,阁不甚大,地颇卑湿,而书籍干燥无虫蚀,是可异也。阅其书目,庞杂无次序,因手订体例,遴范氏子弟能文者六七人分日登楼,编成书目,属知鄞县事张许给以笔札。阁中旧版书极

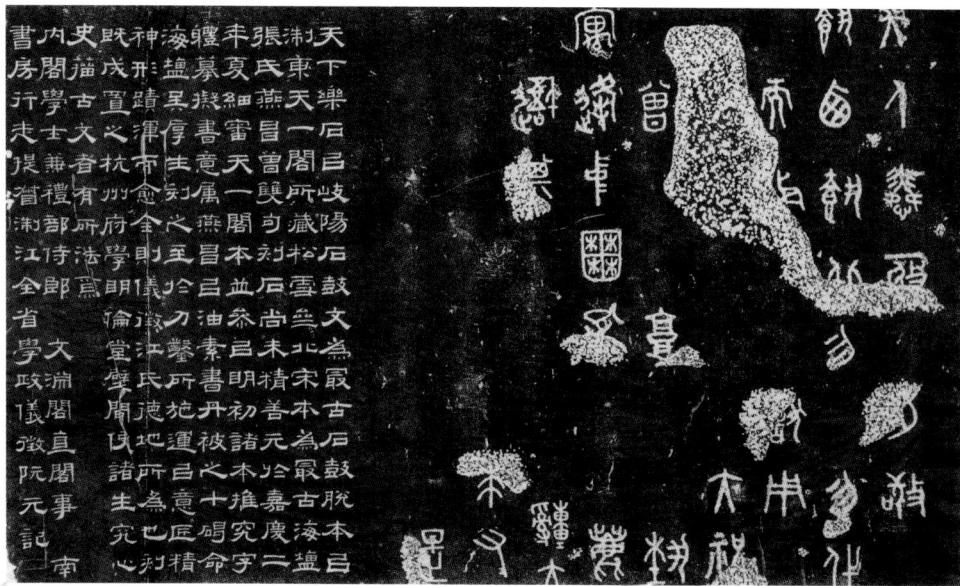

图1　（清）阮元重摹天一阁本《石鼓文》之吴人鼓（杭州府学本）　天一阁博物院藏

多，因修录其序跋及收藏家题识印记，以资考证焉。[1]

从中可知，阮元不仅遴选族人编订书目，而且手订体例并给以笔札。嘉庆十三年（1808），此目编成，阮元属府学教授汪本校勘并于同年经阮氏文选楼刊刻。[2]同年夏，阮元重刻此本，至八月初刻成，嵌置杭州府学明伦堂壁间。[3]薛龙春对阮元信札的研究，展示了更多摹刻细节。他在六月份致黄易的信札中提到，当时石鼓已刻成一鼓并请黄易作画记此事，而在致江凤彝的信札中不仅提到绘图之事，"更乞大作之诗以纪其事"。[4]摹刻完成后，阮元跋云：

　　天下乐石以周石鼓文为最古，石鼓脱本以浙东天一阁所藏松

　　雪斋北宋本为最古。海盐张氏燕昌曾双勾刻石，尚未精善。元于

1.（清）阮元：《定香亭笔谈》卷二，清嘉庆五年刻本，第21页。

2. 王章涛：《阮元年谱》，合肥：黄山书社，2003年，第471页。

3. 王章涛：《阮元年谱》，合肥：黄山书社，2003年，第133页。

4. 薛龙春，《阮元〈致黄易〉八札考释》，载《中国书画》，2019（09），第32页。

嘉庆二年夏，细审天一阁本，并参以明初诸本，推究字体，摹拟
书意，属燕昌以油素书丹，被之十碣，命海盐吴厚生刻之。至于
刀凿所施，运以意匠，精神形迹，浑而愈全，则仪征江氏德地所
为也。刻既成，置之杭州府学明伦堂壁间，使诸生究心史籀古文
者有所法焉。[5]

此跋道出了阮元对天一阁本的判定及重刻过程：首先，阮元认定天一阁
本为最古本。其之所以如此认定，一方面是受全祖望的影响。阮元曾云：

天一阁本，《鲒埼集》以为北宋吴兴沈仲说家物，而彭城钱逵
以薛氏释音附之者也。钱氏篆文甚工。后归赵子昂松雪斋。明中叶
归鄞丰氏，继归范氏。苍然六百余年，未入燕京时拓本也。[6]

可知其对此本的判定，正来源于全祖望的《鲒埼亭集》；另一方面，阮
元亦曾亲眼目睹此本。

元登天一阁见之，但未见钱氏篆耳。曾加题识，属范氏子孙谨
守之。[7]

可见，他不仅在天一阁观阅过，而且还题跋其上。其次，如张燕昌摹刻
本一样，阮元摹本亦并非完全摹刻范氏本，而是参照明清诸本。天一阁本为
剪裱本，所以各鼓字数、字的位置往往要借助其他版本加以审定。再次，摹
刻具体分工，张燕昌钩摹，吴厚生、江德地刻石。最后，其摹刻原因乃觉张

5.（清）阮元：《仪征阮氏重抚天一阁北宋石鼓文拓本》，拓本。此段跋文亦被收入《揅经室集》
卷三、《定香亭笔谈》卷四，稍有出入。《揅经室集》中省略了摹刻者名字，但提到"除重文不计，
凡可辨识者四百七十二字"；《定香亭笔谈》中则省略了张燕昌本"未为精善"及摹刻时间。
6.（清）阮元、邓经元点校：《揅经室集》下，北京：中华书局，2016 年，第 650 页。
7. 同上。

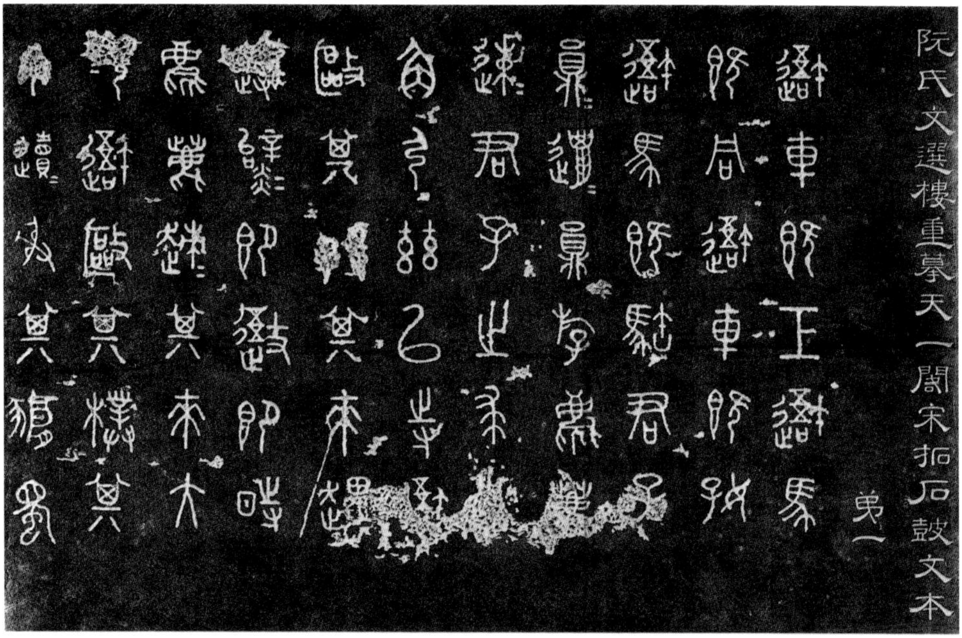

图 2　（清）阮元重摹天一阁本《石鼓文》之车工鼓（扬州府学本）　天一阁博物院藏

燕昌摹刻未为精善，其目的则是使诸生喜好古文者能有所参照。

阮元身为学政，又有此嘉惠学林之举，自然赢得众多学人赞誉。陈文述（1771—1843）《学使摹鄞范氏天一阁所藏北宋石鼓文拓本于郡庠赋呈兼赠张芑堂明经》、张廷济《阮仪征师重摹石鼓以初本见畀用前韵言谢》、陈鸿寿《阮芸台阁学师重摹石鼓歌用东坡韵》、朱壬《阮芸台阁学帅重摹石鼓歌用东坡韵》均为此次重摹所作。

阮元第二次摹刻，则距第一次达十年之久。嘉庆十年（1805），阮父病逝，阮元奏请解职且得允归里守孝。[8] 在守孝的两余年间内，阮元仍未停止其学术活动，这其中包括再次摹刻天一阁《石鼓文》。关于这次摹刻，阮元记云：

十二年，又摹刻十石，置之扬州府学明伦堂壁间，并拓二本为

---

8. 王章涛：《阮元年谱》，合肥：黄山书社，2003 年，第 386 页。

册，审玩之。以杭州本为最精，扬州之本少逊也。[9]

虽然没有第一次记载详细，但亦极为明了。此鼓后，有时任扬州知府伊秉绶一跋。跋云：

> 岐阳石鼓文，惟宁波天一阁所藏北宋拓本较今本完好之字为多。阮中丞芸台先生视学浙江时，曾刻置杭州府学，今重摹十石置之扬州府学。大儒好古，嘉惠学林，洵盛事也。[10]

一定意义上，这正是杭州府学本的效仿。至于两本摹刻如何？阮元自己作了比较，在他看来，还是杭州本略好。

阮元重刻天一阁本《石鼓文》，并非单纯的一次摹刻活动，甚至可以视为阮元朋友圈，乃至当时金石文化圈的集体成果。这一点，可以从每一鼓上刻有的某某参订、某某同观加以考察。[11]杭州府学本中，翁方纲、程瑶田、钱大昭、钱泳、赵魏、黄易等无一不是大名鼎鼎的金石学家。扬州府学本中，

---

9. （清）阮元、邓经元点校：《揅经室集》下，北京：中华书局，2016 年，第 650 页。

10. 天一阁博物馆编：《石鼓墨影——明清以来〈石鼓文〉善拓及名家临作捃存》，上海：上海书画出版社，2018 年，第 143 页。

11. 杭州府学本：第一鼓杭州府学教授郭乾训导张柯同校；第二鼓"北平翁方纲观，男树培、树崐侍"；第三鼓"会稽顾廷纶、归安孙宪仪、姚镜、钱塘汪璨、江都林报曾同观"；第四鼓"歙程瑶田、鄞袁钧、海宁陈鳣、仁和邵志纯、宣城张炯、慈溪郑勋同观"；第五鼓"甘泉阮鸿观于之江学署再到亭"；第六鼓"嘉定钱大昭、张彦曾、泰兴季尔庆、华亭张若采、歙县江振鹍、方溥、江都何孙锦、江庚；仪征阮承春、阮嗣兴、薛溶；甘泉耿兮、元和蒋革、蒋徽蔚、蒋夔；阳湖陆继辂；吴江程邦宪；同寓浙江学使署西园祭书具刻"；第七鼓歙许育熏、鄞陈权、武进唐志宁、吴江吴育、江阴陈瑚、夏翼朝同观；第八鼓"桐城胡虔、金匮钱泳、吴县袁廷梼、山阴陈广宁、仁和朱文藻、赵魏；钱塘黄易、陈豫钟、陈希濂、陈鸿寿、何元锡、高垲同观"；第九鼓无，第十鼓，阮元自跋及遂安郑荣敬观。

　扬州府学本：第二鼓"丁卯上春，约斋额勒布观"；第五鼓"嘉庆丁卯谷日，仪真贲征观"；第六鼓"道光乙巳秋，镇洋邵廷烈观于明伦堂之侧"；第八鼓"仪征于邦摹篆刻石，海宁朱兆熊、南城王聘珍、乌程张鑑、钱塘严杰、仁和姚之麟、甘泉江藩、焦循、仪征阮亨、阮长生同观；江都张维桢、仪征韩卫勋同观"，其他鼓无。

亦是如此。阮元将他们镌刻其上，既显示了审定人数之多，参与摹刻之众，又极大地增加了此本的权威性。陈鸿寿亦看到阮元的此一用心，诗中有云："重摹安置郡学中，参订同观志某某。"[12]但从题名来看，也有后来为添列其中而增刻者。扬州府学本第六鼓，题云："道光乙巳秋，镇洋邵廷烈观于明伦堂之侧。"从时间上可知，此为后来续添。

作为重摹当时唯一的北宋拓本，加之阮元在当时金石圈中的重要位置，此摹本在当时乃至后世都得到充分认可。在他自己看来，这也是其金石活动中值得著录之事。《金石十事记》云：

　　客有问于余曰："子于金石用力何如？"余曰："数指而计之，有十事焉。余裒山左金石数千种，勒为《山左金石志》，事之一也。余裒两浙金石千余种，勒为《两浙金石志》，事之二也。余积吉金拓本五百余种，勒为《积古斋钟鼎款识》，事之三也。扬州周散氏南宫大盘，东南重宝也，岁丁卯，醵使者献于朝，余模铸二盘，极肖之。一藏府学，一藏文选楼，事之四也。天一阁北宋石鼓拓本凡四百七十二字，余摹刻为二：一置杭州府学明伦堂，一置扬州府学明伦堂，事之五也。余步至扬州甘泉山，得西汉《中殿第廿八》二石于厉王冢，天下西汉石止此与曲阜五凤石共二石耳，事之六也。余遣书佐至诸城琅邪台，剔秦篆于榛莽中拓之，多得一行，事之七也。汉府门之倅大石人二，仆于野，为樵牧所残，余连车运致曲阜孔庙相圃中，并立之，事之八也。余得四明本全拓延熹《华山庙碑》摹刻之，置之北湖祠塾，事之九也。余又摹刻秦泰山残篆、吴天发神谶二碑，同置北湖祠塾，事之十也。"客曰："善，此十事于金石为有力矣。"余曰："不敢不勉，尚愿增其事焉。"[13]

12.（清）孙星衍：《诂经精舍题名碑记》，赵所生、薛正兴主编：《中国历代书院志》第15册，南京：江苏教育出版社，1995年，第3页。

13.（清）阮元、邓经元点校：《揅经室集》下，北京：中华书局，2016年，第645—646页。

从中不难看出，阮元对此十事颇为自豪。十事的编排不是按照开始或完成时间为序，亦不是按照事件的属性进行次第，更不是依金石原有年代予以梳理。唯一的可能，便是以其在阮元心目中的重要性为依据。摹刻《石鼓文》仅在其金石三书及重铸《散氏盘》之后，而十事中的"秦琅邪台刻石十三行拓本""移曲阜汉石人"要比此事早得多，足见对此之看重。此外，十年之后再次重摹，也正暗示了《石鼓文》在阮元心目中的价值。

在当时众多学人诗文中，赵春沂、严杰《重摹天一阁北宋石鼓文考》及吴东发所作《重摹天一阁宋本石鼓序》又有着特殊意义。因为这三篇文章并非仅纪录阮元摹刻活动，而是被作为课艺题目的范文收录于《诂经精舍文集》当中。于是，我们不免要问，在以科举为最终目的的清代社会中，《石鼓文》何以能成为考课之题？其有着怎样的背景？又有着怎样的影响？其与天一阁本《石鼓文》传播有怎样的联系？这些构成了本章予以解决的问题。

第二节   金石学复兴与石鼓入考课

阮元任浙江学政时，以经学训诂选拔人才。及其转任浙江巡抚，其对经学教育的推进更为有力。这其中，诂经精舍的设立便是其重要举措。"精舍者，汉学生徒所居之名；诂经者，不忘旧业且勖新知也"，[14]顾名思义，精舍以汉学为宗。他在《西湖诂经精舍记》中道：

> 于督学浙江时，聚诸生于西湖孤山之麓，成《经籍籑诂》百有八卷。及抚浙，遂以昔日修书之屋五十间，选两浙诸生学古者，读书其中，题曰："诂经精舍。"[15]

14.（清）阮元、邓经元点校：《揅经室集》下，北京：中华书局，2016年，第547页。

15.（清）阮元、邓经元点校：《揅经室集》下，北京：中华书局，2016年，第547页。

阮元教育的核心思想是经学，在他看来，经学是古之圣贤智慧所在，但必须由训诂才能明了。可以说，《经籍纂诂》是此教育思想的前期成果，而诂经精舍则是其教育思想的延续与拓展。既然是诂经，哪些人的著作可读、哪些人能胜任训诂经史呢？阮元认为，汉代人的训诂最具价值。他曾以"祖辈之容父辈见之"为喻，来说明汉人训诂最为可靠而其后训诂则往往失实。正是在此一思想影响下，精舍最终以许慎与郑康成为祭拜宗师：

> 诸生谓周、秦经训至汉高密郑大司农集其成，请祀于学舍。孙君曰："非汝南许浃长，则三代文字不传于后世，其有功于经尤重，宜并祀之。"乃于嘉庆五年五月己丑，奉许、郑木主于舍中，群拜祀焉。[16]

实际上，选择以许、郑二人为宗师，在学院史，乃至教育史上有着重要的开创意义，正如陈东辉先生所指出的那样：

> 书院之祀典渊源虽久，但自朱熹复兴白鹿洞书院以来，宋末至清初七百余年间，书院皆以周、程、朱、张、陆、王等理学家为祀奉对象。奉祀许、郑，当以诂经精舍为嚆矢，在中国书院史上具有划时代的重要意义，对经学研究的发展起到了积极作用。[17]

许慎、郑玄虽都为汉代大儒，但治学之法又有所区别。钱福林指出：

> 汉许叔重为《说文》，意在存经之字。或有不备，非久远脱落，即以隶变篆之讹。又所引故典，动或违弃本书，别用奇字，盖

16.（清）阮元：《诂经精舍文集》卷三，赵所生、薛正兴主编：《中国历代书院志》第15册，南京：江苏教育出版社，1995年，第1页。

17. 陈东辉：《诂经精舍对19世纪浙江学术发展之重要影响》，《杭州师范学院学报（社会科学版）》，2006年第6期，第37页。

以通借存古而非以通借解经……[18]

概言之，许慎以保存经字有功，郑康成则以解经传扬。解经是目的，但必须有正确的途径。阮元的理念中，解经的根基必须是谙熟小学，他甚至将唐宋以来诸儒之误都归结为未能精通声韵、文字、假借、转注等小学知识。其谓："圣人之道，譬若宫墙，文字训诂，其门径也。门径苟误，跬步皆歧，安能升堂入室乎？"[19]许慎之于精舍的意义由此可窥。

为了更好地实现其教育思想，阮元邀请当时在金石、经学颇有建树的王昶、孙星衍担任精舍主讲。孙星衍记载："延王少寇昶及星衍为之主讲，佐抚部授学于精舍焉。"[20]三人共同组成了诂经精舍早期授课业师。实际上，至文集刊刻时，先后共有九十二人曾在此讲学。[21]孙星衍记载了当时的授课形式：

其课士，月一番。三人者迭为命题、评文之主，问以《十三经》《三史》疑义旁及小学、天部、地理、算法、词章，各听搜讨、书传条对，以观其识，不用扃试糊名之法。[22]

其上课内容虽以《十三经》《三史》为主，但其中亦包括小学、算法等五种科目。在考课上，则采取"各听搜讨、书传条对"等形式，与当时科举考试所用的糊名制很不同。此外，平时师生间亦相互讲义、辩难，以达到藏修游息的目的。可以看到，学院目的是培养通经致用之才，而并非为了纯粹的科考，甚至有意与科考拉开距离，并以此为傲。所以碑记末云："将屈指

18.（清）阮元、邓经元点校：《揅经室集》下，北京：中华书局，2016年，第548页。
19.（清）阮元、邓经元点校：《揅经室集》下，北京：中华书局，2016年，第53页。
20.（清）孙星衍：《诂经精舍题名碑记》，赵所生、薛正兴主编《中国历代书院志》第15册，南京：江苏教育出版社，1995年，第3页。
21.同上
22.（清）孙星衍：《诂经精舍题名碑记》，赵所生、薛正兴主编：《中国历代书院志》第15册，南京：江苏教育出版社，1995年，第2页。

同舍生立功立言之效，不独拭目登科之录也。"[23] 陆尧春亦提到"未尝杂以时艺"。[24] 阮元更是言明到：

> 以场屋应举、文诗课士者，则有敷文、崇文、紫阳三书院在，至诂经精舍，则专课经义，即旁及词章，亦多收古体，不涉时趋。余频年执此以定月旦之评，选刻课艺，亦存此意。非敢爱古而薄今，盖精舍体例然也。[25]

在当时书院多以科考为旨归的情况下，这种另辟蹊径的培养视野显示出阮元教育理念的先进性。学者认为，将经史考据与词赋作为书院教育宗旨，首先始于诂经精舍。[26] 相对灵活的办学形式，形成了良好的学习氛围。钱泳记载："余每游湖上，必至精舍盘桓一二日。听诸君议论风生，有不相能者，辄诇攘面赤，家竹汀宫詹闻之，笑曰：'此真所谓洙泗之间，龈龈如也。'"[27]《诂经精舍文集》正是平日学生考课中的佳作，其内容无疑代表了教学中的具体实践。

由小学而训诂的教育理念，使对文字的音、形、意予以前所未有的关注，甚至有复兴古代书学之事。孙星衍就谈到："至唐，兼立明经科。其试进士，以经、策全通为甲第。又广立书学，试以《说文》《字林》并及《石经》。其时在位通人，皆能撰述朝章国典，炳然可观。"[28] 很显然，这正是用一种赞赏的语气，来表达对彼时教育的认同。对书学的关注，在阮元之前就早已开始。王

23.（清）孙星衍：《诂经精舍题名碑记》，赵所生、薛正兴主编：《中国历代书院志》第15册，南京：江苏教育出版社，1995年，第3页。

24.（清）陆尧春：《诂经精舍文集》卷三，赵所生、薛正兴主编：《中国历代书院志》第15册，南京：江苏教育出版社，1995年，第2页。

25. 俞樾：《诂经课艺五集·序》，《春在堂全书》卷七，清光绪二十五年（1899）刊本，第2页。

26. 宋巧燕：《清代书院文学教育制度论述——以诂经精舍、学海堂为考察对象》，《学术研究》，2008年第7期，第145页。

27.（清）钱泳、张伟点校：《履园丛话》，北京：中华书局，1979年，第619页。

28. 张参云："今制：国子监置书学博士，立《说文》《石经》《字林》之学。"参见（唐）张参：《五经文字·序例》，《四库全书》本。

鸣盛就曾云：“《说文》为天下第一种书，读遍天下书，不读《说文》，犹不读也。但能通《说文》，余书皆未读，不可谓非通儒也。”如果说初期还是集中于《说文解字》等字书，随着研究的深入，学者们的视角则转向更为广阔的钟鼎碑刻。这很容易想起唐兰的文字理论，他说：“我的文字学研究对象，只限于形体，我不但不想把音韵学找回来，实际上，还得把训诂学送出去。”[29] 唐兰之所以如此自信，正在于其将研究视野不仅仅局限于《说文》内容，而是转向了更为宽广的陶器、古玺、货币等古物。清人对石鼓的研究与此有着相似性。可以说，以石鼓为代表的钟鼎碑刻，即是文字训诂的重要内容，也体现着他们在文字训诂上的重要突破。这就使得对《说文》的研究愈发重要，正如沈梧所云：

> 窃谓考论三代金石文字，必从《说文》讨论六书、详审书体。然须先探明其全书之例，庶可得其根原。既能字字得其音义而后通篇之理自明。总之，不识字而欲考古，未之有也。[30]

在他看来，《石鼓文》之所以争论不休，各持一说，正是由于《说文》未精。诂经精舍以许慎为宗师的教育实践，在很大程度上，正为石鼓的深入探讨奠定了良好的学术环境。

《诂经精舍文集》是诂经精舍师生所撰学术文章与诗赋合集。孙星衍云：“暇日聚徒讲议，服务典章，辩难同异，以附古人教学藏修游息之旨。简其艺之佳者，刊为《诂经精舍文集》。”[31] 此集所收内容、课艺方式，历来被学者所关注。陈小华《诂经精舍文集研究》将其内容分为三大类别：经籍古籍的总论或通例研究；经籍古籍具体内容的考证研究，其中有“字词考证”“名物制度考证”“地理考证”；史论和史书研究，经学史、经学人物、历史人物、史学典籍等方面的论说与考证。[32]

---

29. 唐兰：《中国文字学》，上海：上海古籍出版社，2005 年，第 4 页。

30.（清）沈梧：《石鼓文定本·叙》，清光绪十六年沈氏古华山馆刻本，第 2 页。

31.（清）孙星衍：《诂经精舍题名碑记》，赵所生、薛正兴主编：《中国历代书院志》第 15 册，南京：江苏教育出版社，1995 年，第 3 页。

32. 陈小华：《诂经精舍文集研究》博士论文，华中师范大学，2013 年，第 20 页。

由于其论述重点在"经史研究的文章"，所以对金石入考课并未深入讨论。仅在"名物制度的考证"一类中，他列举了《西汉陶陵鼎考》等文章。

其实，文集所收金石考证类文章亦有数篇，而未被学者充分关注。道光二十二年（1842），胡敬在《诂经精舍文集续集》序言中曾云"讲舍不更试，专试经解与碑版考证"。[33] 其实不仅碑版，金石古物都有涉及。《宋高宗御书石经考》《石经谷梁传考》《重修会稽大禹陵庙碑》《西汉陶陵鼎考》《题苏文忠公表忠观碑拓本》《方镜》《西汉定陶恭王陵鼎歌》《拟两浙金石志序》《拟西湖新建白苏二公碑铭》《周五戈歌》《咏周五戈》《西汉定陶恭王陵鼎歌》《焦山旧藏焦鼎今以西汉定陶陵鼎并置焦山诗以纪之》等课艺主题均属此类。其中，有些是阮元程作[34]，《重修会稽大禹陵庙碑》《焦山旧藏焦鼎》为此类代表，其他则多为讲学人员或学生所作。每一主题所选文章篇数不等，有的一篇，有的五篇，正如孙星衍所谓以艺之佳者为选择标准。在这其中，阮元重摹天一阁本《石鼓文》亦被列入其中，所选文章共计三篇：一是以《重摹天一阁北宋石鼓文考》为题，文章两篇，分别为赵春沂、严杰所作；另外一篇则为吴东发所作《重摹天一阁宋本石鼓序》。

赵春沂一文，主要比较天一阁本与诸本不同。文中从诸本误而此本不误、诸本缺而此本不缺、诸本无重文而此本有重文、诸本倒互而此本文正等几个角度一一举例证明。文中提及其他版本亦甚多，有薛尚功本、甲秀堂本、朱彝尊本、《石鼓音训》本、胡正音本、《金石图》本，由此亦见讲习者对石鼓版本之熟悉。

吴东发一文主要侧重内容，严杰则侧重字数，都从各自角度对阮元摹刻本之精善予以赞赏。由此而言，在重视文字、训诂的影响下，《石鼓文》已成为精舍师生相互交流的重要话题。这也与阮元摹刻《石鼓文》的意愿相符——使诸生究心史籀古文者有所师法。

33.（清）胡敬：《古经精舍文集续集》序，赵所生、薛正兴主编：《中国历代书院志》第15册，南京：江苏教育出版社，1995年，第1页。

34. 程作，即示范之作。精舍的老师或浙江的官员为学生出题后，自己据此题目撰作一篇示范作品，由于这是由老师和官员撰作的文章，所以又称"自课文"，如俞樾就把自己的程作汇集起来，编成《诂经精舍自课文》二卷。

与其说是《石鼓文》进入精舍教育，倒不如说是以其为代表的金石古物已经成为地方书院课艺的重要内容。自清初以来，金石学不断发展，至此，已经公然进入地方性的书院教育。这足以标志着金石学发展进入全新阶段，并为此后发展奠定坚实基础。如果将《石鼓文》入课艺视作一个标志性事件，那么在此之前又有着怎样的酝酿，或者说，在此前后的学人是如何看待石鼓与教育呢？

晚清收藏大家陆心源，在其《穰梨馆过眼续录》中记载了一件较为特殊的藏品——《苏弘道书石鼓赋卷》。《石鼓赋》乃元代延祐甲寅科江西乡试考题，此卷所录李丙奎、徐汝士、王与玉、陈祖义、李路、罗曾、吴舜凯、苏弘道共计八人答卷。陆氏记载颇为详细，除了八人所答内容，从中亦可知，此卷为纸本，高八寸七分，长四尺六寸，乌丝栏，六十五行，双行小楷。卷末钤印有"子京甫印""墨林""元汴"等数方鉴藏印。又可知，此卷曾经项元汴收藏。陆心源何时得之不得而知，但在其之前，此卷则因已在钱载的友人圈中广为流传。钱载《箨石斋文集》曾记此卷：

> 自有进士科以来，元仁宗始定制。乡试、会试第一场以《论语》《大学》《中庸》《孟子》发题，用朱子集注章句训义，第二场亦试赋。右卷《石鼓赋》八首，延祐甲寅第一科乡试江西第二场试卷之作也。苏君既为其同举七人者书之，复以己作殿之。试卷之最初而仅传于世，所见盖不能有二，况墨迹乎？载借得此卷，壬辰九月廿八日恭届孟冬朔。[35]

接着又补充道："太庙时，享斋宿詹事府，遂依式钞之。幼不学书，生疏谬戾，笔画杂出，乃不中与延祐甲寅江西诸君作誊录生，可媿哉！时年六十有五。"从记载来看，当时此卷在詹事府，钱载不仅借观而且还抄写一卷。

35.（清）钱载：《钞元苏宏道书延祐甲寅科江西乡试石鼓赋李丙奎徐汝士王与玉陈祖义李路罗曾吴舜凯及宏道八篇卷跋》，钱载著，丁小明整理：箨石斋诗集·箨石斋文集》下册，上海：上海古籍出版社，2012年，第996页。

在他看来，此卷既是元代科举的重要史料，又是不可多得的试卷墨迹，故而极为珍贵。在其借观期间，他还邀数人共赏阅此卷。翁方纲、钱大昕、姚鼐、程晋芳、吴白华、严冬友，诸人皆有题诗。钱大昕诗云：

> 昔人立言薪不朽，科举得失何足齿。只因古物重摩挲，三代鼎彝伴轩几。才薄谁能石鼓吟，赋成想见风檐驶。吾侪真有翰墨缘，抚卷怃然日移晷。[36]

钱大昕短短数语，却体现出完全不同的眼光。"只因古物重摩挲，三代鼎彝伴轩几"，在他看来，科举的得失是次要的，能不能由"古物"而立言才是难得的。其次，以石鼓为考题，也正是选拔有识之士的绝好手段。才薄之人，自然不能以此为赋。如此，有才士子才能脱颖而出。"风檐"，乃古代科考场所。"赋成想见风檐驶"，正体现了完成此赋后的愉悦心情。应该说，这非常符合钱大昕对科考的设想。既可借对古物的考证，以见其知识，又可用诗赋技艺，发掘其才情。钱大昕的心声，在很大程度上也是好古之士的内心写照。翁方纲亦云："万古牛斗西江寒，百年遗响第一弹。"钱载摹本后传至其孙昌言手中，同族钱吉泰曾于嘉庆丙子年（1816）再摹一卷并缀诗一首。据钱吉泰诗序中云，此卷后翁、钱诸人题诗皆钱载手录。此外，成亲王题跋及姚鼐诗[37]，乃是乾隆乙未（1775）补题。[38]从雅集观赏至钱吉泰传抄再入陆氏著作，可见《石鼓赋》在当时文人圈，特别是钱大昕、翁方纲、陆心源等好金石者之间的流动。他们多曾身为主考或学政，亦都喜好古物、擅考据，将石鼓作为科举之题，自是一种难得之风雅。后来钱载两

36.（清）钱大昕：《潜研堂文集》卷二十五，清嘉庆十一年刻本，第2页。
37.（清）姚鼐《惜抱轩全集·诗集》卷二，清嘉庆刻本。小赋八首苏君书，我初见之詹事（钱坤一载）箧。短檠风动目揩频，长卷夜寒手钞怯。延祐正当元运中，诏书初行贡举法。主司聘用行省书，布衣名上州县牒。十八路并集隆兴，第二场中题试帖。至今异日迹还留，想见同年心最惬。当时邓公主浙试，深褒吴生奏乡捷。声名传少惜终沦，拔取虽多颇非躐。低佪千载岐阳皷，笑谈一代慈恩塔。文字贫儿矜敝帚，宇宙飘风吹落叶。赋好谁人手可义，时过几日须当镊。童幼尝为扬子云，长大更思袁伯业。世闲笔墨未能抛，太息古人讥目睫。
38.（清）钱泰吉：《甘泉乡人稿》卷二十一，清同治刻光绪十一年增修本，第8页。

次主考江西，更使此作带有一种先兆般的神秘感。钱吉泰曾云：

> 吾家宗伯见此卷，屈指已逾四百年。流传信有神物护，钞写正直斋
> 宿虔。后公亦主江西试，两榜玉笋班行联。（原注：乾隆甲午、己亥公
> 两充江西正考官）匡彭佳秀信不乏，足使辉映成后先。[39]

巧合的是，就在阮元摹刻《石鼓文》之时，他还与同年张子白品读钱载
画作并有诗专门记之。其记云：

> 华亭张子白（若采）至杭州，七夕，携箨石翁画荷花展读于定
> 香亭上。是时，池荷泻露，盆兰吐芬，把酒论诗，极一时清兴。余
> 题画云：“莲花过雨清宜画，兰箭临风韵似诗。”记取丁年秋七
> 夕，定香亭上晚凉时。[40]

诗中内容虽无关石鼓内容，但却明确记载时间为丁巳年七夕，也就是嘉庆二
年（1797）七月，而阮元摹刻石鼓完成正是在此年八月。不能说二者之间有必然联系，
但是可以确定的是钱载关于《石鼓赋卷》的传抄、品鉴必然在同僚中传为美谈。
或者说，提及石鼓很容易让人联想到钱载，进而延伸之元人的《石鼓赋卷》。

《石鼓赋卷》自乾嘉以来在文人圈的传播，只是当时金石品鉴氛围中一
个小插曲，但它的特殊性正在于其将《石鼓文》与千百年来天下士子赖以晋
升的科举之途相结合。由此，它所开启的便是金石古物与教育、与科考的结
合。学人们凭借此卷，终于与三百年前的传统相接，尽管仅仅是八人的赋卷，
但却足以慰藉内心之愿。这一小插曲的出现，不管与阮元摹刻《石鼓文》并
将其作为考课内容之间是否有直接关联，它都昭示着阮元的行为很大程度上
正是当时学术圈的共同理想。

---

39. 同注38。
40. （清）阮元：《定香亭笔谈》，此诗同时收录《揅经室集》四集诗卷三，第799页。

第三节　重刻石鼓与乾隆"读书人"形象塑造

《石鼓文》在学术圈内部的酝酿、发酵，是阮元将其作为教育的重要原因之一。然而，其学者、官员的身份决定了其行为并非仅取决于学术而是要遵循朝廷需要。那么，《石鼓文》是否是朝廷所看重的施教内容？作为权力代表的皇帝是否对此有所举措？其举措的目的为何？其又和阮元摹刻天一阁本《石鼓文》有着怎样的联系？这首先需要对乾隆帝与石鼓渊源做一番考察。

在石鼓悠久的历史上，有无数文人才子、帝王将相予以歌咏、保护，但能在石鼓上留下自己文字的则仅有清高宗爱新觉罗·弘历。从记载来看，乾隆帝对《石鼓文》的关注大概可以分为三个阶段：一是乾隆十四年（1749），是年弘历三十九岁；二是乾隆四十八年（1783），是年弘历七十三岁；三是乾隆五十四年（1789），是年弘历七十九岁。第一、二阶段，乾隆还多是出于自己兴趣，或题诗，或考证，其视角尚集中于石鼓拓本及内容，但以石鼓为重要教育素材的理念已在此萌发。第三阶段，也是乾隆对石鼓关注时间最长、活动最多的阶段。此一时期，乾隆对《石鼓文》的兴趣从拓本转向石鼓本身，重制新鼓，保护旧鼓，并将自己所作题诗镌刻于《作原》鼓上，成为唯一将自己文字与石鼓并刻者。纵观三个阶段，乾隆对古物的兴趣，对稽古右文的理念均隐含其中。毫无疑问，帝王的古物之好、复古理念，对乾嘉金石学风有着重要影响，而教育、科考正是其传达此种理念最为有力的途径。

据施安昌先生考证，乾隆帝对石鼓的兴趣始于乾隆十四年（1749）。是年，乾隆拓得《石鼓文》一份，标注释文，定制木匣，得空予以研读。除此之外，他还自作《石鼓歌》一首，并命蒋溥、钱维城等儒臣各和一首，然后刻于木匣之上，此匣至今仍保存于故宫。[41] 乾隆诗云：

> 石鼓之数符天干，千秋法物世已少。况乎辟雍所罗列，多士藉

---

41. 施安昌：《善本碑帖论稿》，上海：上海书画出版社，2017年，第4页。

以资探讨。韩苏杰作遥唱和，近者德潜诗亦好。濡笔将吟复屡停，蛇足今添笑绝倒。昌黎建议虽不行，至竟如言见诚蠹。东坡寓意良独深，新法当时实滋扰。德潜力欲追二公，横盘硬语抒文藻。或文或宣辨已纷，德德炱炱终莫考。不独议礼如聚讼，千古訾黄率兹道。我命金石谱以来，观之参半不能晓。四马六辔纵彷佛，云中如辨飞龙爪。点画音训费推寻，刻舟求剑识诚小。忆昨幸鲁入宫墙，礼器惟见贻金卯。此鼓上欲坿鼎彝，存羊爱礼洵可表。大观金填志郑重，金人辇至燕京肇。韩意其然岂其然，吾愿兴贤得真宝。[42]

诗中前二句点明了乾隆对石鼓的定位，"况乎"一句则显示了其对石鼓教育作用的认识。其后，则借沈德潜作诗之窘态，道出了自韩愈、苏轼以来，《石鼓文》已成为千年聚讼。最后部分，论述了石鼓历史之久远及其重要的文化价值，并以反问韩愈之语表明求贤之决心。此时乾隆对石鼓的认识还主要是受韩愈、苏轼等人的影响。诗中内容，也多有模仿二人之处。"濡笔将吟复屡停"类似苏轼"欲读嗟如箝在口"之句；"点画音训费推寻"则是直接化用苏轼"强寻偏旁推点画，时得一二遗八九"之句。总体来看，此诗对石鼓的态度虽然重视，但更多还停留在其"古物"层面，虽然已点明其在历史上的教育意义，但仍未有将其昭告天下之意。

乾隆四十八年（1783），内府得一元代《石鼓文》拓本。乾隆帝有详细描述："右元拓石鼓文，赵孟𫖳音释计十一叶。孟𫖳篆书，韦应物、韩愈、苏轼诗，周越识语二叶。又周伯温赋，顾文昭、卢原质、孙经、唐志淳、危素诗跋三叶，凡十六叶，并重订其次序。因摘韦诗内'喘息逶迤相纠错，乃是宣王之臣史籀作'十六字，分书各叶之首以识次第。已酉冬月御笔。"[43] 据考证，这是当时最早的拓本，乾隆以此与之前拓本对照并再次题诗一首。[44]

42.（清）朱彝尊撰：《钦定日下旧闻考》，四库全书本，卷六十八，第23-24页。
43.（清）王杰等辑：《石渠宝笈续编》，上海：上海古籍书店，1988年，第559页。
44.（清）王杰等辑：《石渠宝笈续编》，上海：上海古籍书店，1988年，第117页。

图 3　（清）乾隆帝重制《石鼓文》之甲鼓　天一阁博物院藏

　　乾隆帝此诗主要是对元拓本大加赞赏并再次肯定石鼓价值。正如前次一样，此次亦有八位儒臣附以诗跋。[45] 乾隆帝在此诗中几乎没有提及石鼓的教育功能，但从这些词臣的诗作中却可窥一斑。

　　六年之后，七十九岁的乾隆帝重新审视石鼓。自此之后的两年内，乾隆帝将《石鼓文》视为稽古崇文的最佳代表，进而实施系列举措。其中，最为

---

45. 即和珅、梁国治、刘墉、王杰、董诰、曹文 、金士松、赵秉冲。王杰等辑：《石渠宝笈续篇》，上海：上海古籍书店，第 562 页。

重要的两件事情：一是，集《石鼓文》存字，重制十石鼓；二是，将自己所题石鼓诗歌镌刻于《作原鼓》。应该说，这即是其石鼓情节的一次迸发，又是其晚年文化政策、形象塑造的重要步骤。

五十五年（1790）元月，乾隆帝写下了《集石鼓所有文成十章制鼓重刻序》。序中道出了其决定重制石鼓的原因及目的。全序概言之有这样几个层面：

一是，兴贤述古，借鼓育今。序中云："近因阅《石鼓文》，惜其岁久漫漶，所存不及半。夫以国学兴贤述古之为，使千万年之后，并此仅存者胥归无何有之乡。"乾隆帝由石鼓漫漶，推想到千万年后不仅其文字将完全消亡，而且国学所倡导的兴贤述古的传统恐怕亦将不存。在此，乾隆帝开篇即将石鼓与国学"兴贤述古"的教育传统相结合，奠定了此序的基调。

二是，帝王之位，读书之人。乾隆帝认为：

> 有治世之责者，视之而弗救，予且不成为读书之人矣！斯事体大，千古读书人所不能任，亦从无道及者，予故不怍不文，及此未至耄耋智昏，爰藏此事。[46]

在他看来，石鼓对于读书人虽然重要，但保护石鼓则不是读书人所能做到的，惟有治世者方能爰藏此事。此观点与其《石鼓歌》中"韩愈其然岂其然"相承接，同时，又显示其帝王的优越感。在另一方面，乾隆帝还将自己视为读书人。保护石鼓是千古读书人共同的愿望，当然也是他的愿望。换言之，只有像他这种集帝王、读书人于一体的身份，才能完成斯事。一定意义上说，乾隆帝似乎更是借石鼓之重刻告知天下他不仅是百姓之王，亦是读书人之君。

三是，放置国学，启蒙教育。"与大宜置国学，为万世读书者之津逮。自以韩昌黎之见为正……夫昌黎有其见而无其力，且未思及存其诗。则予较昌黎为胜矣"。乾隆帝深知石鼓自发现以来"不独议礼如聚讼，千古訾黄率兹道"，

46.（清）永理书，乾隆御制石鼓所有文成十章制鼓匣刻序，拓片，上海图书馆藏。

既然他作为文人的代表，故而有裁决的权利。因此，乾隆帝选定韩愈的观点为准。有意思的是，虽然其亲自树立了韩愈的地位，但却再次重申韩愈亦是有见无力者，且没有录存当时的石鼓文字，故而仍不能与自己相提并论。总而言之，乾隆帝自认为千年聚讼，至此将有定论。他认定韩愈的见解，也就宣告了《石鼓文》不容置疑的地位。在完成此番论证之后，便可放置国学，让读书人以此为津逮述古学文。很显然，他明白国学作为最高学府的重要性，只有置此才能为万千代后学所认知，也才能使其重道崇文的帝王形象万世流芳。

四是，述古传今，以惠后儒。乾隆帝在序中介绍了其重刻十鼓的具体做法，乃是以乾隆九年重修翰林院落成时所作诗赋为韵，截长补短，亲定首末两章，其他则由彭元瑞各补成章。他在后来的诗歌中亦有说明："近阅石鼓文，惜其所存不及半。更虑岁久漫漶并此不可复识，因就所有三百十字集成十章。予亲定首章末章，其自第二至第九，命彭元瑞按余字各补成章……"[47] 也就是说，重刻石鼓并不是按原来的文字顺序为编排，而是就当时存字以固定的韵脚补成十篇。显然，这已不是原来的石鼓。所以，乾隆帝解释云："非因难以见巧，实述古以传今。于是石鼓之文仍在，十鼓井井有条而不紊矣。旧鼓旧文，为千古重器，不可轻动。但置木栅，蔽其风雨，以永万世。而新为十鼓，以刻十章，并列国学以公天下，惠后儒，则仍周宣王之文也。"[48] 尽管不与原鼓完全一样，但终究还是周宣王之文，而且此举看重的乃是可以述古传今，嘉惠后学。旧鼓仍存，新鼓重刻，这些举措都是为了延续石鼓的教育意义。

五是，崇文之举，重道之规。重刻石鼓实际有两套，除了置国学外，另有一套则命放置热河文庙，"热河文庙为岁岁惠远诘武之地，则亦命置之，以诏来世，庶乎宣王中兴之烈不泯，宣圣牖世之道恒昭"。热河文庙乃乾隆帝亲建，其形制均仿太学，而重刻石鼓亦置此处，一定层面上正暗示着，石

47.（清）爱新觉罗·弘历撰、蒋浦学编：《清高宗御制诗》五集，海口：海南出版社，2000年，第258页。

48.（清）爱新觉罗·弘历撰、永瑆书，《乾隆御制石鼓所有文成十章制鼓重刻序》拓片，上海图书馆藏。

鼓已不是学府可有可无的古物，而是其身份的重要标志，甚至可以说，它是只有像太学级别的学府才能配享的。当然，这没有制度规定，故而乾隆帝此举才能被后世地方书院所效仿。在解说完上述内容之后，乾隆帝亦予以总结："而予及耄耋之年，尚得蔵此崇文之举，孰非会之萃时之合，深蒙昊贶之所致哉。希周家卜世之久，邲皇清重道之规，后世子孙尚慎念之。是为序。"乾隆帝再次点明此为崇文之举，故而能得天助，但更重要的则希望后世子孙亦能不忘重道之规。其实，也是借石鼓之重刻，告诫后代不要忽视文教。

乾隆帝在此时期的第二重要举措，则是将自己所作诗文镌刻于《作原》鼓。关于《作原》鼓失而复得之事，前文已述。然而，乾隆帝认为韩愈《石鼓歌》中，已有"为我度量掘臼科"之句，所以此鼓的毁坏不是在宋代，而是自发现之日便已如此。乾隆自认为此乃发前人所未发，遂作诗一首并叙一跋，交代此事之由来，然后将其镌刻于上鼓。其全诗云：

> 石鼓韩歌掘臼科，弗知其意所云何。
> 兹因考古十之质，爰命图真一有窠。
> 慨叹曾充春杵用，伤形已阅岁年多。
> 言行国学历珍弆，重道崇文功不磨。[49]

> 命图十鼓形以来，漫漶缺裂，固数千百年物之常。其第十鼓平面则凿为大孔，圆径一尺三寸，深一尺二寸，因恍悟即昌黎之所谓臼科也。科者坎，坎者陷，非俗所谓臼窠乎。则昌黎之语，乃举其实，而其为臼窠自唐时已然矣。呜呼！为此者实庸愚小人不足罪，兹虽珍重护惜，以永厥年，安知数千百年之后，不复遭剥蚀割凿之灾乎。而重用其文以成十鼓之全，又非拘于形而泥于古乎。其幸在兹，其慎亦在兹矣。庚戌正月上元后一日御笔。

49.（清）董诰等辑：《皇清文颖续编》卷首三十三，清嘉庆十五年刻本，第28页。

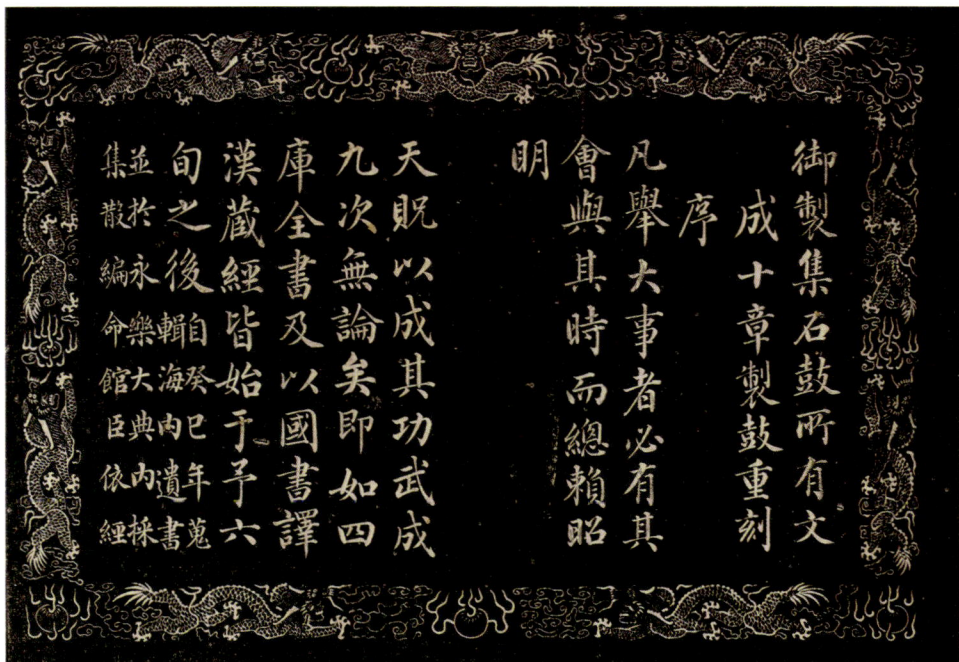

图 4　（清）乾隆帝御制石鼓所有文成十章制鼓重刻序（局部）　上海图书馆藏

从诗中来看，一是强调自己将臼鼓的形成时间，提前到韩愈之前；二是考虑到石鼓的漫灭及将来的漫灭，再次强调了自己重刻石鼓的重要性。三是仍然重视石鼓的教育作用。诗中最后一句，"言行国学历珍弆，重道崇文功不磨。"在他看来，重刻石鼓是一项有功于后世的重道崇文之举。所以，其后跋中有云"非拘泥于形而泥于古乎"。也就是说，形式并非其所重，能借此实现"稽古右文"的教育理念才是最终目的。除了宏远的政教理想外，张廷济则记载了关于此事件的另一因素：

乾隆时，在京见陈无（轩）手钩《石鼓文》宋拓本，原章整幅大册页，有赵松雪手书释文，跋亦有数家，索价仅四十金。后有人以六十金购之，送和相坤。和以贡。高宗纯皇帝因有重排《石鼓文》之举。[50]

50.（清）张廷济：《张叔未日记》，稿本，中国国家图书馆藏，第313页。

　　此件也有赵孟頫释文，亦有诸家题跋，只是为钩宋拓。如果抛开拓本年代不谈，这则记载倒是也暗示珍善拓本的入宫，正是乾隆帝重排《石鼓文》的诱因之一。

　　从乾隆帝最早开始获得石鼓拓片，到后来对元拓本的珍爱，再到其晚期对倡导《石鼓文》的一系列举措，可以看出，其对石鼓的情怀主要源自两点：一是，重视其"古"，它是千年法物，世间稀缺，其前两次对石鼓的喜好，多偏向此一层面；二是，看重其"教"，它是千古读书人所重之物，亦应为万世后学之津逮，教育意义不言而喻。虽然，其诗中亦有"行以颜争坐位帖，笔不求佳勃勃酒"之句，但却是对张照草书的赞扬，而对石鼓书法却只字未提。这一点与当时文人圈对石鼓的喜好有所不同。他们或偏向于石鼓文字的研究，或偏向于石鼓字体的品鉴，而乾隆帝最看重的则是"述古传今"的教育意义。从诗中来看，乾隆帝也有考订，亦有研读，但那仅仅是为其能以石鼓来实现"稽古右文"理想的铺垫。他甚至自嘲道："帝王所好可弗慎，讵增惬哉只增丑。"但背后却清晰地表达了其对石鼓的着眼点。

　　乾隆帝"稽古右文"的措施，影响了一代风尚。其一系列文化举措，都是在实现其文化引领。乾隆十四年（1749）《西清古鉴》的编修，乾隆三十七年（1783）《四库全书》的编纂及在重刻《石鼓文》之后，再次重刻十三经等，应该说，正是其重要的教育策略。他在重刻十三经序中又云：

> 石鼓不过周宣王之事，列于文庙之门，以寓兴文，尚俟其时其会。若夫十三经，则古圣先贤出诸口以传道授教，其重于石鼓文，奚啻倍蓰哉。[51]

　　也许，乾隆帝觉得重刻《石鼓文》还不是"千古读书人所不能任"之事，惟有重刻十三经才是显示其独一无二文化地位的工程。此时距重刻《石鼓文》仅一年余，但乾隆帝的注意力显然已转移至凡一百八十九碑，约六十三万字的十三经。乾隆帝对石鼓的集中关注只有两年的时间，尽管时间不长，但在清代教育史上却影响深远。

51.（清）文庆、翁心存：《国子监志》，卷五十九，清道光十六年刻本，第2页。

第四节 阮元、盛昱之回应

乾隆帝对《石鼓文》的第三次关注，开始于乾隆五十四年（1789）。同年，阮元考取进士。乾隆帝对阮元十分欣赏，曾云："不意朕八旬外又得一人。"[52] 虽然年谱不免有自赞之嫌，但从实际而言，此记当不虚。阮元从科考得中到出任山东、浙江学政可谓平步青云。乾隆五十六年（1791），阮元翰詹考试中，阅卷馆将阮元置一等第二名，乾隆帝却觉得阮元的文更好，亲改擢为第一名并命南书房行走。同年二月、五月，乾隆帝召见阮元不仅嘱其"要立品、毋躁进"，而且还得到羽扇、香葛之赐。[53] 此年六月，阮元赴任山东学政之前，乾隆帝又在热河召见。八月，又御赐墨刻二卷。直至乾隆六十年（1795），阮元又获赐《续纂〈秘殿珠林〉》《〈石渠宝笈〉序》墨刻等数次。对于乾隆帝对他的喜爱和重用，阮元亦是铭记于心：

> 元始入直，每随公（注：沈初）及彭文勤公召对，公与文勤公谓元曰："吾等荐直懋勤殿，数年后始在南书房行走，得召对。今詹事由上亲擢超迁，直入南书房，屡召对，君恩之重，当自知也"。[54]

面对如此君恩，阮元也格外努力。他在致好友焦循的函中曾写道："傺直匆匆，每日寅入申出，归家不能读一卷书，日就荒废，自顾不禁汗颜。"[55] "寅入申出"，可以想见其在京时的忙碌之态。

乾隆六十年（1795），阮元出任浙江学政。这是乾隆当政期间，对阮元任职的最后一次调动。清代学政三年一任，专门负责各府州学校，"督抚、藩臬不许侵其职掌"[56]。所以，在地方上，学政与督抚地位平行，只是分管

52.（清）李元度辑：《国朝先正事略》卷二十一，清同治五年刻本，第34页。
53. 王章涛：《阮元年谱》，合肥：黄山书社，2003年，第38页。
54.（清）沈初：《西清笔记·阮序》，清功顺堂丛书本，第1页。
55. 转引王章涛：《阮元年谱》，合肥：黄山书社，2003年，第40页。
56.（清）索尔讷等：《钦定学政全书》卷十，乾隆三十九年武英殿刻本，第1页。

事务不同。学政由皇帝亲自钦点，故而多为其心腹重臣。与翰林相比，学政的收入亦极为可观。

> 编检俸银，每季不过四十五金，所盼者，三年一放差耳。差有三等，最优者为学差。学差三年满，大省分可余三四万金，小亦不过万余金而已。[57]

乾隆时，学政除了正俸之外，还有养廉银，浙江学政养廉银，每年可达四千两。[58]再加上各种陋规，学政之职可谓美差。胡思敬曾云："得一学差，俭约者终身用之不尽。"[59]由此可见，阮元能出任学政而且连续两地任职，亦是乾隆帝对其重用之体现。虽然学政的主要职责是选拔童生、组织生员参加乡试，但是由于特殊的任命、地位与权限，故而"成为皇权居内、制衡直省及彰显清朝崇尚文教的重要举措"[60]。

乾隆帝对文教的重视，在清代统治者中最为有力。作为学政，阮元的理念直承乾隆帝而来。一定意义上，这也是其将《石鼓文》翻刻于书院的重要思想来源。

乾隆五十五年（1790），弘历八十岁生日，阮元进呈《皇上八旬万寿宗经徵寿说》。此文以乾隆帝重视经学、稽古的思想为开端，引用诸经之词撰写寿文。其云："臣闻三极彝训，其书言经。经者，尧、舜、禹、汤、文、武、周公、孔、孟之说。帝王稽古同天，圣德备焉。"[61]这与其在《诂经精舍文集》中的教育观念几乎完全一致。文中亦提及乾隆帝重刻《石鼓文》一事：

57.（清）何刚德：《春明梦录》卷上，上海：上海古籍出版社，1983 年，第 37 页。

58.《高宗纯皇帝实录》卷八二七，乾隆三十四年己丑正月庚子，清嘉庆内府抄本，第 16 页。

59. 胡思敬：《国闻备乘》，北京：中华书局，2007 年，第 14 页。

60. 安东强：《清代学政规制与皇权体制》，北京：社会科学文献出版社，2017 年，第 46 页。

61.（清）阮元撰、邓经元点校：《揅经室集》上册，北京：中华书局，2016 年，第 347 页。

图 5　（清）阮元重摹天一阁本《石鼓文》之车工鼓（杭州府学本）　天一阁博物院藏

重排《石鼓文》者，存周法物，用光我文治武功也。《诗车攻序》曰"宣王复古也"，《吉日序》曰"美宣王田也"。[62]

在阮元看来，文治武功均含其中。乾隆帝对此文甚为满意，将其入选寿文并赏赐大缎一疋。[63]而此时距阮元得中进士仅一年余。乾隆六十年（1795），浙江刻《四库提要》工峻，阮元在其后题跋中又云：

钦惟我皇上稽古右文，恩教稠叠，乾隆四十七年《四库全书》告成，特命入内廷四阁所藏，缮写全册，建三阁于江、浙两省，谕士子愿读中秘书者就阁传写，所以嘉惠学林，恩至渥，教至周也。[64]

62.（清）阮元撰、邓经元点校：《揅经室集》上册，北京：中华书局，2016 年，第 352 页。

63.（清）张鉴等编、黄爱平点校：《阮元年谱》，北京：中华书局，1995 年，第 9 页。

64.（清）阮元撰、邓经元点校：《揅经室集》上册，北京：中华书局，2016 年，第 565 页。

所以，阮元对于乾隆稽古右文、重视经学及重视石鼓的教育思想自其为官之日便已十分明了。阮元在浙督学期间，其所完成的重要事件多依照乾隆帝的思想进行开展。《经籍纂诂》的编纂，可以说正是其稽古、重经的体现。阮元自云：

> 前以督学之日，撰兹纂诂之编，育才首在通经，奉圣人之至教，博古务求载籍，诵前哲之雅言。依韵类文，统长言短言而并录，即字审义，合本训转训而俱收。[65]

由训诂而博古，由博古而通经，由通经而成为国家有用之材，这既是乾嘉统治者的教育理念，亦是阮元贯穿始终的育才思想。除此之外，他还仿照乾隆帝重刻十三经的举措，对十三经注疏进行了校勘。他在进呈折子中谓：

> 乾隆五十六年，奉敕分校太学石经，曾以唐石经及各宋板悉心校勘，比之幼时所校，又加详备。自后出任外省，复聚汉、唐、宋石刻暨各宋、元板本，选长于校经之士，详加校勘……臣撰是书，窃仿其意，连年校改方毕，敬装十部，进呈御览。臣自维末学，莫赞高深，妄渎圣聪，不胜战栗悚惶之至，谨奏。嘉庆二十一年十二月。[66]

折中提及此书与其校勘太学石经之关联，并明确乃是"窃仿其意"。尽管成书时，乾隆帝早已过世多年，但从中不难看出阮元受乾隆帝影响之大。

其实，最能体现阮元"窃仿其意"思想的，应该是《石鼓文》的摹刻。其与乾隆帝不同的是，阮元并没有重新制石鼓而是依据天一阁本进行重摹，其学术意义更为重大。然而从阮元将石鼓置于府学的思想而言，其源头应该正是对乾隆帝教育举措的一次"窃仿"及延伸。显而易见的是，阮元的"窃仿"实际上包含着自己对教育、对金石的个体趣味与理念。得益于阮元此一理念，天一

65.（清）阮元撰、邓经元点校：《揅经室集》下册，北京：中华书局，2016 年，第 728 页。

66.（清）阮元撰、邓经元点校：《揅经室集》下册，北京：中华书局，2016 年，第 590 页。

阁本《石鼓文》进一步重摹传播，最终进入国子监韩文公祠。

一、盛昱的回应

阮元在杭州诂经精舍、广州学海堂培养了大批人才，其教育理念得到后世的认同。四川学政张之洞所建尊经书院、湖南学政朱迪然重建校经堂及江苏学政黄体芳所创南菁书院等，无不参考阮元教育理念而建。除了教育理念，阮元鉴藏金石文字的风尚亦被效仿：

> 方光绪初元，京师士大夫以文史、书画、金石、古器相尚，竞扬摧翁大兴、阮仪征之余绪。当时以潘文勤公（祖荫）、翁常熟（同龢）为一代龙门，而以盛（昱）、王（懿荣）二君为之厨。[67]

盛昱的收藏如何，可以从叶昌炽《缘督庐日记》中窥见一斑。日记中数出记载盛昱古物鉴藏活动。

> 子封云，孙迁伯藏抚州本《公羊》《魏志》单行本、南宋本《国语》不全、宋刻《礼记注疏》，盛伯希许以千金，未售。
>
> （益文堂书估）又云李孟传本《方言》有云间朱氏及横经阁朱记，松江朱文石太史旧藏也。又一宋人所刻丛书名《儒林警悟》，共七种，中有《石林燕语辨证》并为盛伯希祭酒所得。[68]

盛昱一掷千金购藏名家旧藏，足见其古物之癖。这些还仅是其古籍收藏，其青铜器收藏更是让康有为为之倾倒：

67.（清）震钧、顾平旦整理：《天咫偶闻》卷三，北京：北京古籍出版社，1982 年，第 71 页。
68.（清）叶昌炽：《缘督庐日记钞》卷五，上海蟫隐庐石印本，第 40 页。

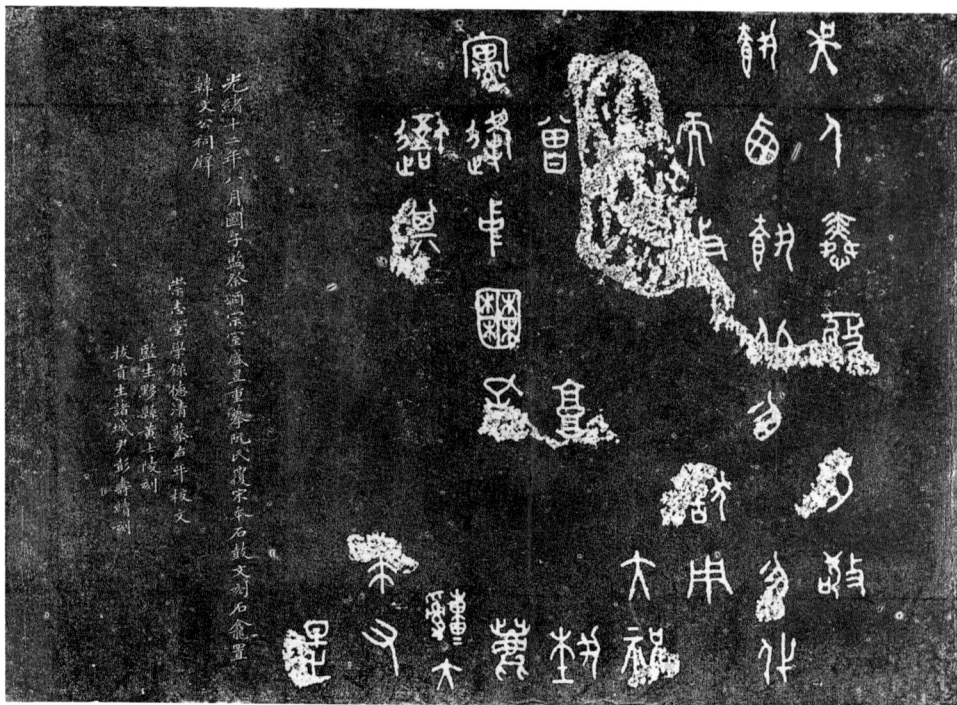

图6　（清）盛昱重摹天一阁本《石鼓文》之吴人鼓　私人藏

　　吾以壬午试京兆，中秋丁祭，恭谒文庙，摩挲石鼓，仰瞻高宗纯皇帝所颁彝尊十器，乃始讲识鼎彝。南还，游扬州，入焦山，阅周无专鼎，闇然浑古，疏落欹斜，若崩云乍颓，连山忽起，为之心醉。及戊子再游京师，见潘尚书伯寅、盛祭酒柏羲，所藏钟鼎文以千计，烂若云锦，天下之大观也。此学别为专门，今言书法略条一二，以发学者意耳。[69]

　　由为之心醉到别为专门，康氏六七年间所累积的青铜鉴识，在见到潘、盛两人的收藏后，瞬间崩塌，由此作罢。虽然盛昱的收藏活动多见于晚期，但其古物收藏兴趣却很早养成。《清史稿》载盛昱十岁时即"据唐阙特勤碑

69.（清）康有为、崔尔平注《广艺舟双楫注》卷二，上海：上海书画出版社，2006年，第75页。

证《新唐书》突厥'纯特勒'为'特勤'之误，繇是显名"。这些为盛昱摹刻石鼓文奠定了相关基础。

《请将已故祭酒宣付史馆立传疏》一文则揭示了其在任祭酒时的教育理念与重要事件。从中亦可窥其与阮元教育思想的一致性及重摹石鼓的主要目的。

前任国子监祭酒宗室盛昱于光绪十年到任至光绪十五年因病奏请开缺，计在祭酒任内历六年之久。其教士以通经致用为本，根柢程朱，而益之以许、郑、贾、孔之学。俾学者精研义理，以为躬行实践之资……本学石经刻逾百年。当时蒋衡所书多据坊本，错讹不免。是以前大学士彭元瑞于乾隆间，曾经派纂《石经考文提要》一书，进呈御览。前祭酒于到官之日，即行奏请谨依《石经考文提要》重为修补，旋奉旨依议。遂率学官蔡右年等，敬谨考校，一归是正，昭垂千古，安设栅栏，兼资保护。昔后魏崔光领国子监祭酒，修补三字石经，前史侈为盛举。前祭酒修补石经，实与崔光媲美。至于厘剔弊端，体恤寒畯；贡监应乡试者，考到录取后，复谒见礼，以防假冒之习而不取其赀；贡监录科奏准，凭同乡官印结入场，不必由本籍起文，以省往返川资之费，皆足以宏栽培之谊，广造就之途。今距前祭酒涖任已十有余年，六馆诸生犹复恪奉前规，遵循弗替。[70]

虽然文中多赞美之词，但其中诸多事迹却为事实。盛昱重刻并非以存字进行重刻，亦非重制石鼓而是以阮元摹刻本为底本进行摹刻。缪荃孙在《意园文略序》中，记载了其任祭酒后筹膏火、广课程、严规则的作为。[71] 盛昱在致好友信札中亦云：

70.（清）王懿荣：《王懿荣集》，济南：齐鲁书社，1999年，第59—60页。
71.（清）盛昱：《意园文略·序》，清宣统庚戌（1910）刻本，第1页。

　　复兴改石经、刻石鼓诸役，又放量购置书籍，而耽耽者起矣。[72]

　　在他自己看来，改石经、刻石鼓都是其任中大事。实际上，重刻石鼓与修补石经密不可分。光绪十二年（1886）八月，时任国子监祭酒的盛昱以阮元杭州府学本为底本，命黄士陵、尹彭寿再刻于国学韩文公祠，二人均是当时刻碑、篆刻名家，故其对书法之了解、摹刻之精准，非普通人能及。褚德彝评价黄士陵及此次重摹《石鼓文》云：

　　黄士陵，字穆父，安徽黟县人，监生，广东布理问。工篆书，精究三代文字，手拓彝器全形，阴阳浓淡，无不备具，又能摹绘彝器，青绿色泽，云雷雕刻，与原器丝毫无异。盛伯义任祭酒时，属君拓《石鼓文》，纸墨周致，远胜乾隆时张芑堂拓本。又属其重刻范氏天一阁本，精妙绝伦，在阮本之上。[73]

　　文中提及，此本在阮本之上，并非虚词。学者徐宝贵先生认为此本至少在三个方面优于阮摹本：在字形上，此本接近石鼓原作；阮本中的错字，在此本中得以纠正；阮本没摹出残字，此本摹出。从而认为此本在石鼓复原中具有重要参考价值。[74] 尹彭寿亦是著名金石学家，其在《石鼓文校勘记》中记载了此重刻过程：

　　兹来国子监校修石经，既藏事，大思成伯熙夫子属覆天一阁所藏宋拓本。因就原石下，坐卧数日，细审画底，校的真形，刻石龛置韩文公祠壁。[75]

72.（清）盛昱：《与张制军书》，《意园文略》卷一，清宣统庚戌刻本，第16页。

73.（清）褚德彝：《金石学录续补》，《金石学录三种》，杭州：浙江人民美术出版社，2017年，第213页。

74. 徐宝贵：《石鼓文整理研究》，北京：中华书局，2008年，第94页。

75.（清）尹彭寿：《石鼓文汇·石鼓文校勘记》，清光绪刻本，第1页。

可见，其在校修《石经》之后，方开始此项工程。"坐卧数日，细审画底，校的真形"，则又显示了此次摹刻之审慎。尹氏校勘的重要一点，乃是以原石存字结合当时诸家宋刻本予以参校，原石无存者则不予增改。因此，其精确程度，非仅以拓本互校者可比。

盛昱的教育理念，很多正与阮元见解相同，亦将石鼓作为文字教育的重要标志。摹刻阮元本《石鼓文》，多少也显示出其对阮元的认同。这很容易让人联想到阮元在致张燕昌诗时，希望此本能入太学。

盛昱是否知晓阮元当年此诗无从得知，但事实是重摹此本并将其置于北门之上。距阮元发此愿近一百年时，自己所摹本真被刻进太学，不得不说这的确是历史的惊人之处。又抑或说，这是石鼓作为教育史料的生命延续，而这一延续，便是石鼓与祭酒的千年因缘。

二、从韩愈到盛昱：石鼓的教育传统

韩愈《石鼓歌》是最为世人所知的传唱经典，它在石鼓历史上的意义及影响更是无人企及。后世无数《石鼓歌》，正是以此为韵脚。然而，仔细阅读韩愈《石鼓歌》，不难能发现其中所树立的一个悠久传统——石鼓与教育。韩愈《石鼓歌》中有一段如此描述：

> 濯冠沐浴告祭酒，如此至宝存岂多。
> 毡苞席裹可立致，十鼓只载数骆驼。
> 荐诸太庙比郜鼎，光价岂止百倍过。
> 圣恩若许留太学，诸生讲解得切磋。[76]

76.（唐）韩愈：《昌黎先生文集》卷五，宋刻本，第 5 页。

在韩愈看来，石鼓比郜鼎更有教育价值，所以其最后的归处便是太学，让诸生相互学习、切磋。于是，他濯冠沐浴将此告知祭酒。然而，其建议并未被采纳。韩愈愤慨道："中朝大官老于事，讵肯感激徒媕娿。"其最后只能发出"呜呼吾意其蹉跎"的感慨。尽管韩愈当时的愿望并未实现，但其所提出的设想却影响了石鼓此后的命运。在元之前，石鼓历经唐、宋战乱，或隐或显，无法统一概论。自元至清，石鼓便被放置国学，从此再未有大变动。而之后的重要事件，也多与祭酒相关。《石鼓音训》作者潘迪，亦是国子司业，其音训目的正是使"俾习篆籀者有所稽"。当时国子监祭酒欧阳玄，亦参与校勘之中。至清代，乾隆帝更是将韩愈之说定为确论，所以，天一阁本才有了后来阮元、盛昱的重摹。

一定意义上说，韩愈《石鼓歌》对后世石鼓存放及利用起了重要影响，而各代祭酒对此尤多关注。至清代，祭酒对石鼓的关注也更为显现。祭酒对石鼓的关注也更为显现。祭酒掌管国家最高教育机构，而学政、主考官更是直接受其领导。沿着祭酒、学政这条脉络，皇权的理念得以推行。柯律格在分析明代宗藩的文化行为时指出：

> 在此我们再一次地看到宗藩作为精英和帝国文化之间的转接站，作为复制的中心，把往昔的文化遗产（不论是否传自帝都）传播到范围更大的地方，就像他们本人通过复制传递明太祖的父亲血统一样。[77]

石鼓作为乾隆帝稽古右文的重要文化遗产，在阮元、盛昱等人的"复制"中得以广泛传播。这一点上，他们有相似之处。或者说，这是看到了权力在中国传统文化中的作用。然而，学术、教育的发展有其内在理路，哪些文化遗产能够复兴，为什么能够复兴，与自身环境密不可分。从天一阁本的不断

77.（英）柯律格、黄晓鹃译：《藩屏：明代中国的皇家艺术与权力》，郑州：河南大学出版社，2016年，第178页。

重摹而言，其既满足学术、教育发展之需，又契合乾隆帝政权维护之要，从而使石鼓作为礼制、教育的象征性得以凸显。

天一阁本与乾嘉以来《石鼓文》研究

　　　石鼓文考释解诂前人固详之，而近时钱竹汀詹事、翁覃溪学士、王述庵司寇、家文鱼征士、吴侃叔明经考析更精，几无剩义……[1]

　　这是张廷济对其时代石鼓研究的评价，在他看来，尽管《石鼓文》研究历史久远但清人却不输前人，钱大昕、翁方纲、王昶、张燕昌、吴东发更是其中的代表。那么，"几无剩义"是张廷济的夸大，还是确实如此呢？翁方纲关于第八鼓的传拓，能帮助我们更好地理解此语之内涵。

　　翁方纲在任国子监司业时，曾亲自手搨石鼓。虽然过往岁月中，有无数人如他一般，希望能有新的发现，但事实往往并未如愿。然而，翁方纲此次却有若神助，他喜出望外地记录了此次收获：

　　　右第八鼓，今图释诸家皆以为无一字矣，谨按此鼓施本作十四字，薛本十三字。今日拓者，以其无字率用窄纸□拓，四边不具，无从而见其石之首尾矣。昨，方纲手剔诸鼓，先以水洗数日而后度其浅深以量用墨轻重。精拓审之，则辛鼓首隐隐有"工"字。虽前年秋，海盐张芑堂手拓淡墨本亦未能及此也。不数日间，于曹竹虚

1. 天一阁博物馆编：《石鼓墨影——明清以来〈石鼓文〉善拓及名家临作据存》，上海：上海书画出版社，2018 年，第 82 页。

侍郎斋见明上海顾从义摹石鼓砚，此字宛然相符且顾氏本所存者乃前后已具八行，而吾子行《周秦刻石释音》直云五行，朱竹垞、许实夫皆沿其误。千年之疑，一旦豁然，快何如之！[2]

翁方纲因在第八鼓发现"工"字，而自觉远超诸人。实际上，此字也并非"工"字，而仅仅是"丁"残画。尽管只是残画，却对于石鼓而言已经是重要发现。为此，翁方纲在二十年后专门因此重刻此鼓。其再跋云：

岐阳石鼓其八，无字久矣。乾隆辛丑，方纲官司业日于桥门手拓辛鼓，得此半字。以四明范氏天一阁藏本与上海顾氏所摹本审定行次，知每行五字，而顾摹辛鼓首有此"工"字，益徵信矣。此是首行第一字，在"皮"字上，隔一格，与下行"走"字上一字对也。后廿年再拓，则此半字又损失不可寻矣。亟摹石以传之，此从来诸家图释所未及也。[3]

翁方纲二十年后再次摹拓，此字又损，所以其在嘉庆癸酉年（1813）十月以天一阁本与顾砚本相参照进行重刻。第八鼓自明以来，已不见存字，传摹本中以天一阁本与顾砚本存字较多。据翁方纲考证，顾砚本此鼓存全字十二，半字五；天一阁本全字十二，重文二，半字一。两者所存文字基本相同，但在书写等方面则有出入，所以翁方纲据此摹刻。实际上，翁方纲发现半字所引发的事件还不止这些。后来，徐渭仁在所藏张燕昌摹拓本后，亦将翁氏此一发现用金笔摹入并抄录翁氏两跋及叶志诜一跋。翁氏两跋与前录内容基本相同，叶氏一跋云："丁丑三月，叶志诜复勒于平安馆。"叶氏曾游于翁方纲门下，此跋说明，其在四年后又曾重新摹刻于斋中。张燕昌摹刻天一阁本，

2.（清）翁方纲：《石鼓考》，《国家图书馆藏石鼓文研究资料汇编》第 4 册，北京：国家图书馆出版社，2014 年，第 22 页。

3. 赵椿年：《覃罍斋石鼓十种考释·石释》，民国铅印本，第 36 页。

亦曾以顾砚本为参照，但并未摹刻此字。徐渭仁感慨到云：

> 芑堂以范本、顾本排比此刻而遗此半字，甚矣，校勘之难也。[4]

从徐渭仁的感慨，不难发现当时对石鼓考析的精细程度，仅仅只是半字，却引发如此多的记录、事件。由此而言，张廷济的评价并无夸大，那么，在如此情境下，天一阁本《石鼓文》的出现解决了哪些问题，引起了怎样的影响呢？

第一节   天一阁本前的《石鼓文》研究

清以前的《石鼓文》研究，主要集中在石鼓年代、训释及书法艺术三大领域。随着探讨的不断深入，十鼓顺序、各鼓字数等问题也随之成为石鼓研究中的重要内容。由于各时代，研究视角、方法有所不同，研究的内容也有所侧重。杨宗兵先生将清之前的《石鼓文》研究，划分为唐初至北宋、南宋至明代两个时期。他的依据是：唐至北宋标志着《石鼓文》研究的开始，但存在着明显不足。在内容上，对《石鼓文》本身的考证未引起重视，多侧重书法、图录研究；在研究方法上，"缺乏实据和考证，对问题的分析、推断往往只言片语或仅仅依据史书中的某一条记载就冒下定论，故多难成立"。南宋至明代阶段的最大特色是，"研究角度与重心开始转移——侧重文字学角度来考证石鼓文"。[5]杨先生的划分重点着眼于《石鼓文》年代考证，故有其自身道理。在此基础之上，综合各时代文献内容及方法，本文试将清以前《石鼓文》研究，划分为唐、北宋、南宋至明及清初四个阶段。

唐代作为一个独立时期，主要基于其研究方法上的特殊性与探讨主题的

---

4. 赵椿年：《覃斈斋石鼓十种考释·石释》，民国铅印本，第 36 页。

5. 杨宗兵关于《石鼓文》的研究，总体分为四期：唐初至北宋、南宋到明代、晚清到民国及 1949 年后至今。杨宗兵：《石鼓文及其时代研究评述》，《考古与文物》，2006 年第 3 期，36—37 页。

开创性。具体而言，主要有四个方面：

一是，以《石鼓歌》为代表的歌咏文体，成为后世学者竞相效仿的雅好。现在所见石鼓最早的文献记录，出自太宗朝驸马都尉、吏部侍郎苏勖的《叙记》。然而，此一时期最为后世津津乐道的，则是韦应物、韩愈等人围绕石鼓所作诗歌。单就《石鼓歌》而言，苏轼、苏辙、张耒、李东阳、乾隆帝、阮元、张廷济等都有作品传世，直至当代，仍时有新作产生。

二是，后世集中讨论的核心问题，在此阶段已部分确立。如石鼓年代、作者及镌刻目的。韦诗云："周宣大猎兮岐之阳，刻石表功兮炜煌煌"，"喘逶迤，相纠错，乃是宣王之臣史籀作"；韩诗云"周纲凌迟四海沸，宣王愤起挥天戈"，"镌功勒成告万世，凿石作鼓隳嵯峨"；由此确立石鼓乃宣王所作，其作者为史籀，而其目的正是刻石表功。虽然后世对这些问题多有不同见解，但所有讨论都由此而始。

三是，石鼓文字的书法形式，在此阶段已得到广泛关注。张怀瓘云：

籀文者，周太史史籀之所作也，与古文、大篆小异，后人以名称书，谓之籀文……其迹有石鼓文存焉，盖讽宣王畋猎之所作，今在陈仓。李斯小篆兼采其意，史籀即籀文之祖也。赞曰：体象卓然，殊今异古，落落珠玉，飘飘缨组，苍颉之嗣，小篆之祖，以名称书，遗迹石鼓。[6]

此外，窦臮《述书赋》、张彦远《法书要录》、韦续《五十六种书》等都有相关著述。虽然此阶段，多是以感性的比拟方式展开描述，没有像后世探讨的具体深入，但已经明确将石鼓文定为籀文书体的唯一遗迹并与大篆、小篆作了一定比较。

四是，《石鼓文》传拓在唐代已很普遍。今人对《石鼓文》的唐代拓本，多借韩愈"公从何处得纸本，毫发尽备无差讹"为依据。其实，远不止如此。

6.（唐）张怀瓘：《书断》，《书法要录》卷七，北京：人民美术出版社，2016年，第229页。

《述书赋》云："岐州雍城南有周宣王猎碣十枚，并作鼓形，上有篆文，今见打本。"韦应物诗云："今人濡纸脱其文，既击既扫白黑分。"不仅直接点名了唐人濡纸脱文，而且也交待了其"击""扫"的方法及黑白分明的成果。唐代的文献传世较少，三人均提到拓本，足以想见当时传拓之普遍。此外，被研究者容易忽视的一点，是此阶段对石鼓文教育传统的确立。

　　北宋在石鼓研究史上的特殊性，集中体现在金石学的兴起所带来的研究新视角。概言之亦体现在四个方面：一是关于《石鼓文》真伪的怀疑，欧阳修之前从未出现，而在其之后则既有反对者，亦有支持者，成为石鼓研究的新增话题。欧阳修认为石鼓可疑者有三：比较汉碑而言，大书深刻未足千年已多有磨灭，而石鼓实千有九百余年且文细刻浅，理应不可能存，此为可疑者一；其字古而有法，其言与雅颂同文，而自汉以来博古好奇之士皆略而不道，其可疑者二；《隋书·经籍志》收录有秦皇帝刻石，婆罗门外国书，而独无石鼓，遗近录远，不宜如此，此其可疑者三。[7]虽然其最后以韩愈"好古不妄，取以为信尔"，但后世或辩驳，或取信，其中清初金石大家顾炎武亦持此说；二是关于《石鼓文》年代提出新说，论述更为有据。唐代关于《石鼓文》的年代，除韦应物以为文王之鼓、宣王刻诗外，其他诸家都定石鼓为宣王时代。由于唐人多借诗歌、辞赋表达自己的见解，所以论述多不充分。欧阳修、董逌等人的著作中，都指出唐人所言不知何据。董逌、程大昌等人则又提出成王说且论述更为有据，开启了真正意义上的对石鼓年代的研究；三是，关于《石鼓文》字数多少的记录。石鼓虽出现于唐，但当时并没有学人录其字数。此时，梅尧臣云"四百六十飞凤凰"，欧阳修云所见四百六十五字本，《资古录》所云四百七十四字本等，均是《石鼓文》所存字数的早期记载，从而为后世拓本鉴定提供重要参考；四是，《石鼓文》首次被摹入丛帖。《汝帖》乃为宋大观三年（1109）八月，河南汝州郡守王寀集《淳化》等古帖、古碑之字刻成。其中，《石鼓文》被收入其中，弥补了《淳化阁帖》未收《石鼓文》之遗憾，成为后代了解石鼓原貌的重要参照。

7.（宋）欧阳修，邓宝剑、王怡琳笺注《集古录跋尾》，北京：人民美术出版社，2010年，第17页。

南宋至明：此阶段最主要的特点，正如杨宗兵先生所言，侧重于文字学角度。首先，《石鼓文》专著开始出现。之前关于《石鼓文》的研究，或是简短的诗歌文字，或是金石文字中的一部分。郑樵《石鼓文考》三卷，标志着石鼓研究专著的出现。此书未传世，后世多借此书序言了解该书内容。此书在《石鼓文》研究史的重要意义，主要体现在两点："其一，首创'主秦说'；其二，第一次尝试从纯文字学角度，通过石鼓文与秦铭刻文字相互印证来考证石鼓文。"[8]其次，《石鼓文》训释著作不断涌现。先是薛尚功《历代钟鼎彝器款识》著录石鼓全文并附释文，再是章樵注释《古文苑》本《石鼓文》。需要说明的是，《古文苑》在南宋普遍认为是唐人所编，章樵亦持此一观点。然而，此书自元至清多被疑为后世作伪，吾丘衍、都穆、钱熙祚、顾广圻均否定其为唐编。郭沫若认为其成书于南宋，王晓鹃则进一步将成书时间明确为南宋高宗绍兴二十一年（1151）至绍兴三十一年（1161）之间。[9]《石鼓文》四百九十七字，相较于其他宋拓本字数稍胜。此外，元代吾丘衍、潘迪；明代都穆、陶滋、杨慎、李中馥等都在训释方面有所推进。最后，此阶段在《石鼓文》书法艺术方面，最重要的一点是《甲秀堂帖》的出现。其后，丰坊、赵宦光等从不同程度，都突出了《石鼓文》在书法实践中的重要性。

清初：清初《石鼓文》研究中，最有代表性者当属顾炎武、朱彝尊及万斯同三家。顾炎武堪称清初最具影响力的金石学大家，其《金石文字记》是以金石来证经补史的力作。然而，其对《石鼓文》则持怀疑态度。其《金石文字记》云：

> 石鼓凡十，相传为周宣王猎碣。今读其文，皆浅近之辞，殊不及《车攻》《吉日》之闳深也。《金史·马定国传》言："石鼓自唐以来无定论，定国以字画考之，云是宇文周所造。"作辨万余言，出入传记，引据甚明。杨用修慎最称好古，而亦曰："宣王之世去古未远，所用皆科斗籀文。今观《说文》所载籀文，与今石鼓

---

8. 杨宗兵：《石鼓文及其时代研究评述》，《考古与文物》，2006 年第 3 期，第 36 页。
9. 王晓鹃：《〈古文苑〉研究》，西北师范大学博士论文，2008 年，第 6 页。

文不同。石鼓乃类小篆。"余独以其辞不足侪于二雅而疑之。[10]

顾氏从石鼓文辞、字画入手，将其与《诗经》二雅、《说文》进行比较，并借用马定国、杨慎的论述提出怀疑。作为清初鸿儒，顾炎武的观点无疑给聚讼不已的石鼓真伪又添迷离。武亿曾云："近时疑石鼓者，顾氏其首也。"[11]吴东发辩驳云：

> 顾氏亭林谓无一句类二雅者，非是。缘自来释文多误，章句莫名，字讹义舛所致耳。[12]

受顾氏影响，万斯同《石鼓文辨》亦从文辞与书体等方面，力辨马定国所持为确论。从万氏叙述来看，马定国之文在清初已泯灭不传，所以其本人并未参据马氏详论而只是在结论上一致。总结万氏之论述，可以概括为这样几点：一是诸家以《石鼓文》在文体上类《小雅·车攻》，进而定其为周宣王时所作不具说服力。万氏认为其他时代亦可袭用《小雅》之体，此外，既然当时已有《车攻》《吉日》两篇，又何故再有此举。在内容上：

> 且周之诸侯，悉在丰镐之东，将行朝会，当在东都，不当在岐阳。昔周公以洛邑居天下之中，特营东都为朝会诸侯之所，宁有舍此不会，而远会于岐阳？[13]

二是，《石鼓文》为西魏大统十一年（545），尚书苏绰之辈而作。万氏

10.（清）顾炎武：《金石文字记》，《国家图书馆藏石鼓文研究资料汇编》第 1 册，北京：国家图书馆出版社，2014 年，第 431—432 页。

11.（清）武亿：《金石三跋》卷一，《国家图书馆藏石鼓文研究资料汇编》第 3 册，北京：国家图书馆出版社，2014 年，第 352 页。

12.（清）吴东发：《石鼓读·石鼓文章句序》，清刻本，第 1 页。

13.（清）万斯同：《石鼓文辨》，《万斯同全集》第 8 册，宁波：宁波出版社，2013 年，第 378—381 页。

考证到，魏文帝大统十一年曾狩猎岐阳。当时，宇文黑獭为相，苏绰为尚书。宇文黑獭患文章浮靡，曾命苏作《大诰》。苏绰多借《尚书》语辞以创作，并被定为国中范式，当时文人多效其体。万氏认为，文仿《尚书》，诗必效二雅。《石鼓文》中多借用《小雅》之句，所以此文应为苏绰或其同辈而为。"藉令周人为之，宁肯剿袭如此"，且在篇幅上亦没有如此之长者；三是，书法亦非史籀之书。万氏先是对《元和郡县志》所载唐初诸家书法见解予以考辨："会'虞、褚、欧阳共称古妙'，此说尤可疑。夫虞、欧与勰同列，述其言可也。遂良为后进子行，何故籍其言为重？"进而以史籀大篆无传世者，认为唐人爱大篆而忘查其真伪。最终以众人不辨篆书之由来，否定《石鼓文》书法并非籀书。万斯同的论述，有众多可取之处，特别是从文体、狩猎内容等方面的视角，有发前人未发之言。[14]

然而，此后对万氏观点的辩驳也时有出现。翁方纲、沈梧等人逐一对其予以反驳。如万氏怀疑《元和郡县志》中所称"虞、褚、欧阳共称古妙"，认为褚遂良是晚辈，不可能与虞、欧阳二人并称。翁方纲指出，褚遂良早在贞观四年（630）书《枯树赋》时就已为巨卿所重，况且《志》中仅云褚，又安知不是其父褚亮，又安知不是褚氏父子并称。[15]沈梧的考证更为直接：

> 虞伯施、欧阳信本俱自隋入唐而太宗工隶师虞，虞传欧阳及褚登善，褚传薛少保稷，是为"贞观四家"，当时已并称之。[16]

"主西魏说"虽非万氏独创，但其以所持依据及辨析视角成为此说的重要代表人物。

《石鼓考》是朱彝尊《石鼓文》研究力作，其对后世石鼓研究产生了重

---

14. 石鼓辨二中，万氏再次从鱼、兽等内容论证了自己的观点。

15.（清）翁方纲：《石鼓考》，《国家图书馆藏石鼓文研究资料汇编》第 4 册，北京：国家图书馆出版社，2014 年，第 22 页。

16.（清）沈梧：《石鼓文定本》卷二，清光绪十六年沈氏古华山馆刻本，第 13 页。

要影响。沈梧曾指出："近时论石鼓者，咸称竹垞太史。《石鼓考》凡三卷，最为精详。"[17] 此书最有影响的内容，乃是其对杨慎本《石鼓文》予以辩驳。朱彝尊对杨慎本的有力辨伪，可视为清初对石鼓版本的一次重要"清扫"，虽然《四库提要》亦对杨氏本进行了总结性的批评，但朱氏所论要早于《四库》，故而研究者往往以此为定论。具体内容前有专述，此不赘言。朱彝尊《石鼓考》的另一大特点，是对历代研究石鼓文献的集成。将前人石鼓研究的文字附于卷后，至少自元代就已开始出现，明人亦效之，而朱彝尊更是将唐至明几乎诸家之说皆附于后，成为集诸家之说于一体的煌煌之作。朱彝尊《石鼓考》书中的考释，经常被后世所引用。实际上，在字形及重文方面，其中亦有不少错讹。《钦定日下旧闻考》中谓："朱彝尊辨之甚详（杨慎本）。卷中并引郑樵、薛尚功、施宿、潘迪诸家，考证固为赅博，但字画传写亦不无舛讹之处。"[18] 沈梧更是指出："其于文字既未尝甄定，篆讹释谬不下百言之多。"并一一予以辨识。[19]

除了朱彝尊、顾炎武、万斯同等人，清初仍有其他关于石鼓的著作付梓刊行。刘凝的《周宣王石鼓文定本》[20]、许容的《石鼓文钞》、孙承泽的《庚子销夏记》等，从各自方向进一步推动了《石鼓文》研究，但总体而言，无甚发明。只有刘凝虽亦持石鼓为宣王说，但其依据则从鼓文称谓上加以论证，颇有新意。[21]《石鼓文钞》是朱彝尊《石鼓考》书中摹勒石鼓部分的单行本。不过，其对原文音释稍有损益。胡介祉跋中云："改正薛本差讹者十数字，

17.（清）沈梧：《石鼓文定本》卷二，清光绪刻本，第10页。

18.（清）英廉等：《钦定日下旧闻考》卷六十八，清刻本，第4页。

19.（清）沈梧：《石鼓文定本》卷二，清光绪刻本，第10页。

20. 刘凝自序云："癸卯于章门得搨本七纸，除第八鼓磨灭无字，尚有两纸未获睹也。甲辰黄子仪上公车至都门，惠搨本九纸，并《潘氏音训》校先所得者，又阙一二字……于是以搨本为主而以薛本佐之。凡搨本见存者，薛本无弗合也。其不合者，毫发焉尔。由是推之，则搨本缺者，薛本所存足凭也。用敏所云，最初搨本剥落未甚者，是已。由是推之，则凡诸家之说与薛本合者，可从。其不合者，尽皆诞妄不可从也。"所以，此书所谓定本，实际是以薛本为主，参以搨本而定，其次第则以章樵《古文苑本》而定。

21. 刘凝以鼓文中有"天子永宁"，又有"公谓天子"，以此来断定不在成王。

别以今验及按。"[22] 何焯自云家藏有宋拓薛尚功本《石鼓文》，并以此再对杨慎本进行质疑，然其依据并未超出朱彝尊。

朱彝尊对杨慎本的辨伪，万斯同对《石鼓文》的年代考辨及顾炎武对石鼓的质疑，最能体现清初学者的研究特点。他们这种偏向版本、真伪考辨的关注点，这正如林庆彰提到的：

> 清初考文、考音的著作并不多，一入乾、嘉时代所以骎骎然盛，其关键就是清初学者已为他们扫除经书中的污染，在这种基础下，他们才能心无旁骛的研究文字音意，考订典章制度。[23]

尽管《石鼓文》研究有相对独立的学术传统，音文考释早已有之并且始终是其重点，但在清初群经辨伪时代，其亦体现出质疑、辨伪的特点。随着考据学的进一步发展，才真正迎来张廷济所谓"考析更精，几无剩义"的新时期。

第二节　征引天一阁本学术论著述要

张、阮两人对天一阁宋拓《石鼓文》的翻刻，为清代《石鼓文》研究的兴盛带来巨大动力。在金石考据兴盛，善拓石鼓无从得见的情况下，天一阁本的出现如一股源泉活水，涌入几近干涸的学术沟渠，从而使其重新焕发出无限生机。自此之后，《石鼓文》研究著作不断涌现，而且几乎无一不参考此本。澄碧楼主人张靖（1879—1969）曾云：

> 今言石鼓者，均以范氏天一阁之本为最旧。阮文达、张芑堂诸

22.（清）许容：《石鼓文钞》卷下，清刻本，第47页。

23. 林庆彰：《清初的群经辨伪学》，上海：华东师范大学出版社，2011年，第50页。

先进嗜古若渴，曾一再钩刻，期垂不朽。不百年，均先后沦于劫火而天一故物亦久不在人间。光绪之初，宜都杨惺老汇刻《望堂金石文字》岐阳石鼓亦仅仅据阮、张重刻之本以入选……二百年来，就残泐之文疏释考论者亦勿虑十数家，然群说竞起，各有异同，要不外以天一北宋之本为归虚。[24]

　　言语之间，对天一阁本极为重视，特别是在"残泐之文疏释考论"方面，将其视为二百年来未有抗衡者，更是直指天一阁本的核心作用与价值。

　　正如张靖所说，在天一阁本发现之后的二百年中，其确实在《石鼓文》研究中发挥了重要作用。乾嘉以来的重要著作，其中多与天一阁本有着密切关系，而其作用也正在这些著作中所解决的问题中逐渐彰显，从而推动《石鼓文》研究渐近明晰。

一、吴东发《石鼓读》

　　吴东发（1747～1803），乾隆时诸生，嘉庆时岁贡生，字侃叔，号芸父，又号耘庐。吴东发倾全力于金石考据学，曾向著名史学家、金石学家钱大昕请教，并与王澍相友善，后被阮元聘为诂经精舍讲习人员。吴东发对石鼓深有兴趣，他尝言："余梼昧不自揣，读石鼓积十载，循藩篱、涉奥窔，叹昌黎不余欺已……"[25]足见其对石鼓用力之深。阮元称赞他云：

　　　　吴侃叔东发，老诸生也，博古能文，识古文奇字。尝为石鼓文章句，谓石鼓文中，有次章即用首章之前半，重叠读之，如毛诗之

24.（清）陈矩：《石鼓全文笺·张靖序》，《国家图书馆藏石鼓文研究资料汇编》第7册，北京：国家图书馆出版社，2014年，第7—8页。

25.（清）吴东发：《石鼓读·序目》，民国十五年慎初堂影印本，第1页。

列，徒因刻石简省不重书刻之耳，所言颇为前人所未发。[26]

《石鼓读》七卷，是吴东发石鼓研究代表之作。是书前有序目，分别介绍各卷之缘由。从中可知，首卷《石鼓释文考异》乃从"古人制字，立像示意"的角度考究石鼓文字。第二卷《石鼓章句》，其在序中云："余既撰《释文考异》一卷，又尝循环读之，有会于心。益叹石鼓章句本自整齐，正合诗例，审其文义音韵，一篇之中恒反覆其辞，令人讽咏不尽。盖字有重叠，句亦有重叠"。[27]梁同书评此书，有"辟鸿蒙而凿混沌"（题辞）的开创之功。后来沈梧撰《石鼓文定本》中云："石鼓分章，从未之见。"[28]显然未睹此书。第三卷《石鼓辨》，其序云："尝览朱氏彝尊《石鼓考》，掇拾众说，是非杂糅，观者易惑，爰列其说而辨之。其已经前人剥正与说之不足辨者，不与焉。"此章实是针对诸家对石鼓年代、字体等持怀疑之态的辨析，其中就有对顾炎武之辨。第四卷《石鼓监》与《石鼓辨》相对应，乃是就前人已认定《石鼓文》的补充与梳理。第五卷《石鼓释文考异或问》是对鼓文中，较难辨认字体的考证。第六卷《石鼓尔雅》乃从释天、释地、释水、释鱼、释马、释车等角度，对《石鼓文》中涉及的内容进行训释。第七卷《叙鼓》是参考诸家对十鼓进行次第。是书首卷序作于乾隆五十九年（1794），《石鼓尔雅》序作于嘉庆七年（1802），可见其自称"读石鼓积十载"并非虚言。《石鼓读》的最终付梓刊行也颇费周折，吴东发在致友人的信中便提及其写样、修改、经费不足等一系列情况。

吴东发对石鼓的趣味，应该直接受张燕昌影响。其《考异序》云：

　　壬子春（1792），张芑堂燕昌贻余手拓《石鼓文》，爱其笔迹，时展之。其可识者，一鼓之中或得二三句，或五六句，或七八句，皆出入风雅，愈爱之。以为文虽磨灭不完，其连属可见者犹

26.（清）阮元：《定香亭笔谈》卷二，清嘉庆五年刻本，第23页。

27.（清）吴东发：《石鼓读·石鼓文章句序》，民国十五年慎初堂影印本，第1页。

28.（清）沈梧：《石鼓文定本·凡例》，清光绪十六年沈氏古华山馆刻本，第2页。

多，苟皆通之。[29]

从文中叙述看来，此时吴东发应是初次对石鼓进行释读，所以才有此感受，而且《考异》又是其最早完成篇章。所以，张燕昌的影响显而易见。序末又云：

> 芑堂复寄赠所模天一阁北宋本，同郡张汝霖廷济又寄示家藏旧拓本，爰参校写其文，作《释文考异》……凡考定三十字，正三十有三字，补释三字，增三字。[30]

又可见《考异》与天一阁本、张廷济藏本有密切关联。检阅此书，其中引据天一阁本、张燕昌《石鼓文释存》甚多。

二、翁方纲《石鼓考》

翁方纲对于金石碑版的考订、品鉴，在有清一代颇具代表性。梁启超谈及清代金石学时曾云："别有翁方纲、黄易一派，专讲鉴别，则其考证非以助经史矣。"[31]道出了翁氏金石研究之偏向。翁方纲关于《石鼓文》的研究文字散见于其诗文集内，但最能集中体现其于石鼓用功之深的当属《石鼓考》。《石鼓考》八卷，未见刻本，稿本现存国家图书馆。卷一图式、卷二释文、卷三今文定本、卷四字体、卷五系述、卷六叙论、卷七辨议、卷八赞咏。《石鼓考》撰写始于何时不可获知，但其卷一中载"乾隆四十六年（1781）夏，四月二十四日，国子监司业翁方纲于戟门下，用见今衣工尺手量石鼓，谨记于此"，而文中又提及阮元扬州摹本（1807），如果据此时间推算，此书前后几近三十年。相比其他著作，翁方纲的《石鼓考》有不少自己的独特之处。

29.（清）吴东发：《石鼓读·石鼓释文考异序》，民国十五年慎初堂影印本，第1页。
30.（清）吴东发：《石鼓读·石鼓释文考异序》，民国十五年慎初堂影印本，第3页。
31.（清）梁启超：《清代学术概论》，上海：上海古籍出版社，2005年，第49页。

一是：以图示鼓，图文互见。

以平面图的方式，展示石鼓文字，始见于《甲秀堂帖》。其上勾勒出石鼓切面大概轮廓，将残存文字在相应位置予以写入，图下标注释文，乃是此帖一大特点。其后，清初褚峻、牛运震合作完成的《金石经眼录》，亦以图的方式标识石鼓文字并将释文移录于右。相较于《甲秀堂帖》，《金石经眼录》所载图像较为具体，其中石花、存在情况展示无遗，且又添加每鼓尺寸。翁方纲在图式部分，借鉴了《金石经眼录》的表现方式，但也作出不少改变。翁氏图式总体分为两部分：一是每鼓的图式，二是当时石鼓摆放国子监的图式，翁氏命名为"国学石鼓位次之图"。在每鼓图式中，翁氏也如《甲秀堂帖》仅是勾勒了石鼓形状，但以自己对每鼓的考据替代释文。翁氏的做法看似相差不多，却较为合理。《甲秀堂帖》被后世所诟病的，正是因其释文采用今文字体。《金石经眼录》虽没有易以今文，但又存在重复之弊。翁氏集合诸家释文，对其中存在争议的文字进行详细考证，故而使其文字与图式相得益彰。与《金石经眼录》相同，翁氏也著录了每鼓尺寸，而且其对自己的测量非常自信，他在此部分末加以按语云："滋阳牛氏《金石图》亦有石鼓尺寸，不可据"。如甲鼓，翁氏测量为"高尺有六寸，围六尺三寸三分"，而《金石图》著录为："高一尺七寸，围六尺六寸。"高差一寸，围差近三寸，可见翁氏之严谨。

图式部分，乃据四种石鼓拓本摹入。一是，按当时石鼓拓本摹入，共十图；二是，据元时旧拓本摹入，凡七图（原注：与见今拓本无疑者不复图也，后仿此。）；三是，由明顾从义《石鼓砚》本摹入，凡八图；四是，据张、阮天一阁本摹入，凡六图。除了石鼓图式外，翁方纲还将石鼓摆放于国学的方位予以标识，并凡注明其次第之误。[32] 正如一份精致的考古报告，有图像，有考释，亦有空间位置。

二是：引据博洽、材料宏丰。

清之前，石鼓训释、考证著作几不可胜数，选择何者进行比较，成为清人石鼓研究中需要审别与选择的首要问题。刘葱石在光绪年间重刊张燕昌《石

---

32. 庚、辛二鼓，盖元代自陈仓移来时偶倒置砌于砖台内。

鼓文释存》中，特意列举张氏所引诸说，其中清之前有九种，清朝有六种。[33]相较于张燕昌，翁方纲所引据更为博洽。吾丘衍、都穆、杨慎、陶滋、刘凝、许实夫、《甲秀堂本》《诅楚文》《碧落碑》《金石韵府》《广韵》等又为张燕昌所未引据。其中值得注意的是，杨慎本早已被视作伪本而被诸家所排斥。与此不同，翁方纲在此书中却多处引用杨慎本。在谈及第三鼓"孔"字时，翁氏云："不得以杨升庵之谬而并疑此字。"实际上，文中亦指出杨本杜撰、错误多处。如在第六鼓中，翁氏云：

> 至于杨氏本于肝来之下，杜撰云："或群或友，悉率左右以燕天子，反置原本'其官具'三字于不问，此则讹谬极矣。"[34]

在翁氏看来，杨慎本固然有杜撰之处，但其中亦有可取之处，体现了其博取众家的包容态度。引据之外，此书所集石鼓诗赋歌咏也远超他人。翁氏在朱彝尊基础之上，又以移置、事纪、识字、论文、论书、证籀等条目进行了更为细致的分类。相较于朱彝尊《石鼓考》，此书增补更多前人言论。其中，亦有前人所从未提及者，洪文惠《跋岐阳石鼓文》最具代表性。此跋全文如下：

> 右岐阳石鼓文一卷，顷在会稽得之粥碑者而阙其第八。时，常平使者徐子礼善篆，持以问真赝。又得其旧藏，复重一纸，十鼓遂足。初先公北归，有宣和殿所刊《复古图》一帙，图十鼓而释之。以《车攻篇》冠其首，韦、韩二诗，欧、周二跋尾其后。折中以云汉之章，更有司马天章公凤翔所镌韩公诗。箧中所藏甚备，复集东坡诸公诗文为一卷。念昔登词科时，实赋"成王蒐岐颂于此"，盖

---

33. 分别为：章樵、薛尚功、董逌、潘迪、郭宗昌、郑樵、施宿、赵崡、赵宧光、朱彝尊、褚俊、王昶、赵魏、陈焯、周广业。（清）张燕昌：《石鼓文释存》，《国家图书馆藏石鼓文研究资料汇编》第 3 册，北京：国家图书馆出版社，2014 年，第 342—343 页。

34.（清）翁方纲：《石鼓考》，《国家图书馆藏石鼓文研究资料汇编》第 4 册，北京：国家图书馆出版社，2014 年，第 103 页。

拳拳焉。呜呼！鸑鷟不至，豺虎同穴，小雅诗废。今五十年模索遗碑，可为恸哭。[35]淳熙丁酉六月盘洲书。

翁方纲跋此文云：

洪文惠跋岐阳石鼓文云："念昔登词科时，实赋'成王蒐岐颂于此'，盖拳拳焉。"考洪文惠绍兴十二年壬戌试博学宏词科入选，尔时应试居临安而远想凤翔之古迹，此盖深有见于《春秋传》"成有岐阳之蒐"一语而为是颂，其识远过于昌黎远矣。而后来撰《石鼓考》者，皆不知有文惠此文，何也？愚窃撰《石鼓考》，乃专以《春秋传》椒举之言为信，惟董广川与洪文惠此文证据尔。[36]

翁氏考证了洪适此跋的内容及其在《石鼓文》研究中的重要性，但却如翁氏所言，诸家在判定石鼓年代时却鲜有提及。其主要原因还在于，主"成王说"的人数较少。后来，沈梧对翁氏此一发现予以认可。

三是：考究摹本、注重字体。

石鼓研究离不开拓本，但善拓不易得，因此诸多摹本也成为诸家重要参考。赵宧光曾云："石鼓播迁，全阙剥蚀不胜其辨。博古诸家以意揣摩，各就只见。余因兼收，以便校对。"[37]从而，对自己所收十一种《石鼓文》版本进行分类。[38]

35.（清）翁方纲：《石鼓考》，《国家图书馆藏石鼓文研究资料汇编》第4册，北京：国家图书馆出版社，2014：年，第338页。

36.（清）翁方纲：《石鼓考》，《国家图书馆藏石鼓文研究资料汇编》第4册，北京：国家图书馆出版社，2014年，第339页。

37.（明）赵宧光：《石鼓文·发凡》，《国家图书馆藏石鼓文研究资料汇编》第5册，北京：国家图书馆出版社，2014年，第35页。

38. 赵宧光在《石鼓文·发凡》中，曾谈及自己所藏十种翻刻本并分为两类：一是"翻篆"：款识帖（薛尚功）、甲秀堂小字谱（刘跂）、汝州帖（王寀辅）、滇中本（杨慎传李应帧书苏轼本）；二是"释楷"：潘迪（北监石刻）、王厚之（载《古文苑》、刘节《广文选》同）、郑樵（《石鼓辨》）、赵古则（载《金薤琳琅》）、徐献忠（载《金石文》）、冯惟讷（载《风雅广逸古诗纪》、潘基庆《古逸书》同）。

这其中提及摹本，但其目的并非进行专门梳理。《石鼓考》中则专辟"历代传摹诸本"一节，对历代著述或流传摹本予以考述，此举乃属翁氏首创。后世沈梧予以补充完善。[39]翁氏自《碧落碑所摹石鼓文字》至《阮芸台摹勒四明范氏天一阁本》共举十九种版本并对予以考述。

翁氏所列举历代传摹本，有的是据文献记载进行梳理，如岐城石刻、章氏所见本、郑氏所见本、薛氏所见本；有的则据自己所见，如《汝帖》本、《甲秀堂帖》本及阮元摹刻天一阁本等；也有像《碧落碑》者，并未完全重摹而是选取部分文字进行摹刻。在版本的梳理过程中，翁氏也发现诸多问题。如《碧落碑》中，对个别字的误摹以致后人不断重复，十竹斋、王澍临本因以杨慎本为底本故不可信等问题。虽然所举数量不多，考述相对简单，但对于后世了解《石鼓文》版本有重要价值。[40]除了对版本的重视外，翁方纲对石鼓字体的考察亦有所创新。以往对《石鼓文》字体的研究，重点在于比较各摹本间的差别。在这一点上，翁方纲依据天一阁本比前人更有推进。在第五鼓释文中，翁方纲谈到：

> 今见范氏天一阁本，此"霝雨"上残剩半字，虽有左右下垂之笔，其上半实非"天"也。甲秀本作"英"，亦未是。杨本此处作"吾来自东"杜撰，误也。[41]

但更为重要的是他将石鼓字体分别与小篆、籀文、古文及钟鼎文字比较，扩大了石鼓字体的比较对象与比较范围。他将石鼓文字分为：与小篆合者；与籀合者；与古文合者；既非《说文》小篆、籀篇亦不见于钟鼎古文者四大

---

39. 沈梧《石鼓文定本》中有《诸家摹本校误》一章。（清）沈梧：《石鼓文定本·凡例》，清光绪刻本，第 2 页。

40. 沈梧、尹彭寿等亦有梳理。

41.（清）翁方纲：《石鼓考》，《国家图书馆藏石鼓文研究资料汇编》第 4 册，北京：国家图书馆出版社，2014 年，第 90 页。

类[42]，分别加以统计、考证，为判断石鼓字体、年代开拓新视野。

翁方纲《石鼓考》是清代较有代表性的石鼓研究著作，其在对石鼓材料的挖掘、对版本的重视及研究石鼓的新角度等方面都有新推进。其中，石鼓图像、文字考释等部分都援引天一阁本，特别是图式中，更是列为四种之一并且据此对石鼓砚本、元拓本进行修正。翁氏《石鼓考》可以视为天一阁本参与清人石鼓全面考察的集中代表。

三、《〈石鼓文音训〉考证》

冯承辉[43]《〈石鼓文音训〉考证》，是石鼓文字训释中另一类别。虽然，它不是直接对鼓文进行训释，但其内容却是对潘迪《音训》的再次考证。它将研究视角扩展到石鼓本体以外的对象，或可以视作文字延伸的第二层面。查墉在该书序言中云：

> 至于训释，诸家执己意附会。惟元潘迪《音训》采择精当，而少眉先生考证一书又能博采旁搜，汇编成帙，异日勒于国学以为后学指南，是亦有功于食古者也。[44]

《石鼓文音训》是潘迪为国子监司业时所作，并刻碑与石鼓同置，其影响远非其他诸家能及。在《音训》最后，潘迪简述了刻碑之缘由：

42.（清）翁方纲：《石鼓考》，《国家图书馆藏石鼓文研究资料汇编》第 4 册，北京：国家图书馆出版社，2014 年，第 161—194 页。

43. 冯承辉（1786—1840）字少眉，又字少麇，号伯承，别号老麇、眉道人等。江苏娄县（今上海松江）人，贡生。工篆隶，精刻印，取法秦汉，旁及浙、皖两派，所作能出新意，自成面目。工八分书。兼善画，晚年尤喜画梅，风格近金农。尝与改琦、张祥河等结"泖东莲社"，诗词唱和。见上海市松江县地方史志编纂委员会编著：《松江县志》卷三十一，上海：上海人民出版社，1991 年，第 1021 页。

44.（清）冯承辉：《〈石鼓文音训〉考证·查墉序》，清刻本，第 1 页。

　　鼓之时世虽不可必，但其字画高古，非秦汉以下所及而习篆籀者不可不宗也。迪自为诸生，往来鼓旁，每抚玩弗忍去，距今才三十余年。昔之所存者，今已磨灭数字，不知后今百千年所存又何如也，好古者可不为之爱护哉？[45]

可知，潘迪乃是见其碑文日渐磨灭，才有此策略。在镌刻《音训》时，潘氏亦参考郑樵、章樵、施宿、薛尚功诸家，向来被视作研习石鼓之津逮。因此，对此书的校正备受重视，其后周庠亦撰《校补〈石鼓文音训〉》。此书成于嘉庆丁丑（1817），行文之中多以天一阁本《石鼓文》为参照。

四、强运开《重编石鼓文》

《重编石鼓文》是石鼓研究较为特殊的一类，书中将石鼓文字重新编排，形成新的诗篇，然后再对文字进行训释。一定意义上，此是带有创作类的研究。在众多石鼓研究论著中，较为鲜见。强运开（1867—1935）自序中云：

　　石鼓原刻固在京师，特刊蚀愈甚，存字益少，而天一阁本今不可复睹。惟杭州阮摹本尚为得真，十鼓计存四百五十二字，中惟甲鼓仅阙四字，乙鼓完整可诵，丙鼓以下则零纨断缣，多不成辞矣。予性喜金石文字，尤爱猎碣，初著《石鼓文丛注》一卷，藉探篆籀之原。旋复就阮摹本存字，仿颠倒兰亭之例重加编缀，使成文章，游艺之余聊以自娱。[46]

文中提及的《颠倒兰亭》，乃乾隆五十五年（1790）状元石蕴玉所作。所谓颠倒，乃是将《兰亭序》所有文字全部打乱，然后按照自己的想法，重

45.（元）潘迪：《周石鼓文音训》，《国家图书馆藏石鼓文研究资料汇编》第 1 册，北京：国家图书馆出版社，2014 年，第 105—107 页。
46. 强运开：《重编石鼓文·自识》，民国石印本，第 2 页。

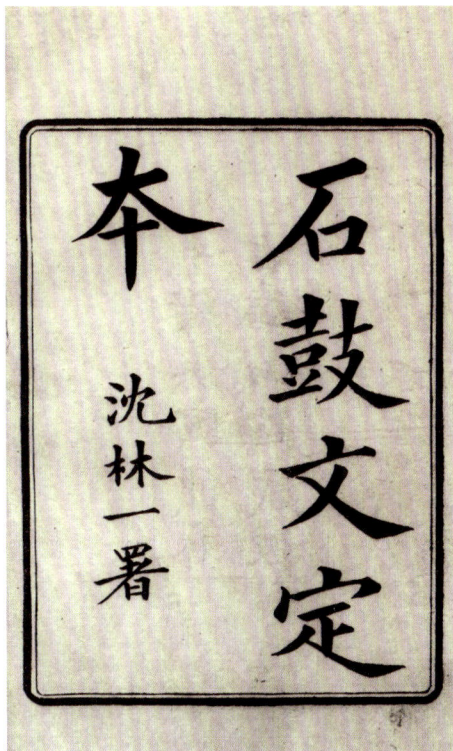

图1　《石鼓文定本》（清）沈梧　清刻本
国家图书馆藏

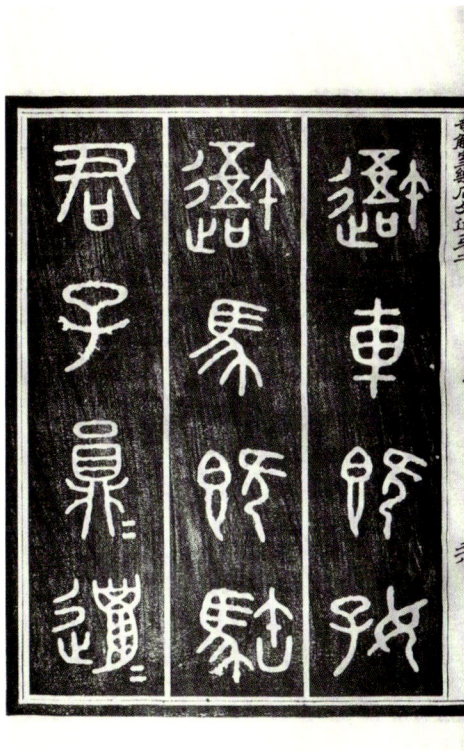

图2　《奇觚室乐石文述之石鼓文》（清）刘心源
清写刻本　国家图书馆藏

新创作一篇诗文。在规定好的文字、字数内进行诗文创作，非但要对文字烂熟于心，而且还要具备足够的文采。石蕴玉与天一阁颇有渊源。他曾在乾隆年间登天一阁观书并留诗一首。其《颠倒兰亭》亦与天一阁有重要关系，此本乃是以范氏所藏神龙本兰亭刻石之字钩摹上石。他在其后跋中云：

> 往在京师，得太学兰亭，颠倒其文，试成斯序，忽忽三十年矣。近岁大儿同福宰余姚，密适山阴，因取范氏天一阁所藏神龙本字，钩摹上石，置兰亭壁间，他日艺林又增一雪中鸿印也。道光三年夏六月吴门石蕴玉识。吴门王召南摹勒上石。[47]

---

47. 颠倒兰亭刻石后跋，拓片。

强运开以阮摹本《石鼓文》进行创作，多少也与此有一定牵连。然而，《石鼓文》要比《兰亭序》还要多百余字，所以其难度也更大。姬佛陀在前序中云："残碑断碣编辑成文，有炼石补天之妙。钩摹精细，神采奕奕，其音释采集诸家，俱有原本，洵为后学津梁。"[48] 此评不失允当。虽然说，这并不是对《石鼓文》的重摹，但其创作的基础及其书写形式，却是以天一阁本为基础。应该说，它以重编的形式保存、传播了天一阁本。

乾嘉以来参据天一阁本的石鼓文部分论著

序号	书名	作者	成书时间	卷数
1	石鼓文释存	张燕昌	清	三卷
2	石鼓读	吴东发	清	七卷
3	金石索	冯云鹏、冯云鹓	清	十二卷
4	石鼓文集释	任兆麟	清	一卷
5	石鼓文音训考正	冯承辉	清	一卷
6	随轩金石文字	徐渭仁	清	不分卷
7	石鼓文纂释	赵烈文	清	一卷
8	石鼓文汇	尹彭寿	清	八卷
9	石鼓文定本	沈梧	清	十一卷
10	奇觚室乐石文述	刘心源	清	十二卷
11	石鼓全文笺	陈矩	清	一卷
12	惜味道斋集	姚大荣	清	三卷
13	重编石鼓文	强运开	民国	一卷
14	石鼓文考释	罗振玉	民国	三卷
15	罩研斋石鼓十种考释	赵椿年	民国	一卷
16	石鼓文疏记	马叙伦	民国	一卷
17	石鼓文汇考	由云龙	1959 年	二卷

在以上著作中，天一阁本或补缺残泐文字、或考正其他版本、或参与年代讨论、或为著述底本，在《石鼓文》研究的诸多方面发挥了重要作用。当然，在这过程中，天一阁本也不断受到学者考察、辨析，其自身的问题也得以考证。那么，由天一阁本引发了哪些具体问题呢？这些问题有着怎样的关联呢？

---

48. 强运开：《重编石鼓文·姬佛陀序》，民国石印本，第 2 页。

第三节　天一阁本在石鼓研究中的应用

一、天一阁本与石鼓文字训释

文字训释是石鼓研究中最基础的内容，也是石鼓文献中最多的门类。训释简而言之，就是对石鼓文字音、形、义的考证、注解。石鼓文字训释，至少在北宋就已出现。薛尚功《历代钟鼎仪器款识》已在每鼓篆文后添加今文楷书释读，此时尚未见参考其他诸家。南宋章樵注《古文苑》时，书中已开始参考薛尚功、郑樵、王厚之、施宿及郭氏等诸人训释。[49] 尽管训释之作甚多，但各家却各执己见，乱象丛生。元初吾丘衍曾指责这种弊病云：

> 石鼓文前人音辨多矣，然皆以断文连属，曲取意义，其字有不可识者亦强为之辞。质诸真刻，或前后相远十余字，何其陋也。[50]

其言虽然指出了训释中存在的问题，但也说明《石鼓文》训释之难。历经元明，夹杂着种种问题的训释成果出现在清人面前，如何披沙拣金、拨开云雾，成为清人训释的又一重障碍。然而，对于乾嘉以来的学者而言，这才是他们时代最为迷人的课题。天一阁本在此时的出现，更使学林为之振奋。

首次使用天一阁本解决该问题的，正是张燕昌。首先，以天一阁本补全残缺文字。《释存》一书，是对当时石鼓存字的训释。此书最显著的特点，乃是将缺字在原处标出，残字以剩余笔画写入，残缺笔画则将残缺形状标出。如第一鼓中"子"字，中间完整部分依然写入，而其下一横两端缺失笔画部分则将剥蚀形状标出。然后，将天一阁本此字以黑底白字形式补于此字下方，如果天一阁本缺失则原字处用方框替代；如果天一阁本残存，则仍将残画摹

---

49. 郭氏不可考，郑樵、王厚之、施宿书均未传。

50.（元）吾丘衍：《周秦刻石释音·序》，民国十二年抄本，第1页。

入并勾勒其残存的形状。[51] 如此以来，人们不仅可以识别此字，而且亦能了解其损泐过程。对于剥蚀殆尽的缺字，天一阁本的作用则更为明显。其中补缺字四十余，残字七十余。

其次，石鼓文字训释的延伸。第二鼓"柳"字张燕昌所见时已经半泐，而诸摹本作 㭕 或 㮦。"及见天一阁本作 㮛，乃知摹本之非"。此事并未到此结束，张燕昌后又考证《说文》，发现：

> 柳，小杨也。从木酉声。丣，古文酉，力九切。又曰"卯"为春门，万物已出。"丣"为秋门，万物已入。"一"，闭门象也。此"柳"字石本"丣"旁作"丣"，是以"一"闭在下，所以别于"卯"字者与。钱塘梁不翁曰，《说文》以开、闭分二字，是也。[52]

至此，张燕昌似乎将此字来龙去脉梳理清楚，但他仍继续考证。

> 然，《虞翻传》有字同音异之说，不分开、闭，故徐邈读"言采其茆"作"柳"音。徐锴《系传》"卯"字下亦载"丣"字，注曰"同义"。盖此二字，古通用久矣。[53]

张燕昌在此不仅借天一阁本确定原文为"柳"字的确切写法，而且还引发了对此字的深入考辨，从而明晰其在《石鼓文》中的含义。

冯承辉对于《音训》的考证，亦以天一阁本为参考。"田车既安"《音训》中为"既"字，但王昶《金石萃编》将"既"字释为"孔"。冯氏依据天一阁本云：

51.（清）张燕昌撰：《石鼓文释存》，《国家图书馆藏石鼓文研究资料汇编》第 3 册，北京：国家图书馆出版社，2014 年，第 258 页。

52.（清）张燕昌撰：《石鼓文释存》，《国家图书馆藏石鼓文研究资料汇编》第 3 册，北京：国家图书馆出版社，2014 年，第 317 页。

53.（清）张燕昌撰：《石鼓文释存》，《国家图书馆藏石鼓文研究资料汇编》第 3 册，北京：国家图书馆出版社，2014 年，第 317 页。

"天一阁本'车'字下左旁'子'字尚存，作'孔'为是。王氏所谓宋本者，即此也。"[54]《音训》中"其□糶□"，冯氏认为"天一阁本糶下无空，此鼓凡十行，除第十行外，行七字。此糶字适在第七行之末，亦无重文，当连第八行首'大'字为句，则下文亦适四字为句矣"[55]。《音训》中"隹舟"上一行末空两字，冯氏认为此应该为重文，其云："天一阁本"驭"下无空，另行'隹'字上空一字，当是重文"[56]潘迪《石鼓音训》向来被奉为经典，冯氏多采天一阁本以校正，无疑使其影响更为扩大。

二、考证其他版本

以天一阁进行版本考证者，翁方纲颇具代表性。在《石鼓考》中，天一阁本《石鼓文》虽是最后摹入，但翁方纲颇为重视。他借天一阁本，对之前所摹元拓本、顾砚本予以考证。在元拓本第四鼓第三行，翁方纲在文中添加小字云："三行'⿻'，今以四明范氏天一阁本证之，此字内无下一小横画。"[57]又如对顾氏本的修正，第十鼓中，翁氏又谈到："第七行第二字、第三字作'邐'，其字并可改正顾氏摹本在第四格之失。"除了对其他版本的校正外，翁氏也根据自己判断对天一阁本进行了校勘。在第六鼓，翁方纲指出：

> 惟第四行首一字内竟作"早"，然此"稟"上顶。实是中间开
> 口，非"曰"也。张艺堂所摹范氏本，尚不误。[58]

54.（清）冯承辉：《〈石鼓文音训〉考证》，清刻本，第 10 页。
55.（清）冯承辉：《〈石鼓文音训〉考证》，清刻本，第 13 页。
56.（清）冯承辉：《〈石鼓文音训〉考证》，清刻本，第 19 页。
57.（清）翁方纲：《石鼓考》，《国家图书馆藏石鼓文研究资料汇编》第 4 册，北京：国家图书馆出版社，2014 年，第 32 页。
58.（清）翁方纲：《石鼓考》，《国家图书馆藏石鼓文研究资料汇编》第 4 册，北京：国家图书馆出版社，2014 年，第 66 页。

在第十鼓，翁氏云：

> 惟第五行第二字，顾氏摹本作"尝"，与元朝旧拓本相似而范本乃作"曾"，即从篆法论，"尝"下从"日"则可，"曾"下从"凵"不从"日"也。此恐阮氏、张氏所摹范本有失，未敢摹入。[59]

翁氏比较极为详尽，具体到一字之内笔画多少、笔势趋向，并皆图式标于鼓中具体位置，相比单一的文字校勘要更为明晰。如此，天一阁本的作用也更为显而易见。

天一阁本经张燕昌、阮元等人重摹后，便迅速成为石鼓研究中的重要版本。不同的研究者，对此各取所需。有的引其为图式，有的以此补正文字，有的借其考证版本……应该说，天一阁本最为核心的作用就在于其存字较多且字形可信（此为原拓，这也是胜出顾砚本、甲秀堂本、薛氏本等旧摹本的原因所在）。张燕昌、阮元的重摹之所以被重视，亦因其被视为此核心作用的忠实延续。尽管此两本均未完全按天一阁本重摹，但显然仍被学界普遍接受。就研究而言，天一阁本的"核心作用"则是所有研究赖以存在的基础。因此，可以把天一阁本的价值归结为存字多且可信，但又必须看到，当这一核心作用散开时，它几乎又涉及石鼓研究的方方面面。或者说，沿着此本所参与的细节，则可触及石鼓研究中的各种问题。

59.（清）翁方纲：《石鼓考》，《国家图书馆藏石鼓文研究资料汇编》第4册，北京：国家图书馆出版社，2014年，第72页。

结　语

道光十二年（1832）春，何凌汉（1772—1840）按试宁波，其子何绍基（1799—1873）随侍。三十年后，他回忆当年登天一阁阅碑之情境，云：

> 登范氏天一阁见此碑[1]及《刘熊碑》，单纸宋拓，俱有破损。阁上置长案，不设坐具，书帖不得下楼，无缘假归审定。奇迹经眼，时入睡梦，忽忽三十年矣![2]

显而易见，何绍基回忆其当年"奇迹经眼"之事，恍如在昨。只可惜范氏书规森严，书帖不得下楼，故无缘借归。其实，令何氏感到遗憾的还不只此，他在给好友吴云跋明拓《石鼓文》时，云：

> 昔年过天一阁，观北宋拓本，未及细记著之耳。阮刻颇经瘦铜诸君臆沾，未可据也。平斋先生可得暇访之乎?[3]

从有关文献来看，吴云访观之事似乎并未成行。何、吴二人交往颇久，同治

---

1. 石鼓文。
2.（清）何绍基：《东洲草堂金石跋》卷三，湖南丛书处刊本，第 17 页。
3.（清）何绍基：《东洲草堂金石跋》卷三，湖南丛书处刊本，第 1 页。

年间何氏仍为其所藏碑帖跋文。[4]此跋虽未落具体年代，但应是咸丰辛酉（1861）之前。因为此年，天一阁本毁于大平天国战火。从乾隆二年（1737）全祖望发现到咸丰十一年（1861）殉于兵燹，天一阁本真正被学林所知晓的时间仅仅一百二十余年。然而，此本在张燕昌、阮元重摹基础上，又经徐渭仁、杨守敬、姚觐元、吴大澂、盛昱等人再摹，由上海、杭州、扬州扩展至四川、湖北，最终北上，直达当时最高学府国子监。一路摹刻的历程，也是其载入历史、融入学术、产生影响的历程。直至当代，它仍是《石鼓文》研究中不可或缺的重要参照。

在全祖望、阮元等人的影响下，学者对此本几乎从未质疑。故而，关于其递藏经历亦被长期忽略。围绕沈仲说、赵孟頫谁先谁后，二百余年来，学界多是模棱两可，相互移录。事实上，在全祖望的记录中，此本最早收藏者应为赵孟頫，其次才是沈仲说、丰坊、范钦等人。虽然，对北宋至赵孟頫的递藏已无法复考，但至少可以明确自赵孟頫收藏后的大概经历。对于此本递藏考察的收获，还远不只这些。详考其递藏经历，可以发现嘉万年间宁波地区的碑帖收藏极为兴盛，特别是丰坊、范钦、范大澈所代表的三类碑帖收藏家，正显示着此地域碑帖鉴藏的活力。这不仅丰富了我们对天一阁收藏的认识，而且为明代碑帖鉴藏亦提供了很好的切入点。这一点，我们仍能从此群体片羽吉光的传世收藏中感受到。今日，藏于故宫的宋拓《刘熊碑》、四明本《西岳华山庙碑》；藏于国家图书馆的宋本《隶韵帖》都堪称绝世经典。准确地说，这是考察《石鼓文》之递藏的收获，也是深刻了解其入藏天一阁的重要背景。

天一阁本之所以在后世产生深远影响，其主要原因还是赖于其被不断重摹，而张燕昌作为首次重摹者便显得尤为重要。首先，张燕昌是形成后世重摹的重要源头。张氏重摹本虽然存世时间较短，但它是阮元刻本的重要基础，更是徐渭仁刻本的直接依据。其次，张氏重摹天一阁本《石鼓文》，是江南石鼓鉴藏群体的重要组成部分。沿着张燕昌对石鼓文的鉴藏、研究及重摹，我们可以发现其背后有一个重要的石鼓鉴藏群体。这个活跃于江南的鉴藏群体，主要包括张燕昌、王

4.（清）何绍基：《东洲草堂金石跋》卷三，湖南丛书处刊本，第 1 页。

楠、张廷济及吴昌硕等人。他们之间不但相互递藏、品鉴石鼓，而且形成了对石鼓拓本，特别是明拓本的鉴定，这在石鼓鉴藏史上非同凡响。在此之前，对于石鼓拓本鉴定基本还是依靠考存字多少，并没有确切的考据点可寻。以张廷济、赵魏等人对明拓本考据点的探寻、总结，改变了石鼓拓本鉴定的主要视角。虽然，由于时代的局限，他们自身仍有不足，但却有开创之功，从而开启了对历代石鼓拓本的考据点总结，也为后世鉴藏提供重要依据。此一至高成就正是建立在对无数拓本的收藏与品鉴之上，故而传至今日的近半数石鼓善拓都与此一群体相关。

如果说对明拓本鉴定是此一群体在拓本上的高峰，那么以吴昌硕为代表的石鼓书法则是这一群体在书法艺术上的集中体现。吴昌硕至高的艺术成就，使大多数学者集中在其个人研究之上。然而，当把吴昌硕置于此一群体时，则更会显得学脉通联、豁然开朗，从而更加明白传统、遗产的价值与意义。准确地说，吴昌硕书法成就离不开对石鼓拓本的收藏与品鉴。这时候，前代的鉴藏传统与拓本遗产便发挥作用。那么，这些作用怎样在吴昌硕身上得以体现，这为本文留下探讨空间。如此以来，便为吴昌硕研究延展了视线。当然，此一群体实际上隶属江南金石文化圈，但它却有相对独立性，特别是其在拓本品鉴、书法成就及与天一阁本之间的关系十分耐人寻味、值得考察。

一定意义上说，阮元重摹天一阁本《石鼓文》亦是江南石鼓鉴藏群体的重要构成，然而，其意义却远超此一群体。阮元的重刻目的与张燕昌不同。张燕昌多是出于个人所好，将其摹刻于家以供友朋品鉴。阮元当时为学政，其重摹的目是"使诸生究心史籀古文者有所法焉"。其更重要的意义，是带有国家层面的教育行为。这一行为背后，一方面体现了金石学复兴对教育之影响，另一方面则是乾隆帝对石鼓的重视与重刻。所以，阮元个人行为指向的却是当时学术风尚变化与统治者维护间的关联。于此，我们看到的不再是石鼓作为鉴藏、取法的对象，而是其文教象征与文化意义。这仅是对阮元个人摹刻的解读，而更为重要的则是此本再经多次重摹，化身无数，成为后世学者研究石鼓极为重要的参照。很大程度上，天一阁本的影响正是借助数次重刻而广为人知。

自张燕昌《石鼓文释存》之后，石鼓研究直接或间接参照天一阁本的至少占半数以上。它在石鼓文字训释、版本考证等方面都有着重要作用。尽管石鼓仍然存在，但在学术研究中拓本，特别是早期拓本的作用更为学者所关注。天一阁本是清代唯一公认的宋拓善本，即便大多学者并未目睹此册，但他们也接受张燕昌、阮元等人之重摹。当然，这并不是盲目选择，而是在经过无数学者充分检验、比较后的最终结果。

从文本内容、制作年代到文字书体、拓本鉴藏再到书法艺术、文教象征，千百年来人们看待石鼓的视角观念在不断丰富与发展。这使得石鼓研究愈发复杂，甚至成为永不落幕的学术话题。天一阁原藏北宋拓本是石鼓百千化身中的一员，虽然其影响主要在乾嘉之后，但凭借数次重摹与广泛传播，最终成为厘清诸多混沌关系的"盘古神斧"。

附　录

甲秀堂本石鼓文的摹刻、传播与影响

摘要：《甲秀堂法帖》是宋代重要刻帖之一，由于其选目独特、摹刻精良被历代学人所重。帖中所摹石鼓文，勾略鼓形，录其存字，是石鼓文研究中较为重要的版本。然而，学界关于此本长期以来存在两种不同观点：一方认为此本保留了石鼓的行次、字位，是极具参考价值的早期摹本；一方则认为此本书法拙劣、错误甚多，故多不参照。本文通过梳理甲秀堂本石鼓文的摹刻、流传，试对其成因、传播及影响作相关探讨。

关键词：甲秀堂法帖；石鼓文；摹刻

在石鼓文研究过程中，拓本极为重要，特别是入清以来，随着石鼓善拓的愈发稀少，学者不得不将目光投向早期摹本，尤其是宋人摹本。因此，在近代诸多石鼓文研究文献中，宋摹本或成为底本，或成为参照。这其中，甲秀堂本便是经常被提及的版本。在罗振玉看来，值得关注的传世摹本主要有三：最好摹本为清代阮元重摹范氏天一阁本，其次是明人顾从义的石鼓砚本，最后便是甲秀堂摹本。[1]不仅如此，他还特意将甲秀堂本、顾砚本以及翁方纲重摹之第八鼓附于所著《石鼓文考释》后，以供学者考索。因为从他个人收藏的经验可知，这些版本并不易得，甚至"有求之毕世不可得者"。作为金石大家，罗氏对此本的重视与再造，充分说明此本的重要性。那么，此本有着怎样的特点及意义呢？

---

1. 罗振玉：《石鼓文考释·序》，民国五年印本，第 1 页。

一、翰墨临池与博古知义交汇下的甲秀堂本石鼓文

《甲秀堂帖》自宋以来多有文献记载，但关于其帖目、摹刻者仍有众多存疑之处。近人林志钧《帖考》对此帖有较为详细的考证，文中通过梳理历代文献中关于此帖的记载，最大程度上还原了此帖帖目，辨析了摹刻者并对相关翻刻进行了罗列[2]。然而，在此后的相关研究中，特别是在摹刻者上仍有不同见解[3]。除了关于此帖基本信息的研究外，许国平先生的研究则将此帖与明人伪刻本及明《玉

兰堂帖》进行了相关探讨，指出了三者在帖目、摹刻之间的关系，并就其中所收石鼓文的排序与其他版本进行了比较，将此帖研究向前推进一步[4]。实际上，关于此帖的研究者多已关注到前人文献，但由于视角不同，文献背后的指向仍有不少空间。这其中，较为明显的是经常被提及的《书画跋跋》中的记载：

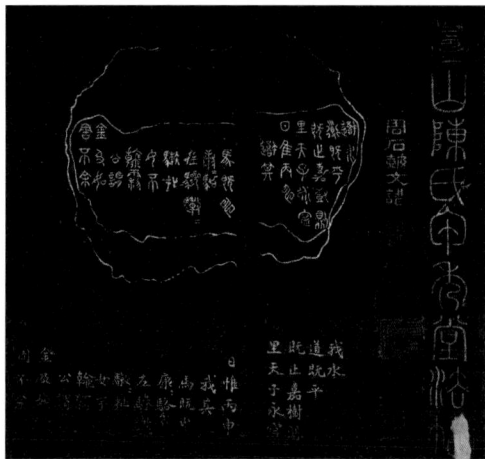

图 1　宋拓甲秀堂法帖之《石鼓文》吾水鼓　故宫博物院藏

《庐山陈氏甲秀堂帖》，王氏跋一。此帖规模大约与《汝帖》相近，总是有意搜奇僻，非真为字也。跋谓惟苏、黄、米诸尺牍可观，良然。[5]

---

2. 林志钧：《林志钧〈帖考〉手稿》，北京：中华书局，2016 年，第 134—149 页。

3. 刘佳佳：《宋代〈甲秀堂帖〉刻者考》，《九江学院学报》（社会科学版），2015 年第 3 期。此文不长，但对于《帖考》"主陈说"所引文献仅见于明代提出了新依据——宋赵希弁《读书附志》。

4. 许国平:《南宋刻〈甲秀堂法帖〉相关问题考——以故宫博物院藏南宋拓本为主》,中国书法, 2019 年，第 10 期。

5.（明）孙鑛：《书画跋跋》，上海：上海书画出版社，2020 年，第 53 页。

对于这段文字，经常多用来证明此帖的摹刻者为陈氏。然而，"有意搜奇僻，非真为字"则正是对此帖，特别是选目特点的重要总结。这与朱长文评其"前有王颜书，多诸帖未见"基本相一致。《甲秀堂帖》目前未有详目，但从存世及相关记录来看，其对石鼓文及秦泰山诏谱、秦权、量铭及汉邓骘讨羌竹简等内容的收入，亦是对此九字的详细注解。从《淳化阁帖》始，宋代不少刻帖都将古帖单列一卷。《阁帖》之《诸家古法帖》、《绛帖》之《诸家古法帖》、《大观法帖》之《历代诸家古法帖》、《汝帖》之《三代金石文字八种》等等都是如此。这些帖目中，彼此之间既有联系亦有不同。这种联系主要体现在后来刻帖的此部分多是从《阁帖》中而来，或者稍加变化。其不同则主要体现在两个方面：一是，在此部分帖目的内容上有了新的扩充，范围有了新的变化；二是，关于此部分刻帖的置放顺序亦有不同，有的开始将其置于第一，相比《阁帖》更符合时间顺序。

宋代主要刻帖中古帖的卷次及内容

名称	时间	卷次	古帖卷内容
淳化阁帖	淳化三年（992）	卷五	仓颉戊巳帖、夏禹出令帖、鲁司寇孔丘书、史籀易州帖、秦丞相李斯田畴帖、秦程邈天清帖、宋儋接拜帖、卫铄急就帖、古法帖贤弟帖、隋朝慧则帖、隋僧智果评书帖、何氏投老帖、去留帖、蔡琰我生帖、古法帖敬祖帖、鄱阳帖、度德帖、亮日帖、僧怀素右军帖、张旭晚复帖、十五日帖、古法帖移屋帖、闲旷帖
绛帖	皇祐至嘉佑间（1409-1063）	卷一	仓颉戊巳帖、夏禹出令帖、鲁司寇孔丘延陵帖、史籀易州帖、秦丞相李斯田畴帖、秦程邈天清帖、古法帖、贤弟帖、度德帖、移屋帖、闲旷帖、卫铄急就帖、何氏投老帖、去留帖、蔡琰我生帖、僧怀素右军帖
大观法帖	大观三年（1109）	卷五	史仓颉书、夏禹书、太史籀书、鲁司寇孔丘书、秦丞相李斯书、秦御史程邈书、东汉蔡琰书、晋卫铄书、宋儋书、晋右将军王羲之书、晋右将军王羲之书、右将军王羲之书临川帖后增庚丹杨帖一行、隋法帖、隋僧智果书、隋僧智永书、何氏书、唐张旭书、唐僧怀素书、古法帖
汝帖	大观三年（1109）	卷一	仓颉戊巳帖、夏禹出令帖、商器款识、周器款识、封比干墓铜盘、岐阳石鼓、史籀易州帖、孔丘延陵帖、巫咸朝那诅楚文
甲秀堂帖	南宋淳熙（1174-1189）	不详	周石鼓文谱、秦泰山刻石、秦权、量铭、汉邓骘讨羌竹简，隋炀帝曹子建帖

　　从列表中来看，关于古帖的收录在《汝帖》时发生变化，其不仅再是仓颉、夏禹等刻石，而是开始将商周款识加入其中。虽然《甲秀堂帖》的卷次以及所收目录不可考，比较而言，其最接近《汝帖》。传世的目录中不仅有石质内容，亦包含秦权、量铭，甚至还扩展到竹简。更为重要的是，《汝帖》亦收录岐阳石鼓，这也是目前所见最早收录《石鼓》的刻帖。那么，《甲秀堂帖》所收石鼓与《汝帖》有怎样的关系呢？

　　实际上，虽然《汝帖》与《阁帖》以来的古帖收录已有所不同，但其在形式上还有一定的延续性，石鼓正是这一特点的重要体现。《阁帖》所收古帖往往文字较少，内容较短，《汝帖》面对石鼓文时也延续了这种思维模式，它并非所有石鼓的全文摹入，而只是选择其中句子、文字录入，录文10行，每行6字，共记60字。这与王寀刻帖的初衷或动机有直接关系，他在《汝帖》跋文中曾言：

> 寀来汝逾年，吏民习其疏拙，不甚诿以事。闭阁萧然，奉亲之外，独念弃日偶得三代而下讫于五季字书百家，冠以仓颉奇古、篆籀、隶草、真行之法略具，用十二石刻置坐啸堂壁。其论世正名于治乱之际，君子小人之分，每致意焉。识者谓之"笔史"，盖使小学家流因以博古知义，不特区区近笔砚而已。[6]

　　文中提到，此帖的摹刻"不特区区近笔砚"，而是使小学家们从书法史的角度"博古知义"。所以，他在帖目类别，尤其是古法帖部分进行了扩充，并遴选了类别代表。从"博古知义"这个角度，《甲秀堂帖》则更符合这一理念。它所收石鼓文不仅全文照录，而且还在其下用楷书对应释文，这便与前文提到的"有意搜奇僻，非真为字"一脉相承。

　　如果用"博古知义"这一思想去考察宋代刻帖，不难发现这的确是当时

---

6. （宋）王寀：《汝帖》跋，启功、王靖宪主编：《中国法帖全集》第4册，武汉：湖北美术出版社，2002年，第318页。

的一个重要理念，而且尤为体现在古帖部分。其最具代表性的当属薛尚功的《历代钟鼎彝器款识》，或者说在这种视域下，它更像是对以往刻帖中古帖部分的一次"独立"。尽管后代学者多将此纳入金石学研究范畴，但曾宏父将其刻石时则云"视汝之所刻，武陵所锓，金石篆隶则此帖为备。自汉以降则变隶为楷，变楷为草，《秘阁续帖》详之矣"。[7]很显然，是以法帖的视角上石。如此，朱谋垔看待此帖的视角则与《汝帖》一脉相承：

> 或谓世数绵邈，字体代变，古人遗迹止见岣嵝之碑、岐阳之鼓及李斯碑玺而已，讵知古人纪功录德乃有钟鼎，庙堂重器必属国能，则佚籀二史遗迹在焉。秦权量识者以为程邈书，若在两汉，又必萧相国、李书师之徒……信书家之原系考古之征鉴矣！其钟鼎韵亦析此帖而成，以考单字可耳，若夫信体结构、自成篇章，小大欹正、不律而合，或函三而为一，或附体于字跌，不覩全文，曷窥精意，且其注释详核博物之能，茂先所逊。盖闻天地万物之理具在六书，六书之迹又在此帖，有识者当六经奉之，不徒曰临池之鼻祖而已。[8]

这段序言开始便对古文字体只论碑刻表示不满，继而点明了钟鼎彝器的重要性。虽然这段话并没有明确是针对刻帖而言，但却恰恰又是从书法临池角度论述，而且其在文中亦提到其"博物之能"而非徒临池之意旨。也就是说，它是在学法研习之外，还能兼有《考古图》《博古图》等金石文献证经补史的功用。有意思的是，《历代钟鼎彝器款识》所收应皆为钟鼎之属，但其中亦收有石器两种，而其中一种正为石鼓文全本。关于收录原因，众说不一。清人朱为弼的解释颇具说服力，他跋此帖云：

> 余昔年编积古斋款识，有金有玉而无石刻。薛书将石鼓列入，

7.（宋）曾宏父：《石刻铺叙》卷上，上海：上海古书流通处据鲍氏刊本影印，1921年，第6页。
8.（宋）薛尚功：《历代钟鼎彝器款识》，四库全书本，第1页。

或以为非体例。其实，石以鼓名，虽非彝而亦可谓器也。若将峋嵝等碑刻入，乃可谓之非体例且不胜载也。此摹石鼓虽有脱，殊尚不失籀史矩矱。[9]

可以说，在北宋末南宋初，刻帖中出现了"博古知义"的观念倾向。很显然，这种倾向与欧阳修、赵明诚以来对金石学的研究、拓展有着重要关系，继而改变了刻帖中对古文的认知、选择乃至摹刻形式。《甲秀堂帖》是否与上述两帖有直接关系，因帖目缺失已不可考，但如果从类别角度而言，将其与前两种归属一类则又在情理之中。因此，这也解答了《甲秀堂帖》全文摹刻石鼓文并加以注释的背景与动因。

二、甲秀堂本石鼓文的特点及传播

《甲秀堂帖》既不是最早摹刻石鼓文者，也不是最早收录石鼓文全文者，那么其为何在石鼓文研究史上有着重要意义呢？这其中的重要因素，在于其独特的摹刻方式。

《汝帖》仅摹石鼓数行，这与甲秀堂本几无法比较。《款识》所收为全文，因而为探索彼此关系奠定了基础。比较而言，二者的差距仍然很大。其最为明显的一点，便是在摹刻形式上。二者虽都分为十鼓，但《款识》的做法是，先录鼓文，再在对应鼓后另起一行，以小字楷书标注释文。录文均以四字为列，唯最后一列字数不等，录文亦是如此。准确地说，这是石鼓录文、释文最为常见的形式，后世多在此种形式上加以变化。甲秀堂本石鼓文则不同，它采用的方法是先勾勒石鼓形状，然后用平面图的方式圈定鼓上所存文字大概位置，再在对应用文字下面用楷书标注释文。难能可贵的是，它还勾除了其中的

---

9. （清）朱为弼跋，见《宋刻宋拓〈历代钟鼎彝器款识法帖〉辑存》下，北京：中华书局，2021年，第249页。

裂痕，很好地展示了哪些地方全部脱落，哪些地方彼此相连，正如同面对一张重点突出的拓片。

　　甲秀堂本的这种做法，有其开创性。后世关于石鼓文的记载，仍有采取勾勒其形者，但在细节处理上有的尚不及此本，而在时代价值上亦不能与此本相比。牛运震、褚峻《金石经眼录》、李棠《石鼓纪实》、翁方纲《石鼓考》、冯云鹏、冯云鹓《金石索》等著作中均有石鼓的图形记载，但其形式有的较为详细，如《金石经眼录》《金石索》；有的则相对简略，只录其存字，如《石鼓纪实》、翁方纲《石鼓考》。这些著作均摹清代石鼓样貌，而甲秀堂本记录了南宋乃至更早的石鼓存在状况。因

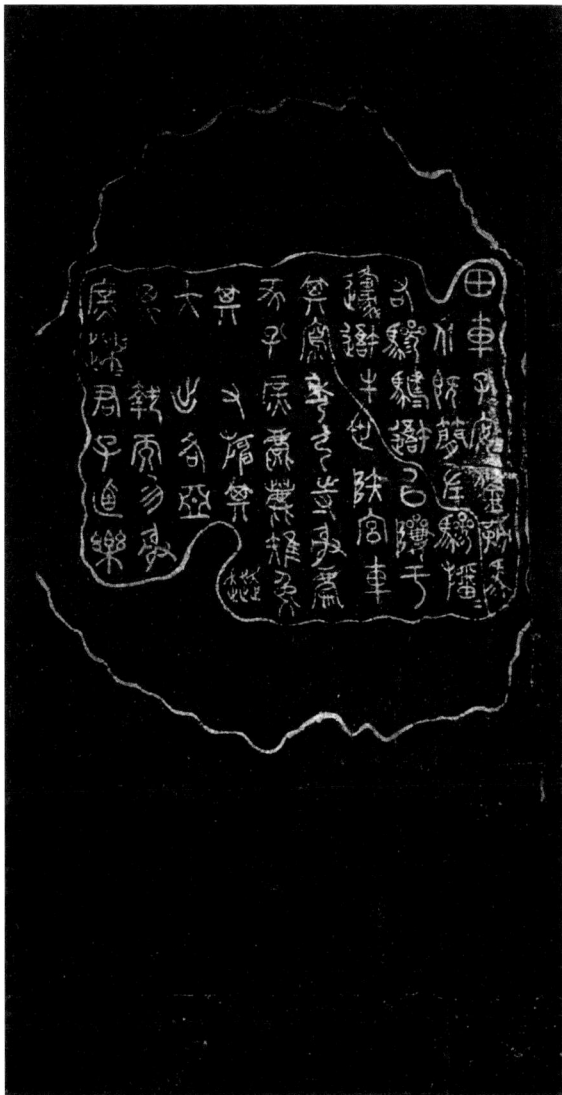

图 2　宋拓甲秀堂法帖之《石鼓文》田车鼓　故宫博物院藏

此，其在了解宋代石鼓形貌上的作用要优于只录文字类摹本。

　　此外，相较于《款识》，甲秀堂本石鼓文还保留了更多的半字乃至半字残损的边界，这对后世文字释读、了解石鼓损泐变化都提供了重要帮助。当然，更值得关注的是，由于它在石鼓平面上钩摹行次、字位及存字情况，后世便可根据拓片或记载进行补缺、章句。这就弥补了像《款识》那样基本每行四字的不足，其功用不再仅仅集中于文字释读上。如此，便奠定了甲秀堂本石鼓文在

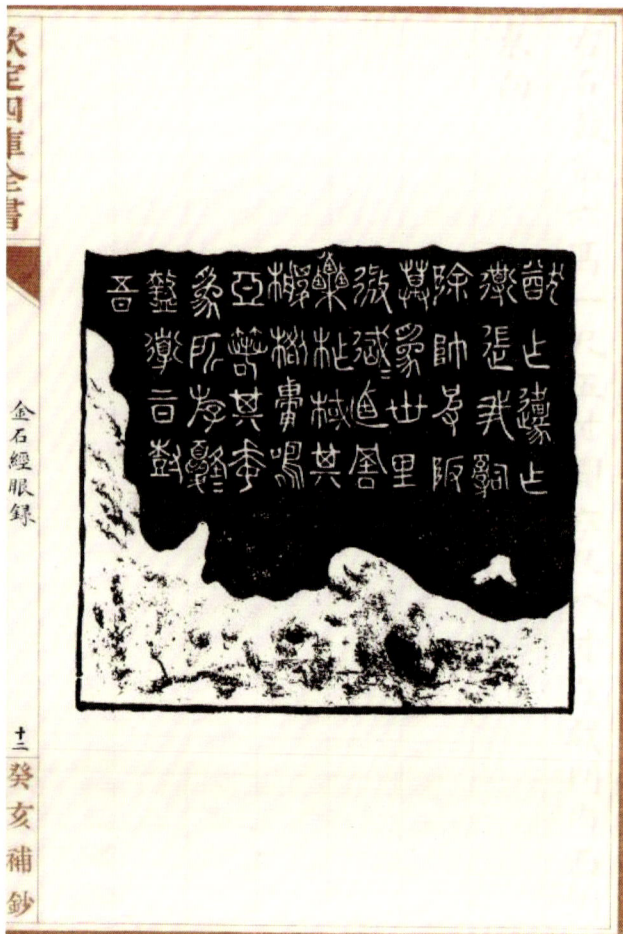

图 3　《石鼓文》之作原鼓　金石经眼录本

后世的参考价值。

除了摹刻形式，甲秀堂本的底本亦值得辨析，因为这不仅关系到此本的早晚，而且还对宋拓本的节点考证有着重要作用。翁方纲的《历代传摹诸本》收录甲秀堂本，其云：

> 今所传庐山陈氏甲秀堂帖缩本，中间之字讹谬实甚。然其辛鼓行次位置与顾氏所摹石鼓砚正同，而少其前行"工"字，益信顾氏所据原本在甲秀堂本之前矣[10]。

在翁方纲看来，此本的不足之处在于其摹刻文字讹谬太多，这是从释文的角度看待此本。然而，当论及版本时，他则将此本与明顾汝和所摹石鼓砚本进行比较，并认为顾汝和石鼓砚本的底本要早于甲秀堂本。《甲秀堂法帖》的摹刻时间为南宋，故其底本最迟应为南宋拓本。然而，学术界多认为南宋拓石鼓文基本不存在。因为北宋末，石鼓被金人劫掠北上，一直到元代

10.（清）翁方纲撰：《石鼓考》，《国家图书馆藏石鼓文研究资料汇编》第 4 册，北京：国家图书馆出版社，2014 年，第 144 页。

才置之学宫，故而南宋并无拓本[11]。如此，此本的底本当为北宋摹拓。至于甲秀堂本的底本具体为何时，则需进一步探讨。

如上所述，此本的摹刻形式具有独特价值，其参照底本亦应为北宋拓本，故应被后世广泛应用，实际上则不然。后世对于此本一直存两种观点：一方着眼其不足，指其摹刻不精、错误甚多，故弃而不用。这其中，潘迪《石鼓文音训》的影响便颇具标志性。至元己卯，国子司业潘迪取诸家之所，考订石鼓音训并刻石立于国学，从而成为后世解读石鼓文最为重要的参考。然而，《音训》中明确所取诸家主要以郑、施、薛、王为代表[12]。因此，后世相关著作中也多以此为经典，故相关研究多围绕这些文献展开。此外，有的学者亦认为此本"书法拙劣，失误甚多"，甚至被定为摹刻本中的劣品。[13]一方则看重其摹刻方式，特别是鼓文行次、字位上的价值，故以其为重要参照。后者便为此本的传播奠定了基础，择要而言，主要有吾丘衍、张燕昌、罗振玉、郭沫若等。

吾丘衍在《周秦刻石释音》中提到："余旧藏《甲秀堂小谱》图画鼓形，随缺补字，以意相象则'我车既攻，维杨及柳'之句不止乎此"[14]。吾丘衍在金石学史上，特别是篆刻理论研究上举足轻重，故而为此本传播起到了重要作用。此后，翁方纲、杨宾等人在谈及甲秀堂本石鼓文时，均谈到吾丘衍的运用，足见其影响力。

在有清一代的石鼓文研究中，张燕昌有着举足轻重的重要性。其在清代石鼓文研究中的重要影响主要有三：一是摹刻天一阁藏北宋本石鼓文[15]；二是著有《石鼓文释存》；三是藏有众多石鼓善本。他尝言"于石鼓文摹搨校勘，寝

---

11. 唐兰：《石鼓年代考》，《故宫博物院院刊》，1958 年第 1 期，第 4 页。

12. （元）潘迪：《石鼓文音训》，《国家图书馆藏石鼓文研究资料汇编》第 1 册，北京：国家图书馆出版社，2014 年，第 107 页。

13. 徐宝贵：《石鼓文整理研究》上，北京：中华书局，2008 年 1 月，第 81 页。

14. （元）吾丘衍：《周秦刻石释音·序》，清光绪刻本，第 1 页。

15. 张燕昌曾以天一阁本为底本进行摹刻，后又参与阮元摹刻天一阁本。

食其间凡数十年矣"[16]。其所
摹天一阁本成为此后石鼓文研
究中最重要的底本，而《石鼓
文释存》亦成为石鼓研究力
作。此书虽以天一阁本为底
本，但亦字字比对甲秀堂本。
书中明确参考此本内容的，多
达二十余处。[17]有的是对缺字
的补充，有的是对重文的判
定，亦有谬字的考证等等。此
外，书中对缺字的勾勒方法亦
与甲秀堂本极为相似，很可能
亦是参照此本。此书在后世得
获高评，并被其他研究者所引
用，故而有力推动了甲秀堂本
之传播。

　　作为近代著名金石学家，
罗振玉的《石鼓文考释》在石
鼓文研究中颇具地位。此书主
要分为四个部分，第一部分为
"石鼓文笺"，按鼓笺注，在

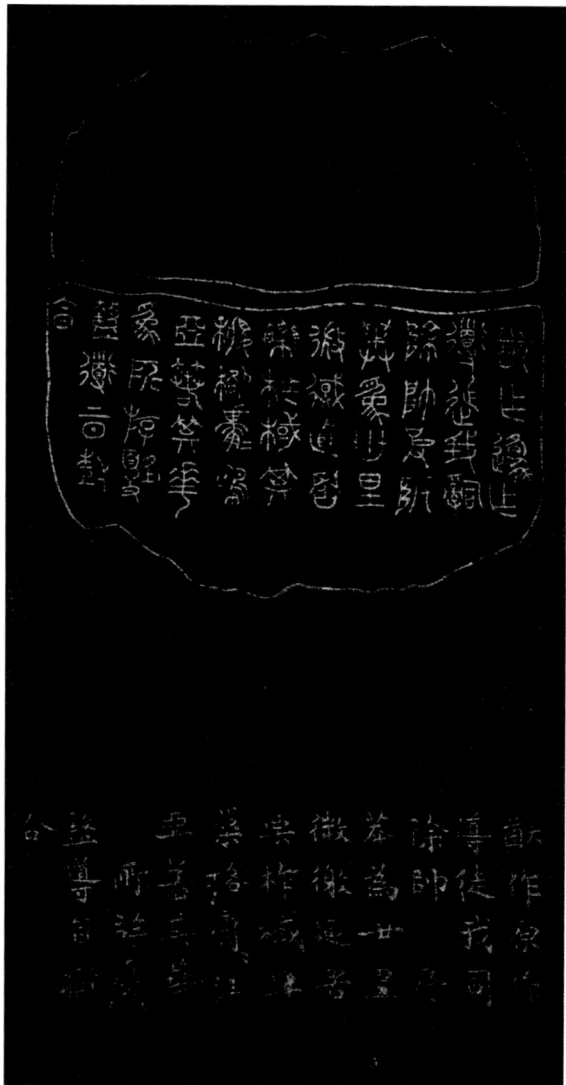

图4　宋拓甲秀堂法帖之《石鼓文》作原鼓　故宫博物院藏

每鼓后对重点文字进行注解；第二部分为参照诸本的石鼓文定本；第三部分为
石鼓文诸本存字异同表，此部分依照天一阁本、甲秀堂本、顾研本、旧拓本、

---

16. 天一阁博物馆编：《石鼓墨影——明清以来石鼓文善拓及名家临作捃存》，上海：上海
书画出版社，2018年，第90页。

17. （清）张燕昌：《石鼓文释存》，《国家图书馆藏石鼓文研究资料汇编》第3册，北京：
国家图书馆出版社，2014年，第327—332页。

今拓本次第进行逐字考异；第四部分则是影印甲秀堂本、顾研本、翁方纲辛鼓三种石鼓摹刻本。罗氏集三家摹本及古旧原拓一并校对，从摹字错误、失形、遗漏三个方面进行统计，故其结论颇为可信。从中可见，天一阁本问题有二十余处，顾研本有三十余处，甲秀堂本有六十余处。[18]当然，这仅是各本存在的问题，而在很多正确结论的确定上，各本作用则有所不同。所以，这应该正是罗氏对三摹本重视并予以次第的重要依据。

郭沫若《石鼓文研究》是以其在日本所见传安国旧藏三本宋拓石鼓文为基础，从拓本、年代、内容等方面开展的研究。由于此三本为剪裱，所以郭氏参考甲秀堂本、顾研本在行次、字位等方面的优势进行石鼓复原及考释。[19]这也再次证明此本在复原、考释石鼓文中不可或缺的作用。

从吾丘衍到张燕昌再到罗振玉、郭沫若，对于甲秀堂本石鼓文作用及地位的认识愈发清晰。尽管其存在着书法不佳、失误甚多的问题，但其独具特色的摹刻方式、较早的摹刻底本，都使其在后世石鼓文研究中不断得到注重，并藉此延绵传播成为重要摹本之一。

三、结论：甲秀堂本石鼓文的学术意义

梳理甲秀堂本石鼓文近千年的学术历程，可以看到不同时代、不同学者对此本的不同理念，这正是深入了解石鼓文，乃至金石学、书法学等相关领域研究的一个重要视角。具体而言，其学术意义可归为如下三点：

一、甲秀堂本石鼓文是探索宋代刻帖与金石学交汇的重要桥梁。从刻帖谱系而言，《历代钟鼎彝器款识》更像是专门汇集古文的单帖，甚至被视为金石学著作而不纳入刻帖范畴，《甲秀堂法帖》则仍归《淳化阁帖》一

---

18. 罗振玉：《石鼓文考释》，《国家图书馆藏石鼓文研究资料汇编》第7册，北京：国家图书馆出版社，2014年，第471—488页
19. 郭沫若：《石鼓文研究》，北京：科学出版社，1982年，第37—45页。

系。[20]考察其所收石鼓文及其他古帖，正是探究金石学发展对刻帖形式、内容及理念影响最为直观的案例之一。

二、甲秀堂本石鼓文的独特摹刻方式具有开创性。其图谱式的摹刻方式，是目前所见传世最早的版本，具有开创意义。其价值在于对行次、字位的保留，这些是宋代其他摹刻本、剪裱本所不具有的。此外，此本中还留意对半字及裂痕的摹刻，这对于了解早期石鼓文的形态、损泐变化以及宋代拓本都是重要的参照。

三、甲秀堂本石鼓文确实存在书法及错字问题，但其仍对后世石鼓文研究起到了重要作用。吾丘衍、张燕昌、任兆麟、罗振玉、郭沫若等学者的石鼓研究，多少都受此影响。从罗振玉的比较来看，此本在行次上还要胜过顾研本，而他对此本错漏之处的一一指正，使其更具价值。

（此文曾于2023年10月，在故宫博物院主办的'宋拓视野：碑帖珍本的鉴藏审美与传播'学术研讨会上作交流汇报，收入时有改动。）

---

20. 林志钧：《林志钧〈帖考〉手稿》，北京：中华书局，2016年，第20—21页。

《碑帖纪证》与范大澈的碑帖鉴藏观

摘要：金石学的发展，带动了碑帖收藏的兴盛。至明代，传统金石考据渐趋衰微，而碑帖收藏却与明代中后期的风雅之好相结合，形成了一类独具时代特点的碑帖品鉴之学，《碑帖纪证》无疑是其中的代表。本文以《碑帖纪证》为中心，梳理了范大澈的收藏途径、碑帖交往及其碑帖鉴藏观等内容，以期管窥明代碑帖鉴藏之特点。

关键词：碑帖纪证、范大澈、碑帖、鉴藏观

万历十三年（1585），六十二岁的范大澈（1524—1610）致仕归里[1]。此后生活中，翻经阅史、品画评书原本将成为他的人生快事，但孰料天灾人祸，几使其早年收藏散失殆尽[2]。"畴曩豪兴消耗尽矣，仅存秦汉之识三千六百有奇。命儿汝桐集为一部，盖虑其亦散也"[3]。此书便是印学界所熟知的范氏《集古印谱》。除此之外，范大澈常被提及的另一著作便是《碑帖纪证》。《碑帖纪证》对六十一种碑帖作了相关跋录，但更为可贵的是它不仅记述了碑帖的内容，而且相关的来源、递藏、评鉴都有提及。故而，此书成为了解嘉万年间碑

---

1. 《集古印谱》自序中云："乙酉归来，六十二岁"，《寒村诗选·讷庵范公传》载其六十七岁致仕，此处依自序为之说。

2.（明）范大澈：《集古印谱序》，参见桑椹编：《历代金石考古要籍序跋集录》卷二，杭州：浙江古籍出版社，2010 版，208 页。

3. 同上

帖鉴藏的重要著作。

一、范大澈与《碑帖纪证》

范大澈的古物收藏在当时非常有名，康熙《宁波府志》载："好聚书，闻有异集，遍求藏本缮写。购古揭、法帖、名画、彝鼎，见识精微"[4]。他在《集古印谱》序中亦尝言："每以笔耕之入，捃摭书画碑帖，三代秦汉器识，饥以为食，寒以为水"[5]，其收藏已近痴迷之态。而对于其碑帖鉴藏的能力，《讷庵范公传》有详尽描述："家藏揭本最富，一切初本、肥本、原揭、赝揭、硬黄纸、枣木版、银锭纹、李廷珪墨，过眼便悉秋毫"[6]，足见其古物收藏之丰富及碑帖鉴定之精准。

《碑帖纪证》自罗振常（1875-1942）刊刻后，才得以行世。张寿镛（1875—1945）序云"考鄞《艺文志》，范子宣氏所著有《灌园丛谈》《古印谱》，余未见。《碑帖纪证》一卷为罗叔韫得杨龙石手写本，爱其博洽印以行世者也，而《艺文志》未及焉"[7]。旧志所未载，往往让后人生疑。张寿镛虽将其收入《四明丛书》，然两次提及鄞《艺文志》无载，似对真伪仍有些许疑虑。那么，作为著名藏书家的罗振常，又如何看待此书呢？罗振常序云：

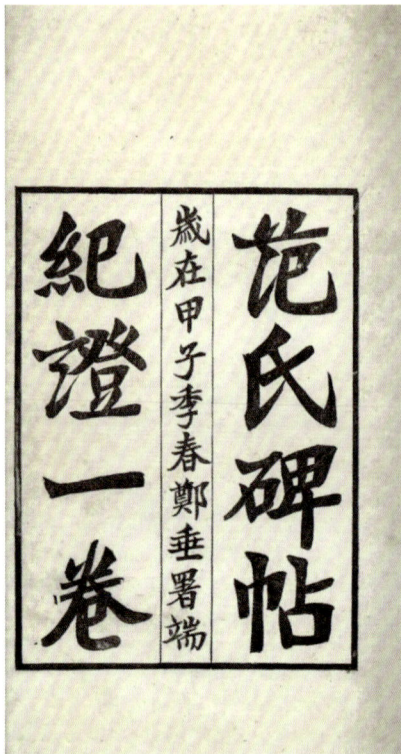

《碑帖纪证》（明）范大澈　蟫隐庐印本

4.（清）李廷机修，左臣黄、姚宗京纂：《宁波府志》卷二十，清康熙刻本，第47页。

5. 同上。

6.（清）郑梁撰：《寒村诗文选·寒村见黄稿》卷一，清康熙刻本，第44页。

7.（明）范大澈：《碑帖纪证·张寿镛序》，《四明丛书》本，第1页。

> 《碑帖纪证》一卷，四明范大澈撰，数年前得杨龙石手写本，爱其博洽，录副藏之。编中有赵晋斋案语。徐紫珊刻《英光堂帖》，跋中亦引其说。然自来未见刊本，诸家第互相迻录耳……作者生于嘉靖之初，与文衡山并世。其余鉴赏家，如董思白、邢子愿、孙退谷诸人均出其后，虽考订较详而所见则不能逮矧。在今日是虽戋戋小帙，以为后学参据之资且有余矣[8]。

罗振常此语，有两点值得留意：一是赵魏（1746—1825）的案语、徐渭仁（1788—1855）的引用。此二人皆为清代金石鉴赏大家，凡其入眼之物足以证其价值之高。罗氏提及此二人，似由此证是书之真；二是刊刻的目的，一方面是因只见写本，未见刊本传世；另一方面则因时代较早，所载之物可资后世。由此，有两点可以明确：首先，在罗振常之前，《碑帖纪证》并未刊刻，流传也极为有限；其次，流传诸版本实际均以杨龙石（澥）手写本为底本。

对于是书真伪、成书时间，除了提及赵跋徐引之外，罗振常没有做过多考订，但就其中内容来看此书确为范大澈所著，而成书时间至少应为其六十五岁（1589年）以后。书中所载事情与其他文献记载较为吻合，如己酉年随仲父赴京与传记、方志相符；范钦所藏《历代钟鼎彝器款识》与全祖望所记相合，而且所记载事件多有具体年份，记录详尽且合情境，特别是与范钦、丰坊同里人的交往，若非亲身经历似难伪造。根据罗氏序言，是书应为随笔，随见随记[9]。其中，《雪溪堂帖》条云："此帖刻于燕京，余寓京几四十年，遍访竟不可得"。乾隆《鄞县志》载："年二十六游京师"[10]。这也正与此书所记"己酉年随仲父赴京"相符，是年正为1549年。按其在京师四十年，故记录此条时为万历十七年（1589），如若此条为最后记录，此书也应在其六十五岁之后方写毕。

8.（明）范大澈：《碑帖纪证·罗振常序》，《四明丛书》本，第5页。

9. 罗序云："此编仅为随笔，未著意考订……惟原本碑帖错杂，时代紊乱，纪录初稿未加排类，固宜如此。因粗为厘订……"显然，原书在顺序排列、种类分别上都经罗氏重新编排。

10.（清）钱维乔修，钱大昕等纂：《鄞县志》卷十七，乾隆刻本，第7页。此处记载与《讷庵范公传》不符，传为三十六岁。从此书所载乙酉年来看，应为二十六岁。

（明）范大澈旧藏宋拓本《佛遗教经》　中国国家图书馆藏

二、《碑帖纪证》所见范大澈碑帖收藏渠道

关于古人的古物收藏渠道，大同而小异。在谈到明人入藏书画时，万木春先生将柯律格的研究总结为四条："阅市"、寺院、古董商求售以及鉴藏家本阶层之间的直接交易[11]。碑帖与书画稍有差别，学者曾将《碑帖纪证》的收藏途径其归纳为"为官之时的购买""自己所到处拓得""亲友赠送""收藏故家流失的"四种[12]。其实除了以上诸条外，还有两点也是极为重要：

---

11. 万木春：《味水轩里的闲居者：万历末年嘉兴的书画世界》，杭州：中国美术学院出版社，2008 年，第 111 页。
12. 陈斐蓉：《嘉靖年间宁波地区的金石书画收藏研究——以丰坊、范钦、范大澈为例》，中央美术学院硕士论文，2010 年，第 39 页。

一是书驵。书驵的身份较为特殊，他不同于一般的古董商。叶康宁先生在谈及明代书画消费时，认为他们除了代购与代售之外，还主要有鉴定真伪、评价估价的职能[13]。《碑帖纪证》中有数处谈及与书驵的交往——《泉帖》条云："今书驵持一部来索观，渠初不知宋揭，较余者胜，因而并得之耳"；《甲秀堂帖》条云："己酉余北上，过武林书驵沈复魁持清波门外姜司训藏者四五十页……因索高价未之购。越四载，余东归。复魁已物故，及访姜君亦死。妙墨不可复得，深为叹惜"。他们往往会以朋友般的身份，成为藏家购藏或出售藏品的重要渠道，从而实现"待在自己书房里，从容不迫的检视各种艺术品"[14]。

二是钩填。除了获得原碑帖，钩填好的拓本，也是范大澈获取碑帖的途径之一。《唐孟法师碑》条云："秦中翰余山（柱），有宋拓本，恨未钩得"；《宝晋斋帖》条云："王敬叔（弘宪）与吾钩填南宫自书两卷，极其神妙"。《淳熙秘阁续帖》云："余托王弘宪双钩郭填，毫发不爽"。钩填或者钩摹重刻，在当时应该被看作较能接近真迹的一种最好方式。范大澈在谈到张之象木刻翻刻的《唐孟法师碑》时就曾言："木刻本不善，缘非钩摹，乃影写也"。在他看来，钩摹要比影写效果要好的多。应该说，钩填途径是碑帖区别于书画购藏的另一种主要方式。

三、《碑帖纪证》所见范大澈的碑帖交往

《讷庵范公传》云："为人孝友端悫而读书好古，喜从贤士大夫游，以故为当世胜流所推重"，但由于传世资料较少，其交往较难考证，关于其碑帖的交往则更少。值得庆幸的是，《碑帖纪证》中记载了不少与之来往的人员，从而为了解其碑帖交往提供了重要线索。

---

13. 叶康宁：《风雅之好—明代嘉万年间的书画消费》，北京：商务印书馆，2017年，第111页。
14. 万木春：《味水轩里的闲居者：万历末年嘉兴的书画世界》，杭州：中国美术学院出版社，2008年，第92页。

范钦（1506—1585），字
尧卿，号东明，浙江鄞县人，嘉
靖十一年（1532）举进士，官至
兵部右侍郎，天一阁创建人。范
大澈在书中经常提到"仲父"，
便是范钦。鄞志载"（范钦）居
家，抚姪犹子，增置先代祀田。
从子大澈，字子宣，父镛，以行
谊"[15]。范钦性喜藏书，筑天一
阁以聚书。范钦的碑帖收藏，也
极为丰富。书中多次提及其与范
钦碑帖交往的细节，转赠碑帖，
相互观看所藏。从他对范钦碑帖
收藏的熟悉情况而言，范钦可能
正是范大澈碑帖收藏的重要领路
人，亦是其碑帖品鉴的挚友。

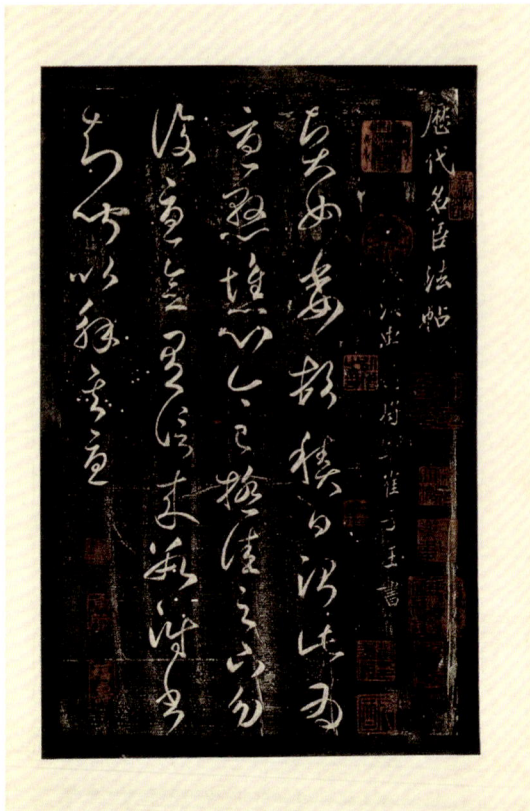

（明）范大澈旧藏宋拓本《大观帖》 故宫博物院藏

　　丰坊（1492—约1569），字人叔，一字存礼，后更名道生，更字人翁，号
南禺外史，浙江鄞县人，嘉靖二年（1523）进士，嘉靖三年（1524）因随父
参加"大礼仪"事件，而被免归。丰氏不仅"书学极博，五体并能"[16]，而且
"家藏古碑刻甚富，临摹乱真"[17]。《碑帖论证》多次提及丰坊碑帖收藏的状
况，其中以《泉帖》条最能见其交往："抵家，丰南禺知而索观，又欲夺取，
余亦不与。要之，奇品可遇而不可求耳"。除此之外，《丰南禺书画目》亦足
见两人的书画碑帖之交往。

　　沈复魁，生卒年不详。此人身份特殊，为武林书驵，但范大澈对其评价甚

15.（清）李廷机修，左臣黄、姚宗京纂《宁波府志》卷二十，清康熙刻本，第47页。

16.（明）詹景凤：《詹氏性理小辨》卷四十，《故宫珍本丛刊》第346册，海口：海南出
版社，2001年，第34页。

17.（清）钱谦益：《列朝诗集》，丁三，清顺治九年刻本，第53页。

高，"余南北往来见天下书骃，未有如复魁之博雅精鉴者。丰南禺、许茗山辈俱雅重之，其背曲而孤贫，与人相善，忠于谋事而不重利，杭人呼曰'沈驼'。余识之时年已六十七，甚惜，相见之晚也"。与沈复魁的相识，应该是丰坊、范钦等人的引荐，但其对范大澈的碑帖收藏有很大影响。《通天进帖》条云："余于武林购之，沈复魁云'此奇刻也，不易得者'，信然"！此外，范大澈在《英光堂帖》《星凤楼帖》《雪溪堂帖》等方面的收藏信息，也多从沈氏得知。

文氏一门。《鄞县志》载："三吴文徵明以书法名天下，丰坊亚之，两人皆与大澈为忘年交"。从《碑帖纪证》来看，范大澈与文徵明的交往有很大部分正是源于碑帖鉴赏之好，而且与文氏后人亦有交往。是书中就记载了嘉靖年间，其与文徵明的一次碑帖品鉴。"嘉靖癸丑，余攜之归，过吴门，质之文太史衡山翁。翁曰：'绝佳，不易得者'"。足见两人亦师亦友之交往。文彭于范大澈更是以礼相待，"昨写的草书千文一卷，正欲请教，适为门下生取去。兹特告借张旭千文帖一观，倘有所得，当更呈览也。草堂时笺併望借看，随当奉纳，不敢久滞"[18]。《欧阳询小楷千文》条云："余见文文水有宋拓本，用笔藏锋，犹如玉碾出者"。此外还有多处，言及文彭或文嘉的碑帖收藏、刻帖等，足见范大澈与文氏一门在碑帖上的密切交往。

黎民表（1515—1581），字惟敬，号瑶石、罗浮山樵、瑶石山人，广东从化人，以举人至参议。詹景凤评其"执笔殊稳，腕力足，法亦工……"[19]。《唐大通禅师碑》云："余见黎惟敬有新拓本"；《唐云麾将军李秀碑》条云："黎中翰（民表）言之李宛平（荫）辇至京师，余因搨之，亦可赏也"；《绛州帖》条云："岭南黎惟敬有第七、第八两卷，颜鲁公、张长史书，甚佳。余得钩填旧帖目"。显然，范大澈与他不仅相互品鉴碑帖，而且还为其收藏碑帖提供便利。

18. 上海图书馆编：《上海图书馆藏明代尺牍》第三册，上海：上海科学技术文献出版社，2000年，第39页。

19.（明）詹景凤：《詹氏性理小辨》卷四十，《故宫珍本丛刊》第346册，海口：海南出版社，2001年，第37页。

王弘宪，生卒年不详，《明实录》载："请得旨闰十一月遣序班王弘宪赍捧封敕到边，虏酋不至"[20]。可知，其在万历年间为序班，而范大澈亦为鸿胪序班，两人相识很可能因职务之便。范大澈所藏《欧阳询真楷离骚》是王敬叔钩寄，《宝晋斋帖》亦是王敬叔（弘宪）与范大澈钩填。范大澈评其云："敬叔，吾鄞人亦奇士"，足见两人的碑帖之好与交往。

范大澈的交往远不止这些，皇甫汸、张佳允、周天球、彭年、王宠等人莫不往还唱和[21]。然而，在碑帖收藏、品鉴这一类好友中，以上所见应足具代表性。那么这个群体是如何看待碑帖的呢？这一问题的答案，实际上也正关系到范大澈的碑帖鉴藏观。借《碑帖纪证》，似乎正可窥见一斑。

四、范大澈眼中的"鉴赏家""好事者"与"射利之徒"

在《碑帖纪证》中，范大澈对当时三种看似为鉴赏的行为进行了批评，从而可以更加明确范大澈的鉴藏观。一是关于王世懋（1536－1588）的记录，"闽人陈姓者，将近日泉州新刻用梨板翻于燕台，加以银锭纹，用好墨佳楮，精搨精装，求售于王麟洲（世懋），获直百二十金。后，王讼之锦衣，众奸受刑，直则乌有，人皆嗤王之不鉴"。嘉万年间，王麟洲也是比较有影响的文人收藏家，但仍有不鉴之时。虽是他人嗤王不鉴，但范大澈记于此，显然也是对王鉴赏家身份的怀疑。再是关于《大观帖》的记载。"今徽人将得孙氏第二卷，余竟将晋府《宝贤堂》糊板刻之，名曰大观。好事家亦购之，良可笑也"。在范大澈看来，此类人更不是鉴赏家而只能算是好事家；在《泉帖》条载："今书驵持一部来索观，渠初不知宋搨较余者胜，余因而并得之耳。鉴如此，所谓然灯取火，甚可发笑……"，虽然没有像对话中提及书驵的射利行

---

20. 《明神宗帝实录》卷之五〇四，参见《抄本明实录》第二十二册，线装书局，2005年，第75页。

21. （清）郑梁：《寒村诗文选·寒村见黄稿》卷一，清康熙刻本，第45页。

为，但是对其如此低的鉴赏水平，范大澈不免有身为鉴赏家的优越感。

对此三种现象的"发笑"，似乎正对应其所谓鉴赏家的三个层次：虽为鉴赏家但鉴别真伪尚不够好，王麟洲之徒；喜欢收藏但基本不具备鉴赏家的眼力，只能谓好事者；从事古物交易，不具鉴赏之眼，重在射利的书驵。当然，书驵亦有例外，前文提及的沈复魁便是其中之一。范大澈认为此人有两点值得尊敬：一是博雅精鉴；二是不重利。这虽是对书驵的评语，其实也正是其心目中鉴赏家需具备的品质。"博雅精鉴"是鉴赏家必须要有的专门知识，这是前提；虽然专门重要，但若重利，则往往会沦为作伪射利之类。所以，此条正规定了鉴赏家的品格。

五、《碑帖纪证》所见范大澈的碑帖鉴藏观

从收藏史的角度而言，金石学家的收藏多以刻石为主，重在拓片内容；以研习书法为主的帖，则是以《淳化阁帖》为代表的诸帖，多为鉴藏家所聚。这本是两个不同的体系，关注的视角也各不相同。但自宋以来，无论是《集古录》《金石录》等以考录碑刻为主的书籍，还是《法帖谱系》《法帖刊误》等辨章法帖的著作，均大量出现。《洞天清录集》《东观余论》等书更是将碑刻、刻帖乃至彝器款识融为一书。这一方面多因其均为拓片的形式，而且部分碑刻也兼具学习书法的功用；另一方面则是在关注视角上往往以考辨为主，虽为一书但互不影响。元明以来，以"碑帖"命名的著作虽然极少，但已有出现。除了《碑帖纪证》，还有一部则是朱晨的《古今碑帖考》。其自序云："宋以前碑刻考，朱伯原采录，间多脱误，晨为之订次；宋以后碑刻并法帖，晨窃增入"[22]。可见，此书尽管以碑帖命名，但其实正类似于《墨池篇》的补正，只是在考辨内容上增加法帖部分。相比较而言，《碑帖纪证》则似乎成为以鉴赏家之眼而视碑帖的专门之作。此处提鉴赏家之眼，显得似乎有点多余。法帖（碑刻还有经史考证之用）

22.（明）朱晨编，胡文焕校：《古今碑帖考》，台北：商务印书馆，1974年，第3页。

的刊刻，目的就是供书法学习、鉴赏之用，又何在此突出鉴赏家之眼呢？这是因为法帖毕竟不是墨迹，刊刻之后便有了独立性。其刊刻好坏、传拓技巧、纸墨选择、原刻翻刻都已成为重要元素，抑或说书法高低仍是法帖的重要标准但却已不是唯一标准，如果不能对其他知识有深入的精研，则很难成为碑帖鉴赏之家。那么，这就有必要来梳理一番令范大澈自信的碑帖知识及其鉴赏着眼点！

首先，碑帖摹刻要能传底本神韵且以双钩之法摹勒为佳。其次，碑帖作品要纸墨俱佳，搨法精妙。再次，翻刻佳者，亦可收藏。除了以上几点外，《碑帖纪证》还注意到了碑帖的新旧、残全等相关问题。《碑帖纪证》没有指导他人如何鉴藏碑帖等问题，而是将临摹、刊刻、纸墨、新旧、残全等诸要素更为具体地纳入在平日的鉴藏实践中，从而揭示出明人碑帖鉴藏的知识与态度。

六、《碑帖纪证》与嘉万年间的碑帖鉴藏

应该说，《碑帖纪证》向人们展示了明代嘉万年间一个广阔的碑帖世界。在这个世界中，能看到碑帖鉴藏家们如何千方百计地获取碑帖，射利者们如何绞尽脑汁地作伪以及他们之间的互动与交往……如果说，这些与其前后的时代都有很多的相似性，那么书中展现的鉴藏视角，却体现出范大澈所代表的这个群体自己的时代特点。

自欧阳修以来，碑帖的研究或收藏多以"可与史传正其阙缪者，以传后学"[23]。赵明诚在其序文中说：

> 《诗》《书》以后，君臣行事之迹悉载于史……岁月、地理、官爵、世次，以金石考之，其牴牾十常三四，盖史牒出于后人之

---

23. (宋)欧阳修著，邓宝剑、王怡琳笺注：《集古录跋尾》，北京：人民美术出版社，2010年，第1页。

手，不能无失，而刻词当时所立，可信不疑[24]。

这些著作几乎纯以考录为主。至清初，证经补史仍是主流。顾炎武《金石文字记》云："余自少时，即好访求古人金石之文，而犹不甚解。及读欧阳公《集古录》，乃知其事多与史书相证明，可以阐幽表微，补阙正误，不但辞翰之工而已"[25]。钱大昕更进一步指出："州县之名当从其时本称，史臣秉笔，任意更易，非得石刻，何由决其然否，此金石之有益于史学也"[26]。直至清中晚期，随着金石学的复兴，金石碑版与书法有了更多内在关联，最终促成了碑派书法的诞生。梁启超先生在总结清代金石学时指出，考证经史、研究义例、专讲鉴别、美术研究四大类别，几可涵盖金石学发展之全貌[27]。

显然，《碑帖纪证》的关注点则似乎有别以上诸种。可以说，它所关注的是鉴赏家如何在观看、品鉴碑帖，而关切的内容更多的是碑帖自身的摹刻、纸墨诸问题，还不同于翁方纲等人"专讲鉴别"之类。由此，《碑帖纪证》在展示范大澈碑帖鉴藏的同时，也成为思考明代金石学发展与嘉万年间风雅之好的一个重要联结点。

（原文载《第五届孤山证印西泠国际印学峰会论文集》，收入时有改动。）

24.（宋）赵明诚：《金石录》，北京：中华书局，1991年，第2页。

25.（清）顾炎武：《金石文字记》，《四库全书》本，第1页。

26.（清）钱大昕：《李抱真德政碑》，《潜研堂金石跋尾》卷八，第221页。

27.（清）梁启超：《清代学术概论》，上海：上海古籍出版社，1998年，第58页。

传世重要摹本及安思远旧藏本之比较

阮摹本	徐钧本	薛摹本	甲秀本	顾砚本	安藏本
	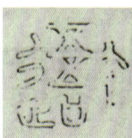		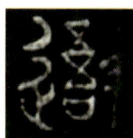		

	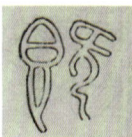				
	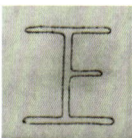				
	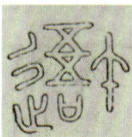				
	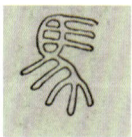				
	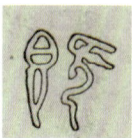				

阮摹本	徐钧本	薛摹本	甲秀本	顾砚本	安藏本
	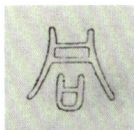				

	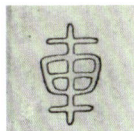				
	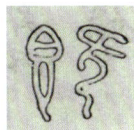				
	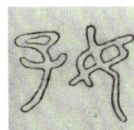				

	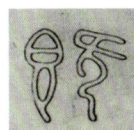				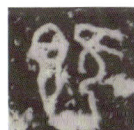
	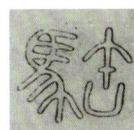		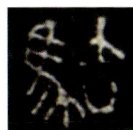		
	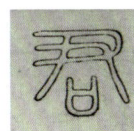				

阮摹本	徐钧本	薛摹本	甲秀本	顾砚本	安藏本
					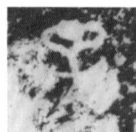

		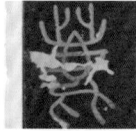		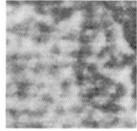	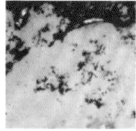

			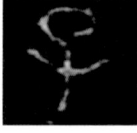		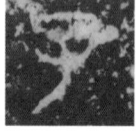

阮摹本	徐钧本	薛摹本	甲秀本	顾砚本	安藏本
	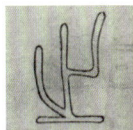				
	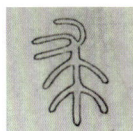	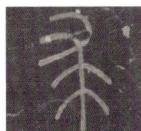	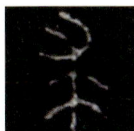		
	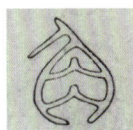				
	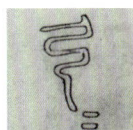	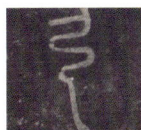			
	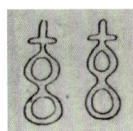		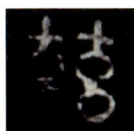		
	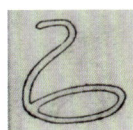		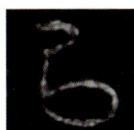		
	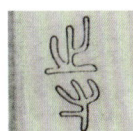		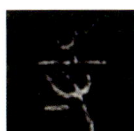		
	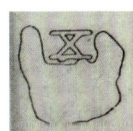	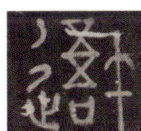	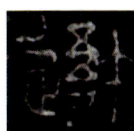		
		缺			
			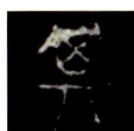		

阮摹本	徐钧本	薛摹本	甲秀本	顾砚本	安藏本
	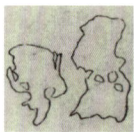			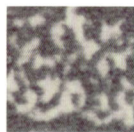	
	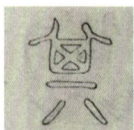				
	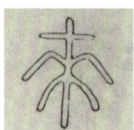		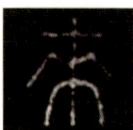		
	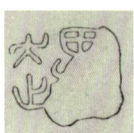				
	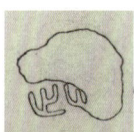		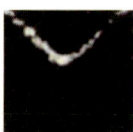		
		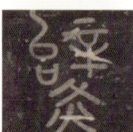	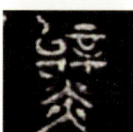		
	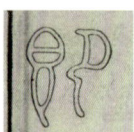		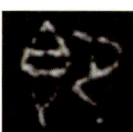		
			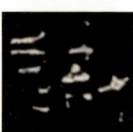		
	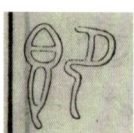				
	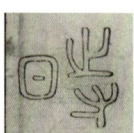				

阮摹本	徐钧本	薛摹本	甲秀本	顾砚本	安藏本
					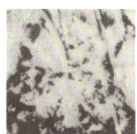
	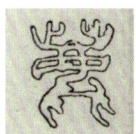		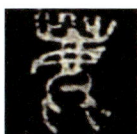		
	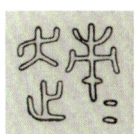	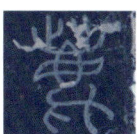		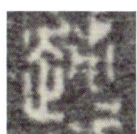	
	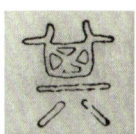				
	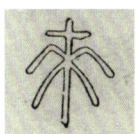		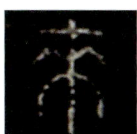		
	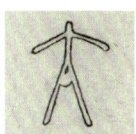				
	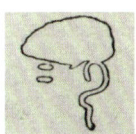				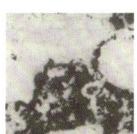

	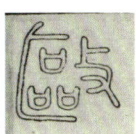				

阮摹本	徐钧本	薛摹本	甲秀本	顾砚本	安藏本

	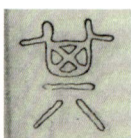		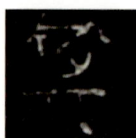		
	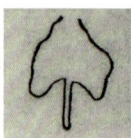				

			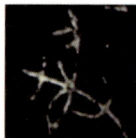		

			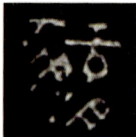		
	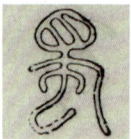	缺	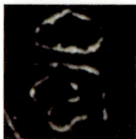		

阮摹本	徐钧本	薛摹本	甲秀本	顾砚本	安藏本
				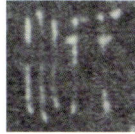	
	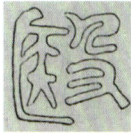				
	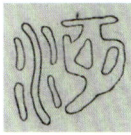				
	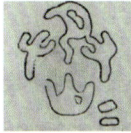				
	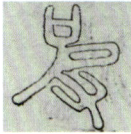				
	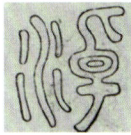				
	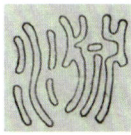	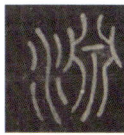			

	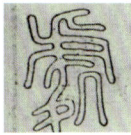				

阮摹本	徐钧本	薛摹本	甲秀本	顾砚本	安藏本

	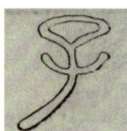		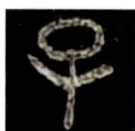		

	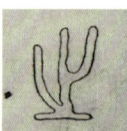				
	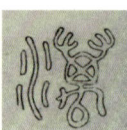				
	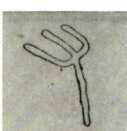		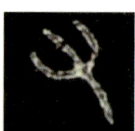		
	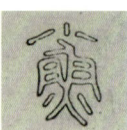				

	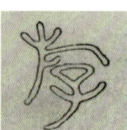				

阮摹本	徐钧本	薛摹本	甲秀本	顾砚本	安藏本

	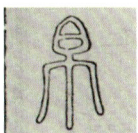				
	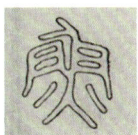				

	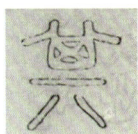				
	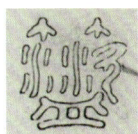	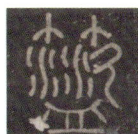			
	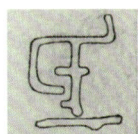				
	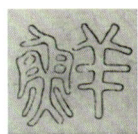				
	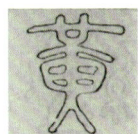		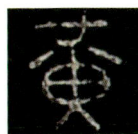		
	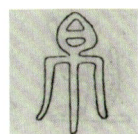				

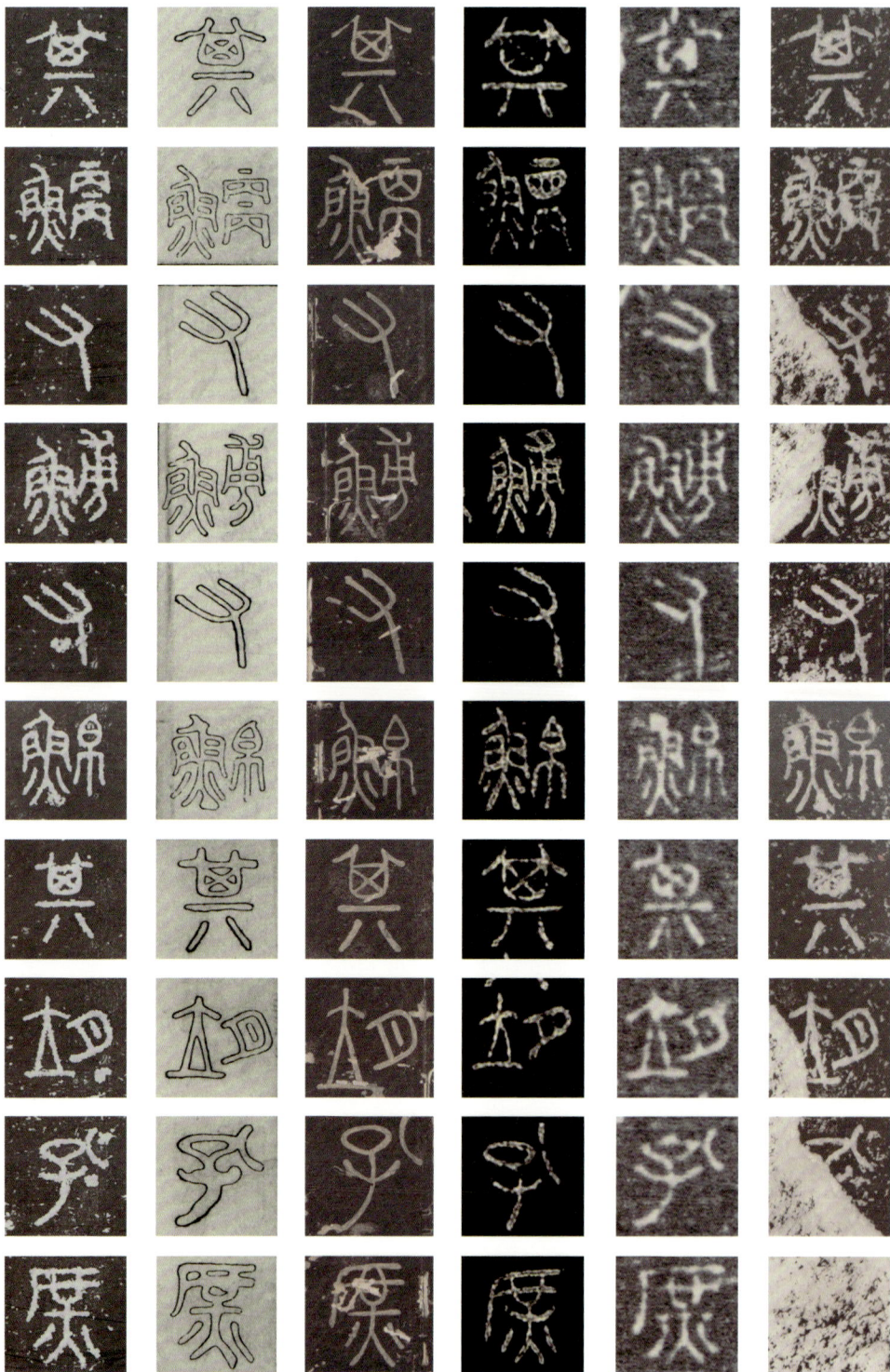

阮摹本	徐钧本	薛摹本	甲秀本	顾砚本	安藏本

阮摹本	徐钧本	薛摹本	甲秀本	顾砚本	安藏本
					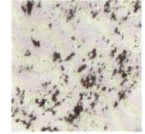
	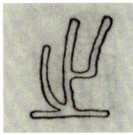				
				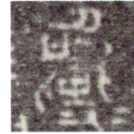	
	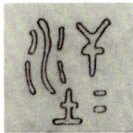			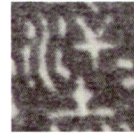	
					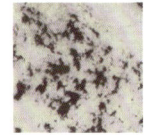
					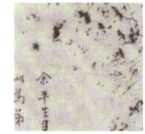

					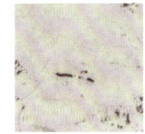
	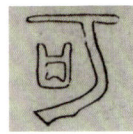				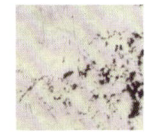
	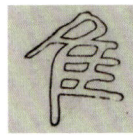				

阮摹本	徐钧本	薛摹本	甲秀本	顾砚本	安藏本

	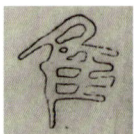				

			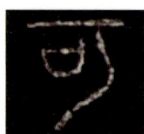		
	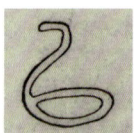				

	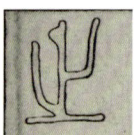		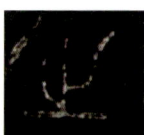		

阮摹本	徐钧本	薛摹本	甲秀本	顾砚本	安藏本
	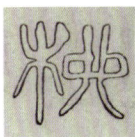				
	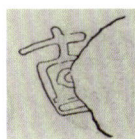				

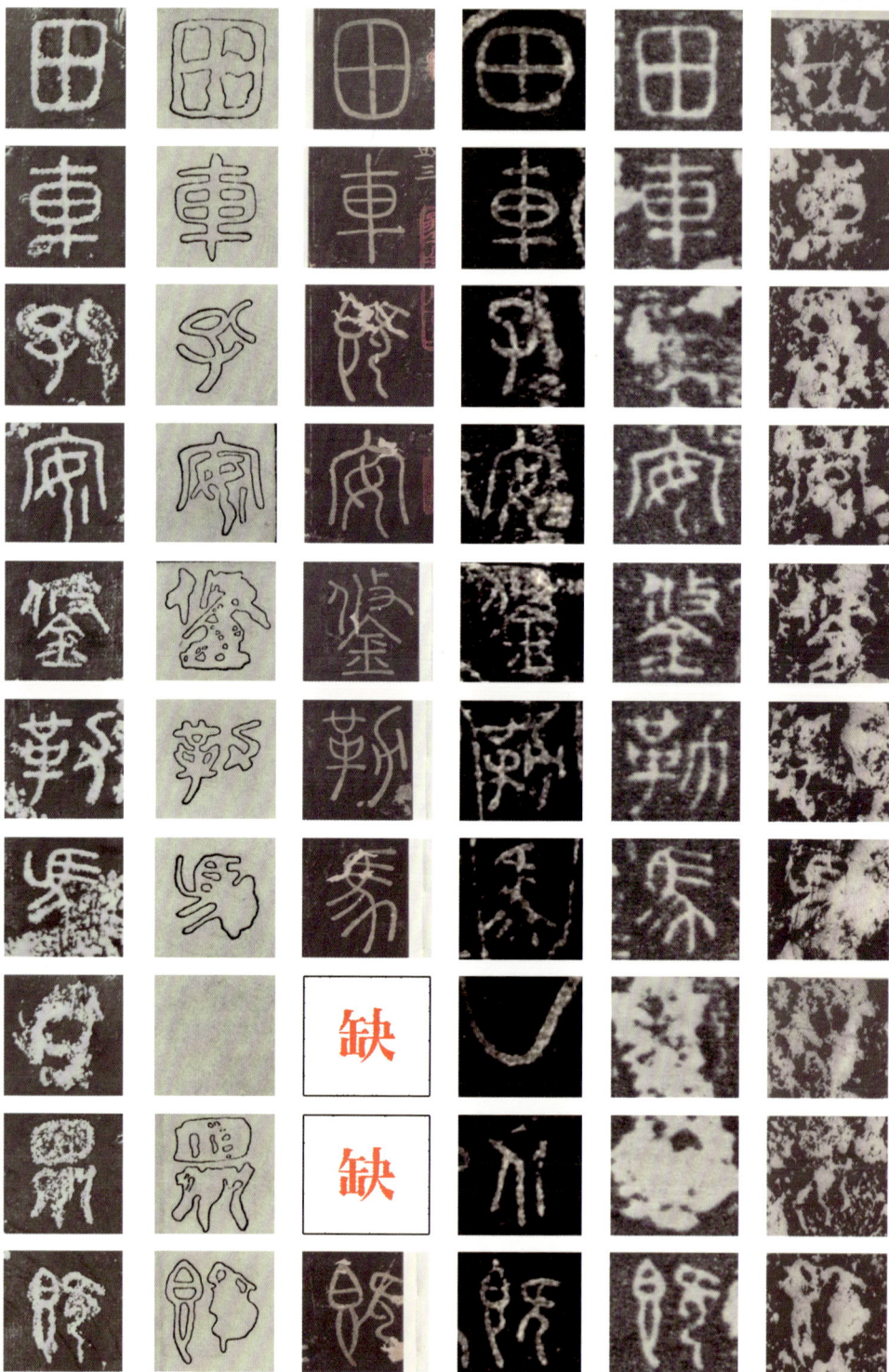

阮摹本	徐钧本	薛摹本	甲秀本	顾砚本	安藏本
		缺			
		缺			

阮摹本	徐钧本	薛摹本	甲秀本	顾砚本	安藏本

		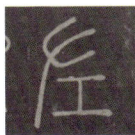			
	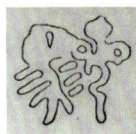				
	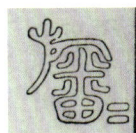				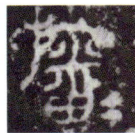

	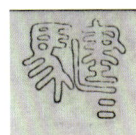				
	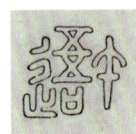				
					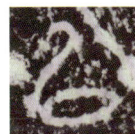

阮摹本	徐钧本	薛摹本	甲秀本	顾砚本	安藏本
	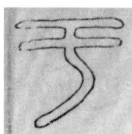				
			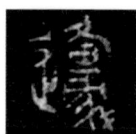	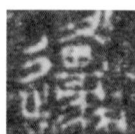	
			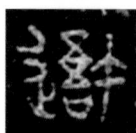		
	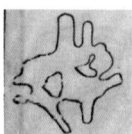				
	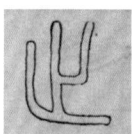				

			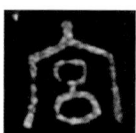		

			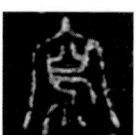		

阮摹本	徐钧本	薛摹本	甲秀本	顾砚本	安藏本

	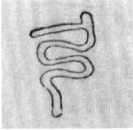				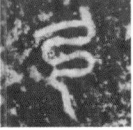

	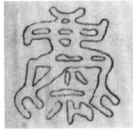				

			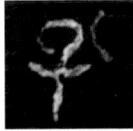		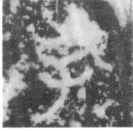

阮摹本	徐钧本	薛摹本	甲秀本	顾砚本	安藏本

阮摹本	徐钧本	薛摹本	甲秀本	顾砚本	安藏本

	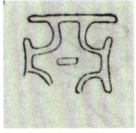				
					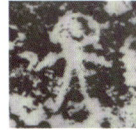
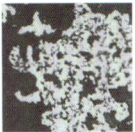					
	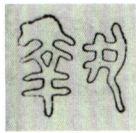				
	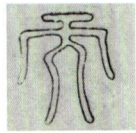				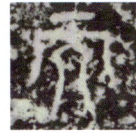
	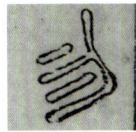		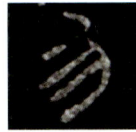		
					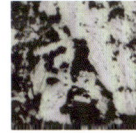
	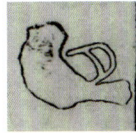				
	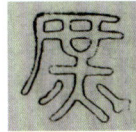				

阮摹本	徐钧本	薛摹本	甲秀本	顾砚本	安藏本

阮摹本	徐钧本	薛摹本	甲秀本	顾砚本	安藏本
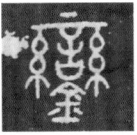			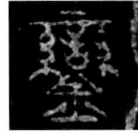		
			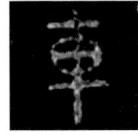		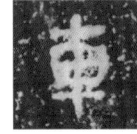
					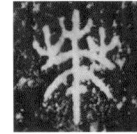
			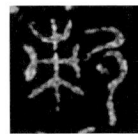		

	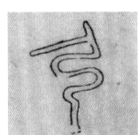		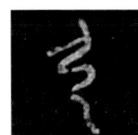		

	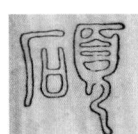				
		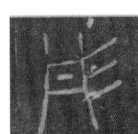			
			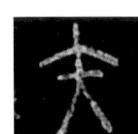		

阮摹本	徐钩本	薛摹本	甲秀本	顾砚本	安藏本
	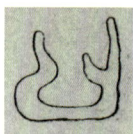		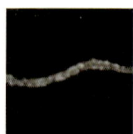		
	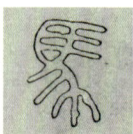				
	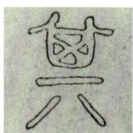				
	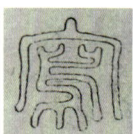				
	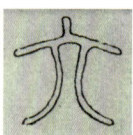				

					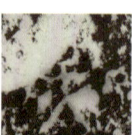

阮摹本	徐钧本	薛摹本	甲秀本	顾砚本	安藏本

			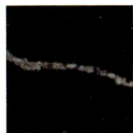		
	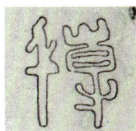				

	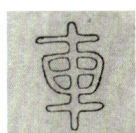				
	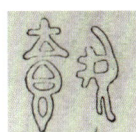				
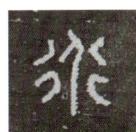	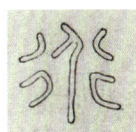				
		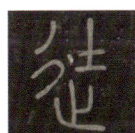			

阮摹本	徐钧本	薛摹本	甲秀本	顾砚本	安藏本

			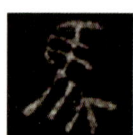		

	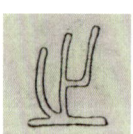				

阮摹本	徐钧本	薛摹本	甲秀本	顾砚本	安藏本
	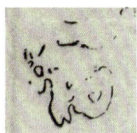	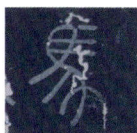			
	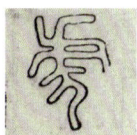				
	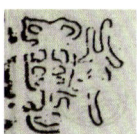				

			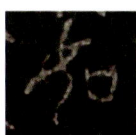		
	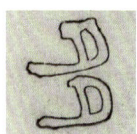				
	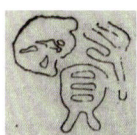				

	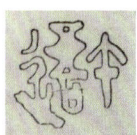				

阮摹本	徐钧本	薛摹本	甲秀本	顾砚本	安藏本
	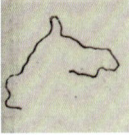				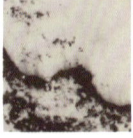
			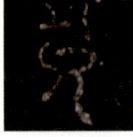		
		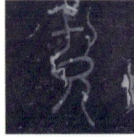	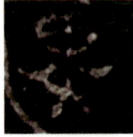		

阮摹本	徐钧本	薛摹本	甲秀本	顾砚本	安藏本
				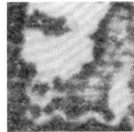	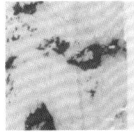
			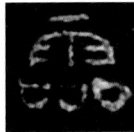		
	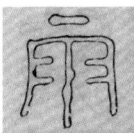				
	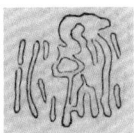				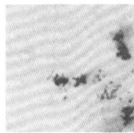
	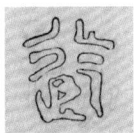				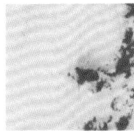
					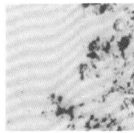
					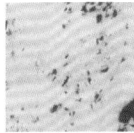
	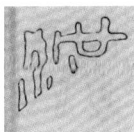				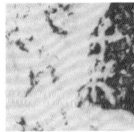

	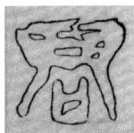				

阮摹本	徐钧本	薛摹本	甲秀本	顾砚本	安藏本
	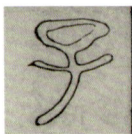				
	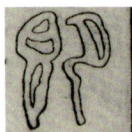				
			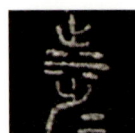		
					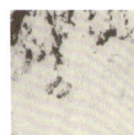
	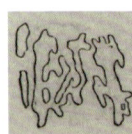				
		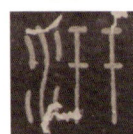			
	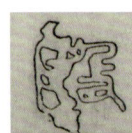	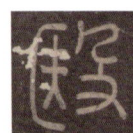			

		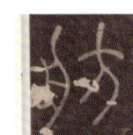			

阮摹本	徐钧本	薛摹本	甲秀本	顾砚本	安藏本
	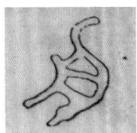		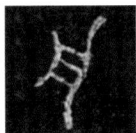		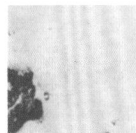
	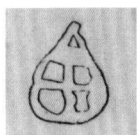				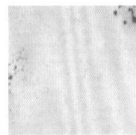
	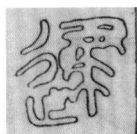				
		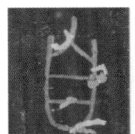			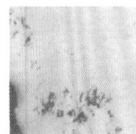

			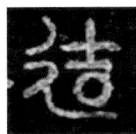		

		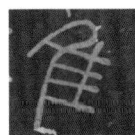			
				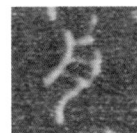	
		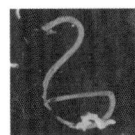	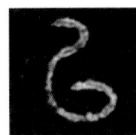		

阮摹本	徐钧本	薛摹本	甲秀本	顾砚本	安藏本
	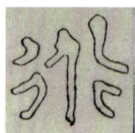				
	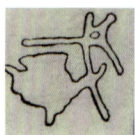				
	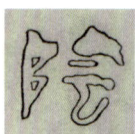				

	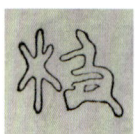				

	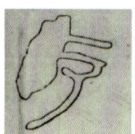			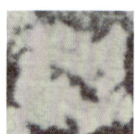	
	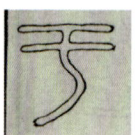	缺	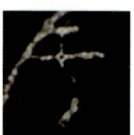		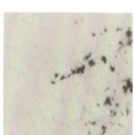

阮摹本	徐钧本	薛摹本	甲秀本	顾砚本	安藏本
	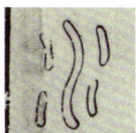		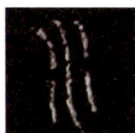	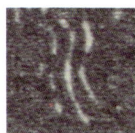	
	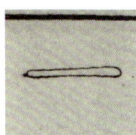				
	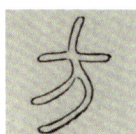				
		缺			
	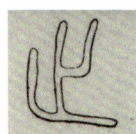				

	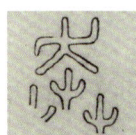				
					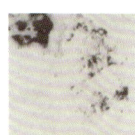

阮摹本	徐钧本	薛摹本	甲秀本	顾砚本	安藏本
					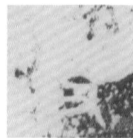

阮摹本	徐钧本	薛摹本	甲秀本	顾砚本	安藏本
	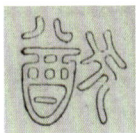				
	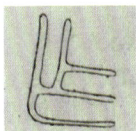				

	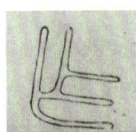				
	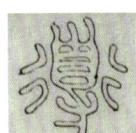				
	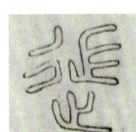				

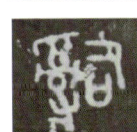					

	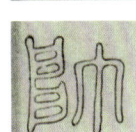	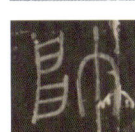			

阮摹本	徐钧本	薛摹本	甲秀本	顾砚本	安藏本
		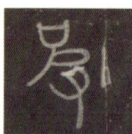	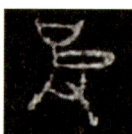		
	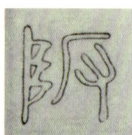			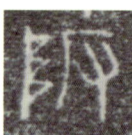	

	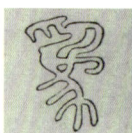				
	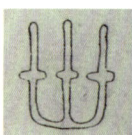		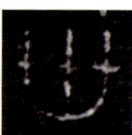		
	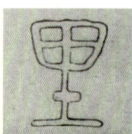	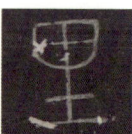			

	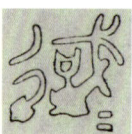				

	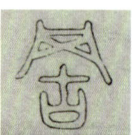				

阮摹本	徐钧本	薛摹本	甲秀本	顾砚本	安藏本
			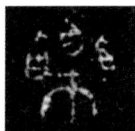		
			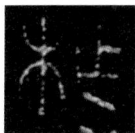		

				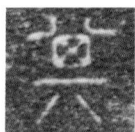	

	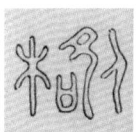				
	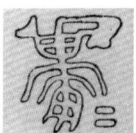				

					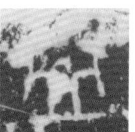
			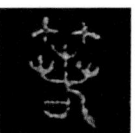		

阮摹本	徐钧本	薛摹本	甲秀本	顾砚本	安藏本

	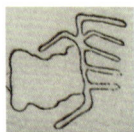	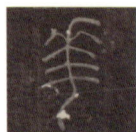			

		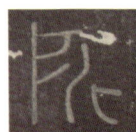	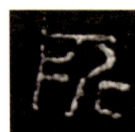		

	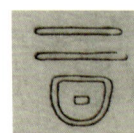				

阮摹本	徐钧本	薛摹本	甲秀本	顾砚本	安藏本

阮摹本	徐钧本	薛摹本	甲秀本	顾砚本	安藏本

阮摹本	徐钧本	薛摹本	甲秀本	顾砚本	安藏本
	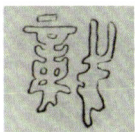			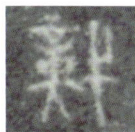	
	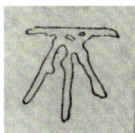				
	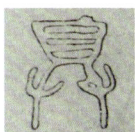				
		缺			
		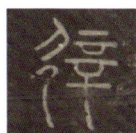			
					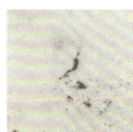
				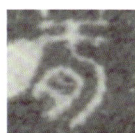	

阮摹本	徐钧本	薛摹本	甲秀本	顾砚本	安藏本
			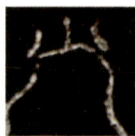		
	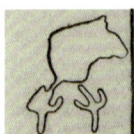		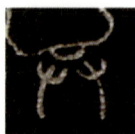		

			缺	缺	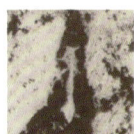
		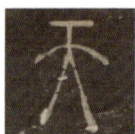			
	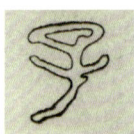				

					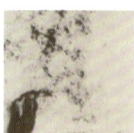
	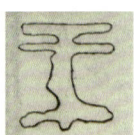				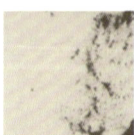
			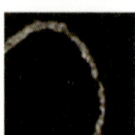		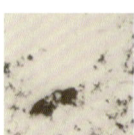

阮摹本	徐钧本	薛摹本	甲秀本	顾砚本	安藏本

					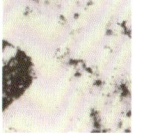

阮摹本	徐钧本	薛摹本	甲秀本	顾硯本	安藏本
				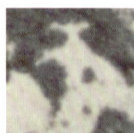	

	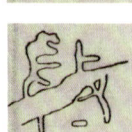				

阮摹本	徐钩本	薛摹本	甲秀本	顾砚本	安藏本

	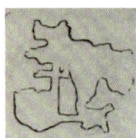		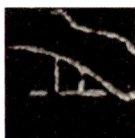	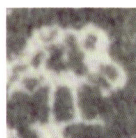	

	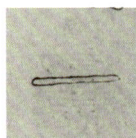		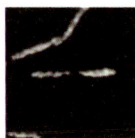		
	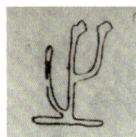		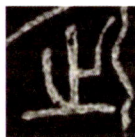		

阮摹本	徐钧本	薛摹本	甲秀本	顾砚本	安藏本
			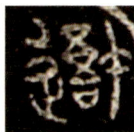		
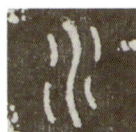	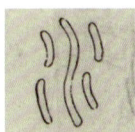				

					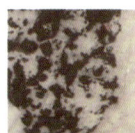
	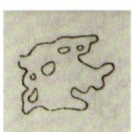				

	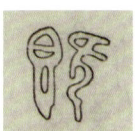				

			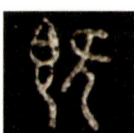		
	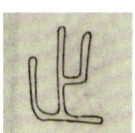				

阮摹本	徐钧本	薛摹本	甲秀本	顾砚本	安藏本

				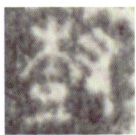	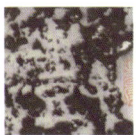
					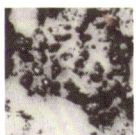
		缺			
	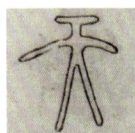				
	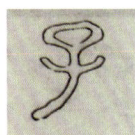				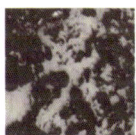
	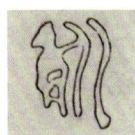	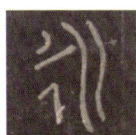			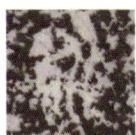
					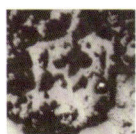
	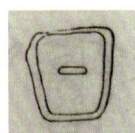			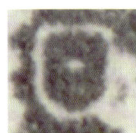	

阮摹本	徐钧本	薛摹本	甲秀本	顾砚本	安藏本

					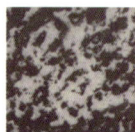
					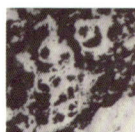
					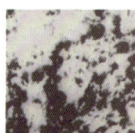

	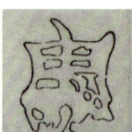				
	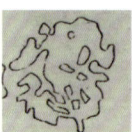				

	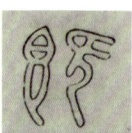				

阮摹本	徐钩本	薛摹本	甲秀本	顾砚本	安藏本
缺	缺	缺		缺	缺
		缺	缺		
		缺			
		缺			

阮摹本	徐钩本	薛摹本	甲秀本	顾砚本	安藏本
		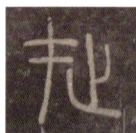			
	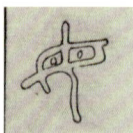				
	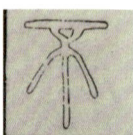				

	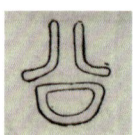				
			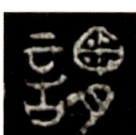		
	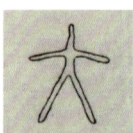				
		缺			

阮摹本	徐钧本	薛摹本	甲秀本	顾砚本	安藏本
	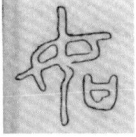		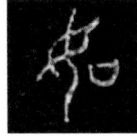		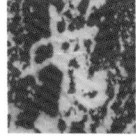
					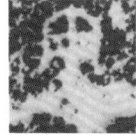
			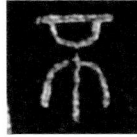		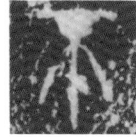
	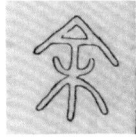				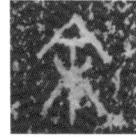
	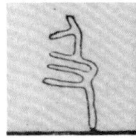	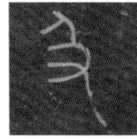		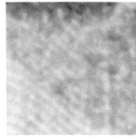	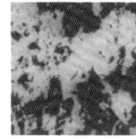

阮摹本	徐钧本	薛摹本	甲秀本	顾硯本	安藏本

	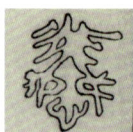		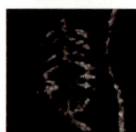		
	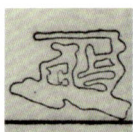				

			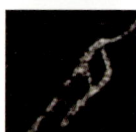		

	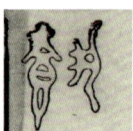				
					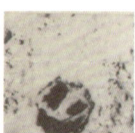
	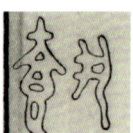				

阮摹本	徐钧本	薛摹本	甲秀本	顾砚本	安藏本
	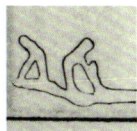				
	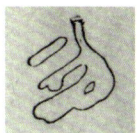			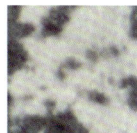	
				缺	
			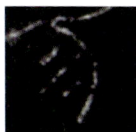		
	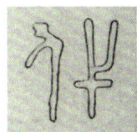				
				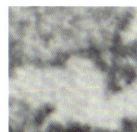	
	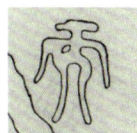				
	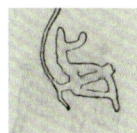	缺	缺	缺	

	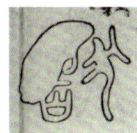		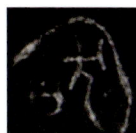		

阮摹本	徐钧本	薛摹本	甲秀本	顾砚本	安藏本
	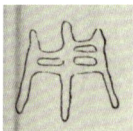				
			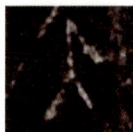		

	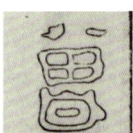	缺			
		缺		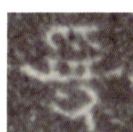	
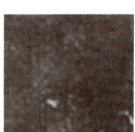		缺			

	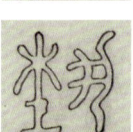				
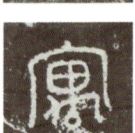	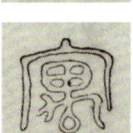	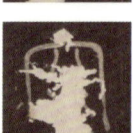		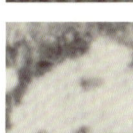	
	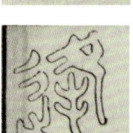				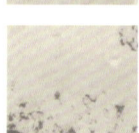

阮摹本	徐钧本	薛摹本	甲秀本	顾砚本	安藏本
					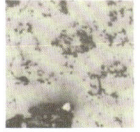

	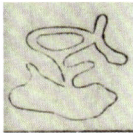		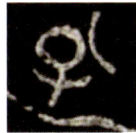	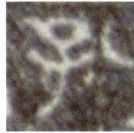	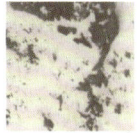
	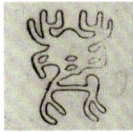				
	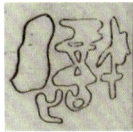			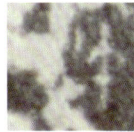	

	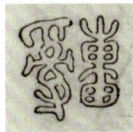				
	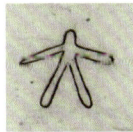		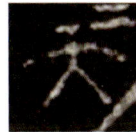		
			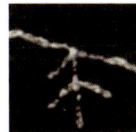	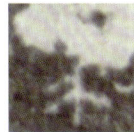	
	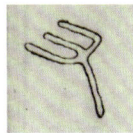				

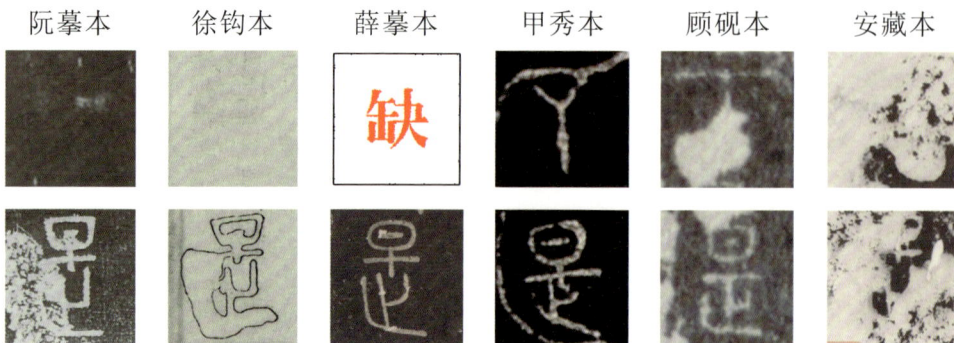

阮摹本	徐钩本	薛摹本	甲秀本	顾砚本	安藏本

注释：

1. "阮摹本"为阮元重摹天一阁本之杭州府学本，拓本，天一阁博物院藏。

2. "徐钩本"为徐渭仁双钩张燕昌摹本，《随轩金石文字》，陈红彦、于春媚辑，《国家图书馆藏石鼓文研究资料汇编》，国家图书馆出版社，2014 年。

3. "薛摹本"为薛尚功重摹本，《宋刻宋拓＜历代钟鼎彝器款识＞辑存》，中华书局，2021 年 9 月。

4. "甲秀本"为甲秀堂帖本，故宫博物院编，《宋拓甲秀堂法帖》，紫禁城出版社，2010 年。

5. "顾砚本"为顾汝和石鼓砚摹本，《书法丛刊》第三辑，文物出版社，1982 年。

6. "安藏本"为安思远旧藏拓本，庸堂编著，《安思远旧藏善本碑帖选·石鼓文》，山东人民出版社，2020 年。

凡例：

1. 次第，以阮元摹本为准。

2. 字位，以安思远旧藏本为准，若字位错乱则仍从其旧，仅以底色加以区别。

参考文献

一、古籍

1. ［宋］罗濬等.（宝庆）四明志［M］.清烟屿楼校本.

2. ［宋］赵希鹄.洞天清录集［M］.尹意点校.杭州：：浙江人民美术出版社，2016.

3. ［宋］楼钥.攻媿集［M］.清武英殿聚真本.

4. ［宋］欧阳修.集古录跋尾［M］.北京：人民美术出版社，2010.

5. ［元］潘迪.周石鼓文音训［M］.民国影印本.

6. ［元］吾丘衍.周秦刻石释音［M］.清光绪间刻本.

7. ［明］张时彻.芝园定集［M］.《四库存目丛书》本.

8. ［明］丰坊.南禺集［M］.明刻本.

9. ［明］范大澈.碑帖纪证［M］.《四明丛书》本.

10. ［明］沈一贯.喙鸣文集［M］.明刻本.

11. ［明］范钦.天一阁集［M］.明万历刻本.

12. ［明］余寅.农丈人文集［M］.明刻本.

13. ［明］王世贞.弇州山人四部稿［M］.明万历五年刻本.

14. ［明］董其昌.容台集［M］.明崇祯刻本.

15. ［明］范汝桐：范氏《集古印谱》［M］.明万历刻本.

16. ［明］沈德符.万历野获编［M］.北京：中华书局，1959.

17. ［清］叶昌炽.语石·语石异同评［M］.柯昌泗评.北京：中华书局，1994.

18. ［清］沈梧.石鼓文定本［M］.清光绪十六年沈氏古华山馆刻本.

19. ［清］王昶.金石萃编［M］.清嘉庆十年刻本.

20. ［清］李棠.石鼓纪实［M］.清刻本.

21. ［清］阮元.揅经室集［M］.邓经元点校，北京：中华书局，2016.

22. ［清］卞永誉.式古堂书画汇考［M］.清康熙二十一年刻本.

23. ［清］全祖望.全祖望集汇校集注［M］.朱铸禹集注，上海：上海古籍出版社，2000.

24. ［清］钱大昕.潜研堂文集［M］.清嘉庆十一年刻本.

25. ［清］黄宗羲.南雷文定［M］.清康熙刻本.

26. ［清］钱维乔等.（乾隆）鄞县志［M］.清乾隆五十三年刻本.

27. ［清］范邦瑗：鄞西范氏宗谱［M］.稿本.

28. ［清］全祖望.甬上望族表［M］.袁元龙点校.宁波：宁波出版社，2008.

29. ［清］郑梁.寒村诗文选［M］.清康熙刻本.

30. ［清］顾炎武.金石文字记［M］.清刻本.

31. ［清］王昶.蒲褐山房诗话［M］.清道光抄本.

32. ［清］汪启淑.续印人传［M］.清道光二十年海虞顾氏刻本.

33. ［清］董诰.皇清义颖续编［M］.清嘉庆十五年刻本.

34. ［清］丁敬.丁敬集［M］.吴迪点校.杭州：浙江人民美术出版社，2016.

35. ［清］震钧.国朝书人辑略［M］.清光绪刻本.

36. ［清］钱载.箨石斋诗集·箨石斋文集［M］.丁小明整理.上海：上海古籍出版社，2012.

37. ［清］徐珂.清稗类钞［M］.上海：商务印书馆，1917.

38. ［清］张廷济.桂馨堂集［M］.清道光十九年刻本.

39. ［清］张燕昌.重定金石契［M］.清光绪二十二年刻本.

40. ［清］徐渭仁.随轩金石文字［M］.清同治七年刻本.

41. ［清］陈文述.颐道堂诗选［M］.清嘉庆十二年刻道光增修本.

42. ［清］杨守敬.望堂金石文字［M］.清同治刻本.

43. ［清］褚德彝.金石学录续补［M］.桑椹点校.杭州：浙江人民美术出版社，2017.

44. ［清］冯云鹏、冯云鹓.金石索［M］.清道光元年刻本.

45. ［清］翁方纲.石鼓考［M］.稿本.

46. ［清］许容.石鼓文钞［M］.清康熙二十八年刻本.

47. ［清］吴东发.石鼓读［M］.清嘉庆刻本.

48.［清］张燕昌.石鼓文释存［M］.清乾隆五十三年刻本.

49.［清］万斯同.万斯同全集［M］.宁波：宁波出版社，2013.

50.［清］朱彝尊.钦定日下旧闻考［M］.清刻本.

51.［清］孙承泽.庚子销夏记［M］.上海：上海古籍出版社，2011.

52.［清］缪荃孙.艺风藏书记［M］.上海：上海古籍出版社，2007.

53.［清］秦瀛.小岘山人诗文集［M］.清刻本.

54.［清］钱大昕等.钱辛楣先生年谱［M］.清咸丰十年刻本.

55.［清］阮元.两浙輶轩录［M］.清嘉庆刻本.

56.［清］杨守敬.激素飞清阁平碑记［M］.（日）藤原楚水校.东京：三省堂株式会社，1957.

57.［清］姚鼐.惜抱轩诗文集［M］.刘季高校注.上海：上海古籍出版社，1992.

58.［清］钱泳.履园丛话［M］.张伟点校.北京：中华书局，2013.

59.［清］姚大荣.惜味道斋集［M］.清刻本.

60.［清］索尔讷.钦定学政全书［M］.清乾隆二十九年武英殿刻本.

61.［清］盛昱.意园文略［M］.清宣统二年刻本.

62.［清］王杰等.钦定石渠宝笈续编［M］.长沙：湖南出版社，2001.

63.［清］方若.增补校碑随笔［M］.王壮弘增补.上海：上海书画出版社，1981.

二、近现代著作

1.罗振玉.石鼓文考释［M］.民国楚雨楼影印本.

2.梁启超.清代学术概论［M］.上海：上海古籍出版社，2005.

3.马子云.碑帖鉴定浅说［M］.北京：紫禁城出版社，2016.

4.由云龙.石鼓文汇考［M］.天鹅誊写社，1957.

5.那志良.石鼓通考［M］.台北：中华丛书委员会，1958.

6.谢巍.中国画学著作考录［M］.上海：上海书画出版社，1998.

7.郭沫若.石鼓文研究·诅楚文考释［M］.北京：科学出版社，1982.

8.骆兆平、谢典勋.天一阁碑帖目录汇编［M］.上海：上海辞书出版社，2012.

9.赵椿年.覃罍斋石鼓十种考释［M］.民国铅印本.

10.唐兰.中国文字学［M］.上海：上海古籍出版社，2005.

11.林庆彰.清初的群经辨伪学［M］.北京：文津出版社，1990.

12. 徐宝贵.石鼓文整理研究［M］.北京：中华书局，2008.

13. 虞浩旭.智者之香：宁波藏书家藏书楼［M］.宁波：宁波出版社，2006.

14. 刘恒.中国书法史·清代卷［M］.南京：江苏教育出版社，2001.

15. 薛龙春.古欢——黄易与乾嘉金石时尚［M］.北京：生活·读书·新知三联书店，2019.

16. 张彦生.善本碑帖录［M］.北京：中华书局，1984.

17. 叶康宁.风雅之好—明代嘉万年间的书画消费［M］.北京：商务印书馆，2017.

18. 骆兆平.天一阁丛谈［M］.宁波：宁波出版社，2012.

19. 王章涛.阮元年谱［M］.合肥：黄山书社，2003.

20. 樊波.中国书画美学史［M］.北京：荣宝斋出版社，2021.

21. 仲威.中国碑拓鉴别图典［M］.北京：文物出版社，2010.

22. 赵所生、薛正兴主编.中国历代书院志［M］.南京：江苏教育出版社，1995.

23. 上海图书馆编.上海图书馆藏明代尺牍［M］.上海：上海科学技术文献出版社，2002.

24. 天一阁博物馆编.石鼓墨影——明清以来《石鼓文》善拓及名家临作捃存［M］.上海：上海书画出版社，2018.

25. 施安昌.善本碑帖论稿［M］.上海：上海书画出版社，2017.

26. （英）柯律格.藩屏：明代中国的皇家艺术与权力［M］.黄晓鹃译.郑州：河南大学出版社，2016.

27. 孔令伟.悦古［M］.上海：上海书画出版社，2020.

28. 孔令伟.风尚与思潮：清末民国初中国美术史的流行观念［M］.杭州：中国美术学院出版社，2008.

29. 万木春.味水轩里的闲居者：万历末年嘉兴的书画世界［M］.杭州：中国美术学院出版社，2008.

30. 毕斐.《历代名画记》论稿［M］.杭州：中国美术学院出版社，2008.

31. 骆兆平.天一阁藏书史志［M］.上海：上海古籍出版社.2005.

32. （英）柯律格.长物：早期现代中国的物质文化与社会状况［M］.高昕丹、陈恒译.洪再新校.北京：生活·读书·新知三联书店，2015.

33. 程章灿.石刻刻工研究［M］.上海：上海古籍出版社，2008.

34. 范景中、严善錞主编.艺术及其历史［M］.北京：商务印书馆，2018.

35.（日）斯波义信.中国都市史［M］.布和译.北京：北京大学出版社，2013.

三、论文

1. 任熹.石鼓文概述［J］.考古，1936（02）.

2. 李含波.曾抱十石鼓——吴昌硕所藏所见《石鼓拓》本述论［J］.书法，2017（12）.

3. 杨宗兵.石鼓文及其时代研究评述［J］.考古与文物，2006（3）.

4. 韩长耕.先秦石鼓简说［J］.史学史研究，1984（3）.

5. 李玉奇.《金薤琳琅》成书年代及版本考［J］.古籍整理研究学刊，1994（2）.

6. 范景中.书籍之为艺术：赵孟頫的藏书与《汲黯传》［J］.新美术.2009（4）.

7. 王晓鹃.《古文苑》研究［D］.兰州：西北师范大学.博士学位论文，2008.

8. 陈小华.诂经精舍文集研究［D］.武汉：华中师范大学.博士学位论文，2013.

9. 陈东辉.诂经精舍对19世纪浙江学术发展之重要影响［J］.杭州：杭州师范学院学报（社会科学版），2006（6）.

10. 宋巧燕.清代书院文学教育制度论述——以诂经精舍、学海堂为考察对象［J］.学术研究，2008（7）.

后　记

　　硕士研究生毕业后，我有幸进入天一阁从事书画保管与研究工作。进馆"第一课"，便是阅读前辈著述，熟悉阁史阁藏。在这之前，对于天一阁的了解还停留在藏书楼层面。随着认识的深入，才知道范氏当年的碑帖收藏亦是"浩如烟海、不减欧赵"，而其跌宕起伏的收藏史，更让人联想起李清照"有有必有无，有聚必有散"之感叹。因缘际会，天一阁现藏碑帖后来也转交我管理。自那时起，书画碑帖的整理、出版、展览、研究成为我工作中的重要部分，至今已有十余年。

　　因此缘故，后来拟读博士时便想往此方向拓展。巧合的是，中国美术学院便设有"金石文献与古物研究"专业。很幸运，后考入中国美术学院跟随孔令伟教授、范景中教授两位先生学习。他们勤奋、不苟的治学精神，严以律己、宽以待人的品格，给了我无数动力。他们的耐心与真诚，让我在焦虑、烦躁中感受到一份平静与希望。同时，他们在选题与研究上，给了我诸多建议与启发。尽管入学之前，已经有了大概的研究方向，但在最终确定选题时仍历经反复，直到最后方选定此题。博士论文完成后，感觉仍有不少待深入的地方，加之学校告知纳入"视觉艺术东方学"丛书出版计划，因此毕业后就相关专题不断加以完善。然而，年华易逝，时不待人，不经意间已是五年。五年的修改，虽文章内容与毕业时有较多不同处，但相同的是仍有继续完善之感。在此，只能以研究此选题的阶段性成果，聊以自慰了。

　　论文得以顺利出版，离不开诸位师友的帮助与支持：范老师、孔老师多次提醒修改完善；硕士生导师樊波教授亦时常问及学业；单位庄立臻院长、饶国庆副院长及各位领导同事在工作上给予诸多支持；同事沈芳漪、刘静琪、程勇还在百忙之中帮我校勘文字、修整图片。在此，向各位师友深表感谢。

　　此外，还要感谢杨振宇教授、毛建波教授、毕斐教授、万木春教授、吴敢教授、杨桦林教授，他们或在开题中，或在课余之时，给予宝贵建议；感谢雷德侯教授、蔡穗玲教授组织的"泰山经石峪"工作坊，让自己获益良多；感谢陈先行先生、陈正宏教授、童衍方先生、仲威先生、冯磊先生以及虞浩旭、梅松、刘震、朱俊、明娜、原洪双、孙田、王艳明、李霏、汪亓、王祎、卢佳、周林、徐颖、吴靖芸、叶玲、温巧燕、陈百超、刘云峰等师友在写作过程中的诸多鼓励与帮助；最后感谢本书责任编辑章腊梅老师，没有她的多次沟通与提醒，出版不会如此顺利。

　　因本人水平所限，文中错讹难免，敬请方家批评指正。

刘晓峰

2024 年 4 月于天一阁

责任编辑：章腊梅

装帧设计：涓滴意念

责任校对：杨轩飞

责任印制：张荣胜

图书在版编目（ＣＩＰ）数据

天一阁本石鼓文的翻刻与传播 / 刘晓峰著. －－ 杭州：
中国美术学院出版社，2024.4
　（视觉艺术东方学 / 许江主编）
　ISBN 978-7-5503-2329-2

　Ⅰ．①天… Ⅱ．①刘… Ⅲ．①石鼓文－古籍研究－中
国－清代 Ⅳ．①K877.414

中国版本图书馆 CIP 数据核字(2021)第 191971 号

天一阁本石鼓文的翻刻与传播

刘晓峰　著

出 品 人：祝平凡

出版发行：中国美术学院出版社

地　　址：中国·杭州南山路 218 号　邮政编码 ：310002

网　　址：http：// www.caapress.com

经　　销：全国新华书店

印　　刷：浙江省邮电印刷股份有限公司

版　　次：2024 年 4 月第 1 版

印　　次：2024 年 4 月第 1 次印刷

印　　张：20

开　　本：710mm×1000mm　1/16

字　　数：280 千

图　　数：93 幅

印　　数：0001—2000

书　　号：ISBN 978-7-5503-2329-2

定　　价：89.00 元

刘晓峰，1983年生于山东莒县。现为天一阁博物院书画器物研究所主任，副研究馆员；艺术学（理论）博士。中国博物馆协会博物馆图文典籍与金石拓片专业委员会副秘书长；中国博物馆协会青年工作委员会委员。主要从事金石书画的保管、研究与展览策划。主持策划《万卷活水——天一阁创始人范钦的人生与藏书》《大美入画图——天一阁藏画中的浙江之美》等原创展览十余次。主持完成浙江省社科规划重点课题1项，市厅级课题多项，发表学术论文20余篇，合著2部。入选"宁波市领军与拔尖人才培养工程"；获评浙江省"新鼎计划"优秀青年文博人才等荣誉称号。